PSYCHOLINGUISTICS

心理语言学导论

● 张庆宗　吴喜艳　著

WUHAN UNIVERSITY PRESS
武汉大学出版社

图书在版编目(CIP)数据

心理语言学导论/张庆宗,吴喜艳著.—武汉:武汉大学出版社,2024.6(2025.5 重印)
　　ISBN 978-7-307-24390-3

　　Ⅰ.心…　Ⅱ.①张…　②吴…　Ⅲ.心理语言学　Ⅳ.H0-05

中国国家版本馆 CIP 数据核字(2024)第 095173 号

责任编辑:罗晓华　　　　责任校对:汪欣怡　　　　版式设计:马　佳

出版发行: **武汉大学出版社**　(430072　武昌　珞珈山)
　　　　(电子邮箱:cbs22@whu.edu.cn　网址:www.wdp.com.cn)
印刷:武汉邮科印务有限公司
开本:720×1000　1/16　印张:21.25　字数:302 千字　插页:1
版次:2024 年 6 月第 1 版　　2025 年 5 月第 3 次印刷
ISBN 978-7-307-24390-3　　定价:86.00 元

前　　言

　　《心理语言学导论》一书专为英语专业本科生、研究生，英语教师以及广大心理语言学爱好者撰写。心理语言学（psycholinguistics）是心理学与语言学结合的产物，是一门新兴的、独立的、多边缘的交叉学科。近年来心理语言学研究如火如荼地进行，有关心理语言学的著作也不断涌现，但这些著作大部分以英文为主，针对中文版心理语言学著作匮乏的现状，我们撰写了这部《心理语言学导论》，呈现给大家。

　　心理语言学是一个跨学科的研究领域，其目标是了解我们如何习得语言，如何使用语言进行言语交际和话语理解，以及语言是如何在大脑中被加工和表征的。心理语言学主要关注两个方面：语言知识和认知过程，研究内容包括语言习得、语言理解、语言产出和语言丧失。心理语言学本身根据不同的研究侧重点，可以进一步划分为实验心理语言学、发展心理语言学、应用心理语言学、计算心理语言学和生命全程心理语言学。

　　本书共分为六章。

　　第一章为绪论，是本书的导入环节，旨在解释心理语言学的内涵，探讨其研究内容，综述其研究历史，阐释其理论基础，以期为读者展示心理语言学的全貌。

　　第二章主要探讨语言的神经机制。该章首先介绍了语言的生理基础——大脑，解释了大脑的单侧化、布洛卡区与韦尼克区、失语症的临床表现、语言加工的 Wernicke-Geschwind 模型；同时阐释了语言进化的两大观点——进化主义论和本质论。

　　第三章探析语言的认知机制。言语加工是一个层级式的整合过程，工作记忆和长时记忆都会影响后续的言语加工过程。注意的选择和抑制机制等控制过程在言语加工过程中也发挥着重要作用。言语加工方式多样，主要包括系列加工和平行加工、自上而下加工和自下而上加工、自动加工和控制加工。语言理解植根于我们身体的感知系统和行为计划之中，与我们的感知系统与计划交互作用。Glenberg 的索引假设、Zwaan 的浸入式经历者框架、Feldman 和 Lakoff 的语言神经理论都说明了具身认知在认知过程中扮演着重要角色。

第四章阐述了语言习得，包括第一语言习得和第二语言习得。在第一语言习得过程中，儿童主要习得语音、词汇、语法和语用等方面的内容。语言环境、认知过程和内在机制是影响语言习得的三大要素。第一语言习得理论主要有行为主义的"刺激—反应"论、认知发展论、心灵主义的"内在论"、语言功能论等。第二语言习得的特征包括关键期假说、母语迁移、习得上限。双语具有长期效应，主要表现在认知优势和脑结构的整合方面。

第五章论述了语言理解。语言理解主要表现在言语感知、词汇提取、句子理解、语篇理解和话语理解五个层面。言语感知需要借助语音知识。肌动模型、模糊逻辑模型、交股模型、TRACE 模型较好地解释了言语听辨过程。等级网络模型、扩展激活模型、特征比较模型、双语心理词汇表征模型以及串行和并行的心理词汇通达模型解释了心理词汇的组织和提取。词频、语境和语义性等是影响词汇提取的重要因素。句法结构具有心理现实性和模糊性，句子理解采用迟关闭策略、最少节点挂靠策略、空缺填补策略等句法分析策略，其理解模型包括模块化模型、基于制约的模型、串行模型、并行模型和竞争模型。句子记忆涉及句子形式与意义、推理与命题。语篇结构、衔接与连贯的知识有助于语篇理解，其理解模型有语篇处理模型、策略模型、构建与结合模型、风景模型、浸入式体验框架。语篇记忆分为表层表征、命题表征、情景模式三个层面。在话语理解中，语用前提成为话语理解的先决条件及推导会话含义的基本依据，具体体现在对话语理解的制约和引导作用上。

　　第六章探讨了语言产出，主要包括语言产出、言语失误和言语会话等三方面的内容。语言产出由四个阶段构成：概念形成阶段、语言构成阶段、发音阶段、自我监控阶段。双语者的语言产出处于双语模式时，可以同时通达两种语言的语法和词汇，进行语码转换。在交际中言语失误时有发生，表现形式多样，主要受到语言、认知、情感、社会文化等因素的影响。言语会话异彩纷呈，会话类型不同，会话结构亦不同，但是说话人和听话人合作默契，遵循会话规则，比如合作原则、关联理论、礼貌原则。

　　本书主要有以下特点。

　　(1)针对性强：专为英语专业本科生、研究生和教师设计编写，弥补了国内缺乏中文版心理语言学著作的不足。

　　(2)系统性强：该书系统地介绍了心理语言学的主要内容——神经机制、认知机制、语言习得、语言理解和语言产出等方面的理论和实践，使读者对心理语言学有一个较为全面和系统的认识。

　　(3)可读性强：作者将心理语言学抽象的理论与具体的语言实践结合起来，该书附有大量的实例，内容丰富，且通俗易懂。

　　(4)时代性强：该书在介绍、论述心理语言学基本理论和知识的同时，还将心理语言学前沿的研究成果呈现给读者，做到与时俱进。

　　最后，我们要借此机会感谢武汉大学出版社的大力支持，特别要感谢武汉大学出版社罗晓华编辑的辛苦付出，使该书得以面世。由于我们的学术水平和学术视野有限，书中难免有不当或错误之处，恳请各位专家、同行批评指正，以便今后修订时改正和完善。

张庆宗　　吴喜艳

2024 年 3 月

目　　录

第一章　绪　论

语言在生活和工作中无处不在，可是我们对语言现象却很难给出一个清晰的答案。我们是如何在很短的时间内习得词汇和语法的？习得母语需要经历不同的阶段吗？我们如何感知和理解语音、词汇和句子，如何理解和记忆语篇，如何储存语言知识，如何提取语言知识表达思想？语言与思维是怎样的关系？思维是语言的外衣吗？我们为什么有时候言不由衷，为什么在交际中口误或笔误时有发生？大脑有主管语言的功能吗？大脑的损坏会影响语言理解和产出吗？随着年龄的增长，语言会退化吗？要回答以上问题，需借助心理学和语言学这两个学科的知识，即心理语言学的知识。

第一章是全书的导入环节，本章将解释心理语言学的内涵，探讨其研究内容，综述其研究历史，阐释其理论基础，以期为读者展示心理语言学的概貌。

第一节　心理语言学的内涵

心理语言学（psycholinguistics）是一门新兴的、独立的、多边缘的交叉学科。心理语言学，顾名思义，应该是心理学与语言学结合的产物。心理学（psychology）主要研究人类心理现象及其影响下的神经功能和行为活动，涉及知觉、认知、情绪、思维、人格、行为习惯、人际关系、社会关系等诸多领域，也与日常生活的很多领域——家庭、教育、健康、社会等——发生关联，主要通过观察人类的行为、表情来描述、解释和预测其心理活动。语言学(linguistics)是以人类语言为研究对象的学科，探索范围包括语言的性质、功能、结构、运用和历史发展，以及其他与语言有关的问题。语言学的研究对象可以是语言系统，也可以是言语行为方式。心理学研究人的心理过程和行为，心理过程往往难以触摸，只能通过别的方法来间接了解，而言语行为就是观察和了解心理过程的一种重要手段。心理语言学就是这种天然联系的产物。

一、心理学的分支

心理学文献在《中国图书馆分类法(第四版)》中设置于 B84，分为两大领域：基础心理学和应用心理学。前者研究心理或行为的发生、发展基本原理和基本规律，后者研究心理学基本原理在实际生活问题或社会问题中的应用。基础心理学范畴包括理论心理学、普通心理学、实验心理学、认知心理学、生理心理学、人格心理学、发生心理学、发展心理学、社会心理学等。应用心理学范畴包括教育心理学、医学心理学、工业心理学、商业心理学、法律心理学、军事心理学、咨询心理学等。

(一)基础心理学

理论心理学指从非经验的角度，通过分析、综合、归纳、类比、假设、抽象、演绎或推理等多种理论思维的方式，对心理现象进行探索，对心理学学科本身发展中的一些问题进行反思。这是一门以理论思维方法对心理学的基本问题和规律进行探索的科学。

普通心理学是研究心理学基本原理和心理现象的一般规律的心理学，是所有心理学分支的最基础和一般的学科。在普通心理学中，心理现象一般规律的研究常分为几个领域：感觉与知觉；学习与记忆；思维与言语；情感与意志；人格与个别心理特征。

实验心理学是以科学的实验方法研究人的心理现象和行为规律的学科，是将实验研究的方法应用于心理学各个领域的一个心理学分支。心理学是一门实证性很强的科学，有关被试心理的特点和规律，只能从收集到的实际材料中分析、综合；除实验室实验之外，还有个案法、观察法、访谈法、调查法、自然实验法。

认知心理学主要研究人的高级心理过程，如注意、知觉、表象、记忆、思维等。现代认知心理学基于信息加工观点研究认知过程：人脑处理信息的过程类似计算机的信息加工，已有知识和认知结构对当前的认知活动起着决定性的作用。

生理心理学主要探讨记忆的脑结构基础以及分子和细胞生物学基础、语言和意识的脑机制问题等内容，比如感觉、知觉、注意、学习、记忆、语言思维、本能动机、情绪情感、人格、运动与意志等心理过程的生理机制。

人格心理学研究人格的构成特征及其形成，从而预计它对塑造人的行为和人生事件的影响。人格是个体在行为上的内部倾向，表现为个体适应环境时在能力、情绪、需要、动机、兴趣、态度、价值观、气质、性格和体质等方面的整合。

发生心理学研究人和动物的心理活动系统发生和个体发生的客观规律性。心理的系统发生指的是心理在生物机体的进化过程中所发生的变化和发展；心理的个体发生指的是心理在个体的整个生命过程中所发生的变化和发展。

发展心理学通过对个体生理、认知、个性与社会性等方面的具体发展规律的探究，了解人的一生的心理发展规律和预期不同年龄阶段的人的基本心理特点。

社会心理学研究个体和群体在社会相互作用中的心理和行为发生及变化规律。在个体水平上进行研究的内容有个体社会化过程、交往、言语发展、伙伴、家庭和居住环境及学校对个人的影响等；在社会群体水平上进行研究的内容有群体交往结构、群体规范、态度、种族偏见、风俗习惯等。

(二) 应用心理学

教育心理学是研究教育教学情境中学与教的基本心理规律的科学，它主要探究教育教学情境中师生教与学相互作用的心理过程、教与学过程中的心理现象，比如学习理论、个体差异、教学心理、教师心理等。

医学心理学侧重于心理学理论与技能在临床医学中的应用，探讨在临床实践中常见异常心理的原因、发病机制、表现形式及处理对策，以及心理诊断、心理咨询、心理治疗、医患沟通技巧、患者心理等方面的知识和理论。

工业心理学是应用于工业领域的心理学分支，主要研究工作中人的行为规律及其心理学基础，除了研究人际关系、人机关系、人与工作环境关系外，还研究劳动作业的内容、方式、方法与人的工作效能的关系问题。

商业心理学研究在商业活动中经营者和消费者的心理活动及其规律，聚焦于日常生活中的商业行为，同时从经营者及消费者的视角，剖析双方的心理攻防大战。其分支包括消费者心理学、市场心理学和广告心理学等。

法律心理学是研究社会生活中与法律有关的行为的心理学问题的学科，其内容包括法律心理学的形成和发展、行为模式、证言、辨认、讯问和供述、犯罪人特征描述、司法决策、测谎、法律相关心理的评估、罪犯心理矫正与治疗、受害人的心理创伤和恢复等议题。

军事心理学是指心理学的原理及方法在军事领域中的应用，比如军人心理选拔与训练、军事环境应激与心理障碍、作战心理与信息损伤防护、军队组织文化与军人心理健康促进等内容。

咨询心理学是运用心理学的理论指导生活实践的一个重要领域，解决人们在学习、工作、生活、保健和防治疾病方面出现的心理问题（心理危机、心理负荷等），提供有关的理论指导和实践依据。

二、语言学的分类

跟心理学一样，语言学的研究对象也是异彩纷呈。语言学是对语言本体的研究，比如语言的语音、词汇、语法、语义、语篇等不同层次，可以与其他学科结合起来。语言学可以以权威的身份规定语言使用的规则，也可以客观地描述人们真实使用语言的情况。语言学可以研究某个时期的语言特点，也可以研究语言的历史演变。语言学可以研究语言学的基本原则、概念、理论，也可以通过具体语言的实例来证实这些理论和观点。语言学可以关注语言的抽象形式及其关系，也可以侧重交际中语言使用的功能。

（一）微观语言学与宏观语言学

微观语言学（micro-linguistics）关注语言系统的不同层面，主要有六大分支：语音学、音韵学、形态学、句法学、语义学和语用学。语音学分为发声语音学、声学语音学和听觉语音学。发声语音学（articulatory phonetics）主要研究辅音和元音的发声、语音特征及分类。虽然单个的语音本身毫无意义，但它们是组成有意义单位（比如语词）的要素。声学语音学（acoustic phonetics）关注语音在空气中传播的物理特征。听觉语音学（auditory phonetics）则从听话人的角度研究语音的感知和理解。音韵学（phonology）是关于某一特定语言的语音系统的研究，探讨语音如何在语言交际中表情达意。形态学（morphology）是语法的一个分支，研究词的形成过程和内部结构。句法学（syntax）是语法的另一个分支，分析句子的建构以及句子中各成分之间的关系，比如横组合关系和纵聚合关系。语义学（semantics）研究词和句子的意义。词的意义除了词典意义或概念意义，还有联想意义和主位意义（Leech，1998）。词与词之间也存在不同的意义关系，比如一词多义、近义、上下义、同形异义、反义等。在语义学（semantics）领域，句子的意义源于构成该句子的词的意义组合。语用学（pragmatics）探析语言在交际中的使用，主要研究语境意义或说话人的意义。

宏观语言学（macro-linguistics）则涉及与语言相关的方方面面的内容，具有跨学科的特性。例如，社会语言学将语言学和社会学结合起来，探讨语言和社会结构的相互关系、语言的变异以及对语言的态度。神经语言学将语言学和神经科学结合起来，研究大脑结构及其在语言理解、语言产出和语言习得中的作用。历史语言学研究语言的变化以及语言与语言之间的关系，试图构建出语言原型。人类学语言学综合运用语言学和人类学的理论观点和研究方法，研究语言结构、语言变化和社会文化结构的关系。计算机语言学试图找出自然语言的规律，建立运算模型，使用计算机来理解或处理人类语言。

(二)描述性语言学与规定性语言学

顾名思义，语言研究的描述性方法(descriptive approach)旨在描述和分析人们实际使用的语言。语言学家的任务是以客观的方式发现和记录语言使用者在同一语言社区中共享的语言规则系统。在这种情境下，语言学家不是权威，告诉人们应该说什么和不应该说什么，而是观察者和记录者，客观记录人们在口头和书面形式中使用语言的方式。

语言研究的规范性方法(prescriptive approach)则不同，意味着制定正确和标准的语言使用规则。在这种情况下，语言学家以权威自居，告诉人们应该说什么，不应该说什么。规则一旦建立，便是强制性的、不能改变的。传统语法是规定性的，它基于拉丁语或希腊语的早期语法。我们来看一些规则：(1)在英语中，不能使用分裂句；(2)在英语中，句子不能以介词来结尾；(3)在英语中，不能使用双重否定。违反这些规则，语言的使用就是错误的。但现在看来，事实并非如此。

(三)共时语言学与历时语言学

语言的共时研究和历时研究是瑞士语言学家 Saussure 首次提出的。共时语言学(synchronic linguistics)关注的是同一时期语言系统中各项共存要素之间的关系，研究语言单位的横组合关系和纵聚合关系、语言的价值等。共时研究强调语言系统中各要素(如语音、词汇、语法)的稳定性。在一定的时间范围内，某一种语言系统内部各要素相对保持平衡，不会发生显著性变化，具备一定的特性而存在，比如莎士比亚英语、维多利亚英语、甲骨文等。

　　历时语言学（diachronic linguistics）关注的则是在时间上彼此代替的各项连续要素间的关系，更多地研究语言中要素的类比、交替、黏合等变化现象。历时研究侧重语言系统中各个要素的历史变化，例如，英语简史叙述英语所经历的历史阶段及其阶段性特征，如在语音、词汇、语法等方面发生的变化。在 18、19 世纪，语言学家研究语言的演变过程以及各种语言之间的相互接触和影响，从而促成了比较语言学和历史语言学的出现和发展。他们分析了一些现有语言的特征，并构建了他们的母语（称为原型语言）。历时语言学研究某一种语言或者语言的某个特征的历史变化，如汉语史、汉字"龙"的演变等都属于历时语言学的研究范畴。

（四）普通语言学与描写语言学

　　普通语言学（general linguistics）为语言的描述建立原则、概念和分类标准，确定语言现象的特性；普通语言学认为语言是一种文化、社会和心理现象，并试图研究语言的性质、结构特征和发展规律。以 Saussure 的结构主义语言学为例，Saussure 在《普通语言学教程》一书中回答了一系列有关语言研究的理论性问题，提出了诸多重要的概念和范畴，为语言学研究指明了方向。语言是一种特殊的符号系统，"语言研究包括两个部分，本质的部分把社会的和独立于个人的语言系统本身视为研究对象，这是纯粹的心理研究；次要的部分把言语行为中个人的方面即言语也包括发音视为研究对象，这是心理—物理研究"（Saussure，2001：19）。语言符号的根本特性是任意性和线性，同时语言符号系统是一个价值系统，价值是通过系统中内部要素之间的关系来体现的。语言要素之间的关系研究是共时研究。

　　描写语言学（descriptive linguistics）则提供数据来证实或反驳普通语言学提出的观点和理论。描写语言学是语言学的一个分支，研究特定语言的结构。20 世纪初美国的描写语言学影响深远，以 Boas、Sapir、Whorf 等为代表的美国描写语言学家对美国印第安语言进行了较大规模的深入研究。以萨丕尔-沃尔夫假设为例，该假设是基于 Hopi 等印第安语言的研究的，由两部分组成——语言绝对论和语言相对论。前者认为一个人的母语中存在的差异和范畴决定了他感知世界的方式，即语言决定思维；后者认为一种语言中的差异和范畴是独一无二的，与其他语言系统是不相容的。试举例说明。第一，在 Hopi 语言中，如果要表达"四天"，人们使用"dayness the fourth time"或者"the fourth dayness"，而不是英语中的"four days"。比较而言，时间在 Hopi 语言中不可数，而在英语中跟很多其他可数的物体一样，可以分解为明确的个体，因而得出结论：Hopi 语言是没有时间感知的语言。第二，Hopi 语言中没有时态的屈折变化，因此推断：Hopi 语言没有时间概念。第三，Hopi 语言中只有一个"masa'ytaka"用于表达除"鸟"以外的所有飞行实体（如"昆虫""飞机"和"飞行员"），由此可见 Hopi 人与其他语言使用者感知这些飞行实体的方式不同。

（五）形式语言学与功能语言学

形式主义（formalism）和功能主义（functionalism）是语言研究的两种对立方法。形式主义由 Saussure 创立，由 Bloomfield 和其他美国语言学家在美国继续推进，而 Chomsky 将其进一步发展。形式主义将语言视为一种独立于语义和语用方面的正式系统。语言学家的核心任务是研究语言的抽象形式及其关系，而不考虑这些形式在交际中的实际运用。语言以脱离语境的方式进行研究，是自治的规则系统。这种语言研究方法在几年前的许多英语教科书中得以体现，其重点是通过句法操练和替代练习对语法形式和结构进行机械学习。例如，某一个学习单元为"This/That is a(an)…"。教学的目的就是让学习者反复操练，进行替换练习，举一反三，从而掌握该句型。替换练习用不同的词来替换某个词。

功能主义由布拉格学派（Prague School）和伦敦学派（London School）创立和发展。功能主义将语言研究置于社会、文化和历史背景之下，语言形式与语言功能密不可分。语言的功能繁多，分类标准各异。Jakobson（1960）根据交际的六大要素——语境、说话人、听话人、联系、语码和信息，提出语言具有六大功能：指称功能（传递信息）、情感功能（表达说话人的情感和态度）、意动功能（用语言影响听话人的行为）、寒暄功能（维持良好的人际关系)、元语言功能(澄清交际意图和想法)和诗学功能(怡情和娱乐)。Nida(1993)从社会学的角度,将语言功能分为五类:信息功能(传递信息)、人际功能(表达亲疏的人际关系)、祈使功能(用语言影响听话人的行为)、施为功能(用语言来行事)、情感功能(用语言来激发听话人的情感状态)。Halliday(1975)则区分了儿童的语言功能和成人的语言功能。儿童语言具有以下功能:工具功能(用语言让他人做事)、调节功能(用语言调节他人的行为)、互动功能(与他人建立联系)、个人功能(表达个人的情感和观点)、启发功能(用语言来探索世界)、想象功能(用语言来谈论想象中的事物)、表征功能(用语言来传递信息),而成人的语言则实现了三大功能:概念功能(传递信息)、人际功能(建立权力、地位和亲疏关系)、语篇功能(组织观点、布局谋篇)。

词汇和语法形式的意义是由语境决定的。例如"It is the taste!",如果将其作为语法单位进行研究,我们只知道它是一个系表结构,"it"是第三人称代词,"is"是动词,"the taste"是名词短语,仅此而已,几乎没有明确的含义。但是当我们把它放在一个交际场合时,它的意义就变得清晰而充满活力。如果说话者一点都不享受用餐的过程,那就意味着食物的味道很糟糕;如果说话者很愉悦,那就意味着他正在享用美味的食物。同样一句话在不同语境中可能有完全不同的解释。

(六)理论语言学与应用语言学

理论语言学(theoretical linguistics)主要构建有关语言结构和语言功能的理论,不考虑实际应用。Chomsky的转换生成语法是典型的理论语言学。以经典理论(Classical Theory)为例(Chomsky,1957),我们一起感受一下理论语言学。经典理论包括三个部分:有限状态语法、短语结构规则、转换规则。有限状态语法是最简单的语法,用有限的机制生成无限的句子。例如,一个简单结构Subject+Predicate+Object可以产生无数个具有相同结构的句子。短语结构规则则将句子的生成进一步细化,可以运用一系列的规则生成无穷尽的句子。这些规则也称为改写规则,比如句子可以改写为名词短语+动词短语(S→NP+VP)。运用这些规则生成的是肯定的陈述句，但是我们需要使用其他句型，如否定句、被动句、疑问句等，这就需要运用转换规则，即将陈述句转换为我们所需要的句子。这里需要区分两种结构：深层结构和表层结构。深层结构是句子抽象的语义表征，表现为主动的、肯定的陈述句。表层结构则是最后需要产生的句子，可能需要运用转换规则。如果表层结构是主动的陈述句，则无需转换，其他句型都需要运用转换规则，比如否定句转换规则、疑问句转换规则、被动句转换规则等。

应用语言学(applied linguistics)则是将普通语言学的研究发现、理论和方法应用于其他领域的研究。应用语言学最初仅限于语言教学，结构主义语言学、功能语言学、认知语言学、生成语言学等在语言教学中都有不同程度的运用，由此产生了不同的教学大纲：结构主义教学大纲、情境教学大纲、意念—功能教学大纲、交际教学大纲、任务型教学大纲等。广义的应用语言学内容广泛、包罗万象，如社会语言学、神经语言学、计算机语言学、第二语言习得等。

三、心理语言学

心理语言学是心理学和语言学研究相结合的产物。心理语言学是一个跨学科的研究领域，其目标是了解我们如何习得语言、如何使用语言进行言语交际和话语理解的，以及语言是如何在大脑中被加工和表征的(Fernández & Cairns，2011)。换言之，心理语言学是研究我们如何习得、产出和理解语言的(Carroll，2008)。同时，心理语言学也与发展心理学、认知心理学、神经语言学和语言科学有关。实际上，心理语言学汲取了理论语言学、计算机语言学、神经语言学、认知神经科学、生物语言学、语言学类型学等相关领域的观点，研究在语言的感知、产出和习得过程中的心理因素(Sedivy，2020)。从本质上看，心理语言学把语言看成一种心理现象，探究的是个体的语言(Garman，2002：viii)。简言之，语言和言语的使用是研究我们心理的特性和结构的一扇窗户(Scovel，2000：4)，所以可以说心理语言学研究心理与语言的关系。

比如我们在习得母语的过程中，只是一味地模仿和机械操练吗？我们的心理过程是怎样的？我们是如何习得母语中复杂的语法规则的？我们是如何从大量的实例中概括出这些规则的？我们在学习外语的过程中心理过程是怎样的？我们的外语学习是如何受到已经习得的母语的概念认知系统的影响的？我们在外语学习过程中为什么会有固化和石化现象？再比如，我们是如何在口语交际中使用母语表达自己的？我们好像根本没有意识到任何的言语计划。我们是如何使用外语进行交际的？我们好像意识到我们在说外语，而且似乎要经过母语的翻译才能更好地表达思想。我们为什么会有"You've tasted the whole worm"（You've wasted the whole term）这样的言语失误？我们为什么会有"话到嘴边"（the tip of the tongue）的尴尬时刻？再比如，我们在听别人说话的时候，明明有一个语音有误，为什么还能听懂说话人的意思？我们会体验"花园路径现象"（garden path phenomenon）吗？为什么我们理解故事的时候会受到母语文化的影响？我们为什么会像《困在时间里的父亲》一样随着老去而逐渐失去记忆？所有这些关于语言的习得、产出、理解和丧失的现象都与心理过程密不可分。这就是心理语言学。

心理语言学是认知科学（cognitive science）的一部分，而认知科学是一门综合性学科，是由心理学、语言学、神经科学、哲学、计算机科学等多学科组成的交叉学科，从多角度来探索思维的奥秘。语言是我们表达观念和思想的方式之一，是认知系统的一部分，是我们的体验、文化、社会、风俗、环境等因素相互作用的结果。心理语言学一方面运用认知科学的理论和方法来探讨语言习得、产出和理解；另一方面又通过语言现象来揭示我们心智的过程和活动。语言习得、阅读、话语、注意、记忆等属于认知科学的研究领域，跟语言密切相关。

心理语言学关注两个方面：语言知识和认知过程（Carroll，2008）。语言知识可以从两个方面来理解。一方面，语言知识是关于语言的显性知识和隐性知识。显性知识是我们可以明确用语言表达出来的知识，比如外语学习过程中老师教授的词汇和语法知识较多，在很多情况下我们可以说出其语言规则，比如："John enjoys to read books."这个句子是错误的，因为enjoy 这个及物动词通常接名词或动名词作为宾语。隐性知识则相反，是我们在习得母语或外语时无意识获取的知识，只能意会，不能言传。我们知道句子的语法性，但是说不出理由；我们通常在语感的帮助下完成口头或书面交际。另一方面，语言知识可以是语言不同层面的知识，包括语音、音位、词法、句法、语义、语用等方面的知识。语音知识是关于语言中辅音和元音的发声、分类和特征的知识；音位知识是关于语音系统的知识，如运用语音在交际中传递和区分意义；词法知识是关于语素、词的内部结构及构词方面的知识；句法是关于句子中各个成分之间的关系以及构建句子规则的知识；语义知识是关于词和句子语义的知识；语用知识是关于交际中语言使用的原则和策略知识。

认知过程是对语言信息进行加工处理的过程，由感知、记忆、思维等认知要素组成。比如我们对最小配对中不同语音的感知、对语流的感知、对书面语的感知等。感知跟听觉和视觉能力相关，也跟语境相关。比如我们对单词、句子和语篇的记忆采用形式编码还是意义编码？心理词汇中，flower 是和 flour 组织在一起，还是与 rose、lily、tulip、carnation 等词组合在一起构成上下义关系？这些编码方式跟我们的语言水平和文化背景也是分不开的。还有思维与语言的关系，是语言决定思维还是思维决定语言？我们在理解和产出语言的时候，具体的思维过程是怎样的？比如听到"Can you pass me the book?"，我们应理解为一个纯粹的问句"Do you have the ability to pass me the book?"还是一句请求"Please pass me the book"？

心理语言学本身也有不同的研究侧重点，可以进一划分为不同分支：实验心理语言学（experimental psycholinguistics）、发展心理语言学（developmental psycholinguistics）、应用心理语言学（applied psycholinguistics）、计算心理语言学（computational psycholinguistics）和生命全程心理语言学（life-span psycholinguistics）等。

第二节　心理语言学的研究内容

在上一节"心理语言学的内涵"中我们提到了，心理语言学主要研究语言和言语是如何习得的、语言是如何理解的、语言是如何产生的、语言又是如何丧失的。心理语言学关注个体一生中主要的语言和言语活动，从咿呀学语到逐年老去。语言习得是个体在特定文化中的社会化过程。几个月大的婴儿沉浸在母语环境中，其发声器官逐渐成熟，开始练习发声，从无交际意愿的语音和音节到有意义的单词话语，再到两词和多词话语，再到成人语法，历经了语言发展的不同阶段，不同语言形式的习得顺序亦不尽相同。语言习得过程中以及习得语言之后，个体会参与到语言交际中来，语言理解和产出是必要环节。个体如何识别和理解语音、词汇、句子和语篇呢？理解他人话语是交际成功的前提条件；语言产出活动使得个体在交际活动中能够表达思想和见解。随着年龄的增长，个体语言在某些方向可能会退化甚至丧失，比如听不懂他人的话语、表达不清自己的观点等。本节从四个方面介绍心理语言学的主要研究内容：语言习得、语言理解、语言产出、语言丧失。

一、语言习得

(一)语言习得的层面

儿童语言习得表现在语言的不同层面，比如语音的习得、词汇的习得、语法的习得、语义的习得、语用的习得等。

(二)语言习得的阶段

儿童语言的习得不是一蹴而就的，需要一个过程。比如单词话语阶段、双词话语阶段、多词话语阶段、成人话语阶段等。甚至具体的语法结构的习得也需经过阶段性的发展，比如否定句的习得(Ellis，1994)。在第一阶段，否定词"No"放在句首；第二阶段，否定词已嵌入句中，但尚未完全融入句子的语法结构中；第三阶段的否定词用法正确，但仅限于词块性的结构；第四阶段，真正的否定句形成，但偶尔会有一些错误的表达。

第一阶段：

No very good.

No you playing here.

No you play.

第二阶段：

Maria not coming today.

I no can swim.

I don't see nothing mop.

第三阶段：

I can't play this one.

I won't go.

I don't know.

第四阶段：

He doesn't know anything.

He didn't said it.

She didn't believe me.

(三) 语言习得的理论

刺激-反应理论认为语言习得是一个习惯养成的过程，个体通过模仿、操练、强化等方式来习得语言。天赋论则强调第二语言学习的逻辑问题，认为儿童习得的东西远比从语言环境中学到的多，有限的输入可以部分或全部激活普遍语法。认知论认为语言习得以一定的生理成熟和认知发展为基础，语言习得是认知技能的学习，是认知结构的动态构建过程，学习者是语言信息的加工者。功能论认为语言是交际的工具。习得语言就是个体学会如何使用语言获取自己想要的东西、表达思想、发挥想象力等。

二、语言理解

语言理解包括语音听辨、词汇提取、句子理解、语篇理解和话语理解等不同层面。语音听辨包括孤立语音的辨识、连续语音的感知、超音段特征的理解(比如重音、节奏、音高、语调等)。主要问题是：语音感知需要具备哪些知识？影响语音感知的主要因素有哪些？词汇提取涉及词汇知识的各个层面——语音、词法、句法、语义和语用，还包括词汇知识的内部组织模式。主要问题是：我们认知结构中的词汇知识是如何组织起来的？我们在理解新信息的时候，这些已有的词汇知识是如何提取出来的？词汇提取受哪些因素的影响？句子理解需要理解句子的结构和词汇成分。如果我们按照从左到右的顺序理解句子，可能会出现"花园路径"现象。主要问题是：我们如何进行句子结构的切分呢？句子的深层结构与表层结构的关系如何？句子的语法和语义信息加工过程是怎样的？记忆句子的时候我们关注的是句子形式，还是意义？我们记住的是句子本身的命题，还是增加了我们的推理成分？语篇的理解需要弄清楚语篇中的衔接手段和连贯程度。语篇的理解受到我们文化认知等已有图式的影响。主要问题是：语篇的记忆是基于形式还是意义？话语理解主要是理解交际中使用的语言。一句话语通常包括发话行为、行事行为和取效行为。一般情况下，我们的真正交际意图不在言语之中，而在言语之外，这就是会话含意或言外之意。我们在特定情景中理解发话人的交际意图，需要经过认知推理。

三、语言产出

因为汉语是我们的母语，所以日常会话的时候，一切都是自动化的。我们似乎没有经过任何语言计划，就脱口而出了。但是我们在郑重的场合，或者当我们特别关注语言形式的时候，我们就有了明显的语言计划的意识。我们要回答的问题是：我们在说话的时候是否经历了交际意图的形成、语言结构的选择、发声等一系列过程？我们说外语和说母语的过程是否一样？我们在说话的过程中会出现口误，原因是什么？

语言产出可分为口头语产出和书面语产出。口语交际中言语会话的类型不同，比如朋友之间的闲聊、面试官与面试者参与的面试。朋友之间可以无话不谈，但是面试官与面试者交流的内容跟面试者应聘的职位相关，不可能跟朋友聊天一样海阔天空。整个会话的结构亦不相同。朋友之间的会话结构比较松散，可能说了"再见"又提出新的话题接着聊，没完没了。面试的结构比较严谨，有比较固定的开头、问答和结尾。总而言之，前者语法结构松散，更加口语化，词汇内容丰富，涉及不同话题的方方面面；后者语法结构比较固定，词汇内容与应聘职位相关。

四、语言丧失

19 世纪两个重要的医学发现证实了大脑和语言的密切关系：1863 年法国医生、神经病理学家、人类学家 Broca 发现的布罗卡区和 1874 年德国医生、解剖学家、神经病理学家 Wernicke 发现的韦尼克区。二者都位于左半脑，直接影响语言功能——前者影响语言产出，后者影响语言理解。人的大脑两半球在进行言语及其有关的高级心理活动时表现出偏于一侧的现象，即单侧化。左右半脑专司不同功能：大脑左半球主要负责语言、逻辑和分析运算、数学，而右半球不仅支配着对非语言声音及音乐旋律的感知，而且支配着视觉和空间技能。可见，语言功能主要集中在大脑的左半球，但大脑右半球也有少许语言功能，主要理解单词及其之间的语义关系、语篇和隐喻(Steinberg et al., 2001)。因而可以推断，如果左半球受损，右半球可能"接管"(take over)左半球的某些功能。有研究(Penfield & Milner，引自桂诗春，2000：74)发现，青春期之前的儿童似乎有一种"转换机制"(switch mechanism)，如果他们的左半球言语中枢受到损害，言语中枢就会转换到右半球，不过要从头再学说话。可是过了青春期以后，语言能力就不那么容易恢复了。当然我们不断变老的同时，语言能力也会慢慢丧失。主要表现为听力理解能力下降、吐词不清、表达模糊、重复啰唆、犹豫停顿、说话缓慢等。

第三节　心理语言学的研究历史

心理语言学是一门新兴学科，一开始并没有心理学与语言学的联姻。其诞生之源可以追溯到德国心理学家 Wilhelm Wundt 和语言学家 Hermann Paul 等人的研究成果。第二阶段的特点是语言学和心理学二者并驾齐驱，并且共同诉诸操作主义哲学。第三阶段以 Chomsky 为主要代表人物，他指出行为主义环境论的缺陷，提出了天生论、普遍语法、转换生成语法等观点和理论。Chomsky 注重语言的创造性。儿童的大脑里有一种天生的"语言习得机制"（Language Acquisition Device），不是靠"刺激—反应"（stimulus-response）来掌握语言规则。第四阶段为认知时期，语法，特别是句法研究不再是研究的中心，重心转向人类学习语言的内在能力，更加强调语言习得。第五阶段为认知科学时期，心理语言学与人工智能等领域相结合，探索计算与认知、符号结构与认知、心智结构和联结主义、语法理论、模型论语义学和其他语义学、认知科学的实验方法、脑与认知等方面的话题。

一、诞生之源

心理语言学的诞生基本上可归源于实验心理学之父、德国心理学家 Wilhelm Wundt 和德国语言学家 Hermann Paul 等人的研究成果。

（一）Wilhelm Wundt 的研究

Wilhelm Wundt（1832—1920）于 1879 年在莱比锡大学建立了世界上第一个心理实验室，并从事心理物理学的实验工作。他认为可以用自然科学的研究方法来观察感觉、情感、意象等心理现象。在语言和心理的关系上，他认为自然的言语活动开始时是一种总体印象的统觉，然后才从总体印象中分离出某些方面来。1874 年他出版了《生理心理学原理》（*Principles of Physiological Psychology*）一书，探究了人类的心质结构和意识，认为可以通过语言的研究来探讨心理本质。他的研究涉及语法、语音、语言理解、儿童语言习得、手语、阅读等方面。

Wilhelm Wundt 的心理语言学思想可以从他的句子心理学研究（Wundt，1912，转引自 Blumenthal，1970：20-24）体现出来。他认为句子产出的过程同时也是认知序列结构的转换过程。从语法角度来讲，句子是由更小的成分构成的，比如词、词组或小句；句子是由一系列词或概念组成的。但是句子的成分与概念不是一一对应的。正如他所说：

"当我建构一个句子时，一个孤立的概念并不首先进入意识，导致我发出一个声音来表征它。不能这么说是因为当一个即将表达的声音要素已经在影响着当下所说的声音形式时，就出现了语音感应现象。同样，一个刚刚完成的发音影响着后面的语音……然而，句子并不是一个精确地通过意识运行的图像，每一个单词或单个声音只在瞬间出现，不断从意识中消失。相反，句子产出时，它在认知层面上是一个整体。如果不是这种情况，我们将永远失去话语的来龙去脉。"（When I construct a sentence, an isolated concept does not first enter consciousness causing me to utter a sound to represent it. That it cannot be this way is shown by the phenomenon of phonetic induction which occurs when a vocal element on the verge of being expressed is already affecting the form of a sound being spoken at the moment. And similarly, an articulation that has just occurred influences the succeeding sound... The sentence, however, is not an image running with precision through consciousness where each single word or single sound appears only momentarily while the preceding and following elements are lost from consciousness. Rather, it stands as a whole at the cognitive level while it is being spoken. If this should ever not be the case, we would irrevocably lose the thread of speech.）（Wundt，1912，转引自 Blumenthal，1970：21）

从心理学视角来看，句子既是同时性结构又是顺序性结构（The sentence is both a simultaneous and a sequential structure）。句子是同时性结构，这是因为句子在意识中是以整个句子存在的；句子是顺序性结构，这是因为句子是由其成分组合而成的，这种组合在句子产出的过程中是动态的。句子是一种内在的心理结构，必须具有同时性。Wundt 关于句子是一个完整的心理表征的观点与句子是逐字逐句产生过程的观点不同，后者割裂了句子成分之间的联系。句子成分之间的关系不是简单的链接(linking)，而是动态的组合(configuration)。句子的同时性表现为句子的统一性；它的顺序性表现为特定成分在注意焦点中的连续凸显。从这个意义上说，句子构建既是一种分析过程，又是一种综合过程，但它主要是一个分析过程。句子的统一性首先是一个整体的心理印象，其中包括个体成分，尽管这些成分相对不那么明显。这种认知组合随后通过"统觉"形成连续的片段。因而句子是一个同时性的心理印象按照自愿顺序排列而成逻辑相关片段后的语言表征(It is the linguistic representation of the voluntary sequential ordering of a simultaneous mental impression into logically related segment)(Wundt，1912，转引自 Blumenthal，1970：22)。

(二) Hermann Paul 的研究

在句法方面，Hermann Paul 的观点有别于 Wilhelm Wundt，他认为"句子反映了说话者头脑中两个或多个观点的连接"(Paul，1886，转引自 Blumenthal，1970：32)。Hermann Paul 在心理学基础上建立了理论句法学。他深入详尽地探讨了各种句法结构和句法关系。他认为，"所有语言活动都涉及句子的形成"(All linguistic activity involves the formation of sentences)；"句子是语言表述或符号，是若干个概念或若干组概念在说话人心灵上连接起来的标记，是用来在听话人心灵上把相同概念用同一方式连接起来的手段"(The sentence is the linguistic expression, or symbol, which indicates several ideas or groups of ideas have been joined in the mind of speaker. It is also the means for reproducing the same linking of ideas in the mind of a listener)(Paul，1886，转引自 Blumenthal，1970：34)。

Hermann Paul 认为句子的特征在于它至少是由两个成分组成的，即主语和谓语。这两个语法范畴是一种心理和逻辑关系。由于语法范畴是以一种心理关系为基础的，从某种意义上来讲表达了一种心理范畴，因而他又区分成心理主语和心理谓语。"心理主语是最初在说话人意识中存在的观念实质"（Paul，1886，转引自 Blumenthal，1970：34）。心理主语通常是放在句首的名词短语或代词；心理谓语则是连接在心理主语后面的观点，是说话人传递给听话人的信息。比如，我们产生的英语句子：The English teachers in our school are kind and responsible. 其中心理主语是 the English teachers in our school，心理谓语是 are kind and responsible。一般来讲，说话人说 the English teachers in our school 时，认为这个心理主语对于听话人来说是已知信息，are kind and responsible 则是新的信息，这是说话人话语的重点，是说话人希望听话人关注的信息。

Hermann Paul 还提到了对单词（或：单成分）句的处理问题："从语言表述角度而言，单成分的句子中有可能出现对说话人是心理谓语的成分，在听话人方面却是主语。对于某个在看到着火时呼叫'Fire'的人，情景是主语，概念'Fire'则是谓语；与此相反，对于听到呼叫'Fire'的人，在他本人看到火之前，概念'Fire'是主语，而情景则是谓语。当然，也有这样的情况：不管是对于说话人还是对于听话人来说，话语是主语，情景是谓语。比如，如果一个人看见一个小孩有危险，他本能地提醒孩子的看护人，说'The child!'，听话人这时关注的是话语的逻辑主语，至于谓语'孩子怎么啦'，听话人需要从他看到的情境中推断出来。"（Paul，1886，转引自 Blumenthal，1970：35-36）

Hermann Paul 的句法概念对当今的句法研究，特别是在以现代语言为对象，用心理范畴的灵活结构来取代传统的逻辑句子结构模式方面，仍有其重大影响（袁杰，1987）。Paul 还深入地研究了各种词汇意义的演变。他认为有必要区分词汇的常用意义和情景意义："……我们所理解的常用意义是指一个语言社团的成员用一个单词所连接的全部概念内容，而情景意义则是指说话人通过说出这个词而联想的以及他用这个词期待听话人也以此联想的那种概念内容。"（Paul，1880，转引自袁杰，1987：38）

二、形成时期

心理语言学这一阶段的特点是语言学和心理学二者并驾齐驱，并且共同诉诸操作主义哲学。作为科学的操作主义哲学的方法是通过使用极为明确重复可靠的一系列可证操作活动从观察到的数据中获得理论构想（凯斯，1992）。这一时期心理语言学的发展主要受行为主义和结构主义的影响：第一，以 J. B. Watson 和 B. F. Skinner 为代表的行为主义理论；第二，以 L. Bloomfield 为代表的结构主义语言学理论。20 世纪 50 年代心理语言学正式诞生。1951 年美国社会科学理事会组织部分语言学家和心理学家在美国康奈尔大学举办了语言学和心理学的研讨会。1952 年"全国语言学和心理学委员会"的成立意味着语言学家和心理学家开始并肩从事语言研究了。1953 年，这个委员会在印第安纳大学召开了跨语言学和心理学两门学科的语言讨论会。Osgood 和 Sebeok 于 1954 年把讨论会的文件和报告汇编成专集：《心理语言学：理论和研究问题的概述》（*Psycholinguistics：A Survey of Theory and Research Problems*）。这一专集的出版标志着心理语言学作为一门学科已经正式形成，"心理语言学"（psycholinguistics）一词从此诞生。

（一）J. B. Watson 的行为主义

Wilhelm Wundt 的心理学是以意识和内省为其对象和研究方法的，J. B. Watson 则反对把意识当作心理学的对象，反对把内省当作心理学的方法。思维不是脑和中枢神经系统的活动，只是语言器官的外部肌肉运动，J. B. Watson 将心理活动归结为外界刺激所直接引起的肌肉和腑脏等外围器官的机械运动。J. B. Watson 企图建立一个客观的心理学，也就是建立一个研究那些可以被观察的行为的心理学。心理学要采取自然科学的方法，研究人和动物的可观察的行为（observable behavior）——有机体所做的和所说的。

J. B. Watson 用刺激—反应来说明有机体的行为。所谓刺激是指外界环境和身体组织中所发生的任何变化，如光、声音、血液分泌成分的变化等；所谓反应是指有机体所做的任何动作，包括肌肉收缩和腺体的分泌变化，如转向一个光源听到强烈声音而惊跳（荆其诚，1965：362）。反应分为外部反应和内部反应。前者是可以观察到的身体的外在活动，后者是通过仪器记录的身体内部活动。当许多反应连续地进行，它们便有可能联系起来形成复杂的链锁反射。链锁反射经过多次重复能不依外界的刺激照常进行——形成了习惯。有机体的一切行为都是外在刺激所引起的反应，通过环境的改变和对行为的训练，任何行为都能被创造、设计、塑造和改变。正如 J. B. Watson 所说："给我十几个强健而没有缺陷的婴孩，让我放在自己之特殊的世界中教养，那么我可以担保，在这十几个婴孩之中，我随便拿出一个来，都可以训练成为任何专家——无论他的能力、嗜好、趋向、才能、职业及种族是怎样，我都能够任意训练他成为一个医生，或一个律师，或一个艺术家，或一个商业界首领，或甚至也可以训练他成为一个乞丐或窃贼。"（Watson，1935：171，转引自荆其诚，1965：366）。

(二) B. F. Skinner 的行为主义

跟 J. B. Watson 一样，B. F. Skinner（1957）认为心理学的目的在于预测和控制行为，同时把个体的心理活动简单直接地归为行为，都强调环境对个体行为的决定性作用。B. F. Skinner 的行为主义是对 J. B. Watson 行为主义的进一步发展。

B. F. Skinner 提出了"操作性条件反射"的概念，丰富了 J. B. Watson 的"S-R"行为公式的内容。J. B. Watson 认为人和动物的全部行为都可以分为刺激和反应，可以用公式 S-R 来表示。B. F. Skinner 提出了"操作性条件反射"的概念，丰富了 J. B. Watson 的"S-R"行为公式的内容。条件反射可以分为操作性条件反射和应答性条件反射。应答反应（respondents）完全是反射反应（reflex responses），由某些刺激引起；操作反应（operants）是原发反应（emitted responses），找不出什么明显的刺激。所有的应答性条件反射都可以用一个公式来表示：S-R，S 在行为的形成中扮演着至关重要的决定作用。B. F. Skinner 关注的是操作性条件反射。他所作的实验安排如下：一个箱子，其中有一条杠杆靠在箱壁上，一按这杠杆，就有一团食物掉进盘子里（于是就记下按杠一次）。把一只白鼠放进箱子，白鼠很快就把杠杆按下，食物随即掉进盘子。把杠杆按下去就有东西吃，这个事实使这个操作反应的强度(strength)增加了。那团食物被称为强化因(reinforcer)，按杠事件被称为强化事件(reinforcing event)。

在行为和环境的因果关系中，反应、刺激和强化是顺序发生的基本的偶合。一个操作的发生(反应)，接着呈现一个强化刺激，操作再次发生的强度(概率)就增加。在条件反射的训练过程中，条件刺激总是伴随着非条件刺激而出现。例如，要想让狗对铃声形成条件反射(一听见铃声就分泌唾液，就必须在每次出现铃声之后紧接着向食桶中倾倒食物，这样持续多次，狗才会形成对铃声的条件反射，一听见铃声就分泌唾液。在B. F. Skinner 的操作性条件反射行为的形成过程中，刺激几乎不起任何作用，操作性条件反射也可以用一个公式来表述，但不是 S-R(刺激—反应)，而是"反应—强化"，在行为形成过程中起重要作用的不是反应前出现何种刺激，而是反应后得到何种强化。因而在操作性条件反射行为中，强化才是最重要的。B. F. Skinner 认为，如果个体在无意中做出某种行为之后得到了奖赏，以后就会多做出这类行为；如果个体无意中做出的某种行为导致了惩罚，则以后会回避这种行为，会尽可能少做这种行为。是行为的后果而不是行为前的刺激决定了行为的保持或消退。B. F. Skinner 还提出了"强化程序"的概念，认为强化的时间间隔越短，有机体的反应就越快；相反，在延长反应强化间隔时间的情况下，反应的速度就下降。

语言习得也可以从行为主义视角进行解释——历经模仿、增强、重复、形成四个步骤。儿童在母语环境中，模仿他人使用的母语语音和结构。儿童的语言模仿会得到他人的赞赏。这种赞赏可能是语言的，比如"Good!"，也可能是非语言的，比如一个小玩具。得到赞赏之后，语言的正确表达会被强化，在不断的重复中，儿童也就掌握了母语。

(三) L. Bloomfield 的结构主义

L. Bloomfield 1914 年写的《语言研究导论》(*An Introduction to the Study of Language*)站在 Wilhelm Wundt 心理学的立场上来说明语言现象。比如，他把语言看成同心理活动和生理活动紧密联系的一种表达活动，用联想的心理活动来解释语音的变化，意义是心理联想的习惯，等等（赵世开，1980）。到 1933 年，L. Bloomfield 的《语言论》已经从 Wilhelm Wundt 的构造心理学（即所谓的"心灵主义"）转到了行为主义心理学（即所谓的"机械主义"）的立场上。L. Bloomfield 认为，语言学是心理学的分支，并特别指出语言学是心理学中带有实证论特征的行为主义分支。他认为行为主义是一种科学方法的原则，即人类不可能认识任何他们没有经历过的事情。

从行为主义和机械论的观点观察语言现象，L. Bloomfield 把语言看成一系列刺激和反应，并据此提出了著名的传递公式 S→r……s→R。这里 S 指外部刺激，r 指语言的替代反应，s 指语言的替代性刺激，R 指外部的实际反应。

举个例子：

假设 Joe 和她的男朋友 Jim 正沿着一条街道散步。Joe 觉得饿了，就在这个时候，她看到了一家巧克力店。她非常想吃巧克力，便热切地看着 Jim，Jim 立刻明白了她想要什么，于是冲到商店，买了一盒巧克力放在她的手里。这一系列动作的完成可以不需要任何语言。Joe 饥饿感消除的整个过程可以被描述为 S→R（刺激→反应）。她饥肠辘辘的身体状况，她看到巧克力店的情景，以及她渴望的目光凝视着 Jim，这些都促使 Jim 作出反应——采取一系列行动为她买巧克力。但是该情形对人类来说可能会变得更加复杂，因为在这种情况下人们通常使用语言来表达自己的意图。Joe 可能会对 Jim 说："我饿了，亲爱的!"Jim 可能会回答："好吧，你站在这里等我。我马上回来!"这些话语在 S 和 R 之间被称为语言替代刺激（Joe 的话语）和语言替代反应（Jim 的话语），分别缩写为 s 和 r。

因此，"语言能使一个人在另一个人受到刺激时作出反应（R）"（Language enables one person to make a reaction(R) when another person has the stimulus(S)）（Bloomfield，2001：23-24）。如果不表达饥饿感，反应只能发生在刺激接受者的身体里。然而，如果这种反应是由言语调节的，那么这种反应可能发生在任何听到这种言语的人的身体里。"说话者和听话者身体之间的间隙——两个神经系统的不连续性——是通过声波来弥合的。"(Bloomfield，2001：26)这些连接说话者和听话者的语音虽然微不足道，也不重要，但它们在传递意义方面意义重大。与其他物种发出的声音不同，不同的语音有不同的含义。意义是听话人对说话人语言刺激的正确反应(言语的或非言语的)。同样，语言学习也是语言习惯的形成。当一个孩子学会说一个新单词时，他也学会了当他听到别人说这个单词时如何回应。因此，他学会了语言模式的刺激反应配对。

三、语言学时期

B. F. Skinner 的行为主义学习理论受到来自 Chomsky 的批评和挑战。Chomsky(1957)的著作一举扭转了语言学的研究方向并表明：行为主义既不能解释语言习得，也不能说明语言行为的动态创造性。于是，前一阶段心理语言学研究的基石便被彻底粉碎了。Chomsky 指出行为主义环境论的缺陷，提出了天生论、普遍语法、转换生成语法。

(一)Chomsky 对行为主义的批评

Chomsky(1965)指出，机械主义哲学无法提出确切的自然语言语法，因此演绎法是必要的，语言理论包括把说话人的语言能力而不是语言行为作为适当范畴。Chomsky 区分了语言能力(language competence)和语言行为(language performance)。"语言理论主要涉及理想的说话人/听话人，在完全同质的言语社团里，理想的说话人/听话人完全知道其语言，在语言实际运用中，应用语言知识不受与语法无关的条件诸如记忆限度、干扰、注意与兴趣的转变、(杂乱或有特点的)误差等的影响。"(Chomsky，1965：3)"因此我们从根本上区分语言能力(说/听者的语言知识)和语言行为(performance)，即具体情况下语言的实际运用。"(Chomsky，1965：4)语言能力可理解为本族语者内化的语言规则体系。正是由于这种语言能力，本族语者能够理解并产生以前从未接触过的合乎语法的句子。语言能力说明了本族语者为什么能够区分合乎语法和不合乎语法的句子、为什么能够理解和生成新的合乎语法的句子等问题。语言行为是本族语者在交际场合使用的话语。由于心理因素如紧张、兴奋等因素的影响，说话者的语言行为不能完全反映他的语言能力。可以看出，Chomsky 所指的语言能力主要是句法知识，但句法知识只是语言能力的一部分，其他知识如语音、词汇、构词和语用等都是语言能力不可或缺的。语言行为除了受心理因素的影响，还受生理因素(如疲倦)、社会文化因素(如地域、种族、社会阶层)等因素的制约。

B. F. Skinner 认为人类的语言行为只是刺激—反应的过程。看见、听见和感觉到的东西是刺激，说出的话是反应。辨识出刺激，就能预测会有什么反应。外界因素，即在现场受到的刺激和强化历程(尤其是强化刺激的施加频率、施加方式和停止进行)最为重要。Chomsky(1959)认为人类社会的语言行为和实验室里的动物"行为"不同。"刺激""强化""反应"等概念不能用于人类语言行为的研究。"要预测一个复杂的生物机体(或者机器)的行为，除了知道外部有什么刺激外，还要懂得机体本身有什么内部结构，要知道机体如何处理输入的信息，组织自己的行为。"(Chomsky，1959：27)

B. F. Skinner 认为语言学习的一个必要条件，是语言社团对强化所需的东西作出了细心的安排。Chomsky(1959)认为儿童学到许多言语行为和其他行为也是由于无意中观察和模仿成人和别的儿童所致的，但决不能说儿童学语言必须要成人通过谨慎的差别强化来给儿童准备若干言语项目，使儿童养成语言的习惯。就语言习得来说，强化、无意中的观察、天然的好奇心(再加上爱模仿的强烈倾向)，以及儿童会概括、会假设、会以各种非常特殊并且显然极其复杂的方式来"处理信息"等都是语言习得中的重要因素。儿童能从复杂的听觉输入中选出那些合乎语法的特征，这种能力也许主要不是靠强化发展起来的，而是靠先天决定的成熟过程得来的。

学会一种语言的儿童，在某种意义上是根据他所观察到的句子和不成为句子的结构形成了自己的内部语法。这部语法是极复杂、极抽象的。习得语法的时间短，不管儿童的智力高低如何，一切正常的小孩都能很快学会极复杂的大致相同的语法。因而研究人类语言行为，不能只看那可以观察的外在刺激和反应，还要探索人体内部结构的独特作用。

(二) Chomsky 的观点

1. 天生论

20 世纪 20 至 50 年代盛行的行为主义语言学习观认为语言学习是不断模仿、不断练习直至习惯养成的过程，是刺激和反应的联结，语言环境决定语言习得。语言习得的过程是：儿童通过倾听他人说话，并与他人交流，对他人说过的语音和语法结构作出反应，即模仿他人的话语。儿童产出的语言是之前学习过的，没有什么创新之处。

在 Chomsky 看来，行为主义的许多观点是站不住脚的。首先，语言学习环境的输入并不能为儿童提供习得语言需要的所有语言规范，并且成人的语言中有许多不确切、不正确的表达，特别是在口语表达中存在诸多问题，如犹豫不决、停顿、言语失误、不连贯等。但是儿童却能够说出近乎完美的语言结构，很多结构在语言环境中是找不到的。语言非常复杂，有些语言结构很难习得。例如，英语中的反身代词所表达的意义异常复杂，但是多数学龄儿童能够正确地判断反身代词是否合乎语法，如下例所示 (White，1989，引自 Lightbown & Spada，2006：16)：

John saw himself.

*Himself saw John.

Looking after himself bores John.

John said that Fred liked himself.

*John said that Fred liked himself.

John told Bill to wash himself.

*John told Bill to wash himself.

John promised Bill to wash himself.

John believes himself to be intelligent.

*John believes that himself is intelligent.

John showed Bill a picture of himself.

其次，行为主义学习理论认为纠正错误是语言习得的必经阶段。但是研究发现，关于语言形式的错误纠正在语言学习中非常少见，语用错误可能比语言形式的错误更加严重，更能引起成人的重视并加以纠正。儿童似乎对所犯的语言错误抱以"顽固"的态度，始终不能及时改正。

再次，按照行为主义的观点，儿童是通过模仿习得语言的。但是事实上，儿童在很多情况下可以创造性地使用语言，而且儿童的语言是受规则制约的。在下面的例子中（Lightbown & Spada，2006：13-14），David（3 岁 11 个月）不只是重复母亲所说的话语，而且可以由"undressed"想到"on dressed"，二者形似，由"on dressed"想到"off dressed"，二者在他看来语义上是对立的。

Mother：Get undressed（after many repetitions）.

David：I'm getting undressed.

　　　　I'm getting on dressed.

　　　　I'm getting on dressed.

　　　　I'm getting off dressed.

最后，按照行为主义的观点，语言环境中的语言输入决定儿童的语言习得，儿童能够产生的语言在数量上不能超过语言环境中的输入。但事实上儿童能够产生远远超过语言环境所提供的语言输入。这就是语言习得中的逻辑问题。

针对行为主义学习观点的不足，以 Chomsky 为代表的语言学家提出天生论假设（Innateness Hypothesis）。该假设认为，语言能力是先天具备的，是大脑的一种机能，是通过物种遗传获得的正常人都具备的语言能力。语言习得能力是人类先天的语言智力组织，它赋予儿童在某种具体的语言环境中处理语言的能力，使他们能够组构语言的内部系统。不论多么复杂的语言，儿童都能凭借天生的语言习得能力很容易地掌握，使母语的语言系统内在化。天生论假设儿童一出生，大脑里就存在一种独特的语言习得机制（Language Acquisition Device，简称 LAD）。这种机制使得儿童从周围环境听到有限的句子却能说出无限的句子。语言习得的公式是：经验→LAD

→语法。经验指的是语言环境。语法指的是所习得特定语言的语法，对儿童来说就是母语语法。儿童头脑中的 LAD 包括三个要素：假设形成机制、语言普遍特征和评价程序。儿童听到语言输入后，启动普遍语法，并受到普遍语法的指导和控制。在语言材料的基础上，形成对母语语法的假设，并通过评价体系来选取对母语语法的最佳假设。这样，儿童在头脑中逐步形成有关母语系统的语法知识。普遍语法存在于人的大脑中，是关于人类语言的普遍性知识，它不是具体的语法规则，是人与生俱来的语言初始状态。

2. 普遍语法

普遍语法理论认为儿童的头脑中具有一种天生的专门的语言知识，即普遍语法(Universal Grammar，UG)。普遍语法强调第二语言的习得过程是一个建立语言参数值的过程。在习得初期，第二语言可能表现出一些第一语言的语言规律。普遍语法将第一语言和第二语言中的语言规律和特性与第二语言习得过程联系起来解释语言习得现象，力图证明第二语言习得是一个独立的语言机制。

普遍语法属于一种生理现象，是人类大脑的一部分。普遍语法包括两个方面的内容：一是若干固定的、抽象的原则(principles)，二是与这些原则有关的若干参数(parameters)。如果没有原则，儿童就不可能习得任何语言；如果没有参数，人们就无法区别和习得各种不同的语言。根据这种观点，儿童生来便具备基本语法关系和范畴的知识，这种知识是人类共有的，这些语法关系和范畴存在于一切人类语言中。儿童习得语言是通过语言习得机制而发生作用的，人类大脑中基本的语言知识使得儿童在较短时间内能够获得较为复杂的语言能力。

普遍语法原则是一组广义的限制性条件，是极其抽象的语法特性，适用于所有人类的语言，是具体语言的特定语法的共性。普遍语法参数是一组设置在普遍语法广义原则上的句法选项，使得语言呈现出多样性，语言不同，参数的设置也可能不同。在这里我们只对某些原则和参数作一些简单的介绍，大致了解原则和参数在具体语言中的体现。第一个普遍原则是

"结构依存原则"(the principle of structure dependency)。这是所有语言都具有的原则。"结构依存原则"认为语言是依赖句子中成分之间(如词和语素等)的结构关系而组织起来的。词与词组成词组,如名词词组、动词词组、形容词词组、副词词组、介词词组等。一个句子可以切分为短语,短语还可以切分为词或语素。但是,句子不是词、语素或短语的简单的线性排列。词与词之间、短语与短语之间存在着层级关系。这些词组在句子中担任一定的角色。几乎所有语言中的句子都是由名词词组和动词词组构成。在下面的例子中,作为主语的名词词组的长短不同,从句子(1)到(4),主语越来越复杂,但是它们都具有相同的结构,即都是名词短语,但组成成分不同。"She"由一个代词组成,"My friend"由物主代词和名词组成,"The friend who is very good at English"由名词词组和一个定语从句组成,"The friend that I always keep in touch with and who has been married recently"由名词词组和两个定语从句组成。但是它们的功能都相同,作为句子的主语,与动词词组"teaches linguistics in a university"共同构成符合语法的句子。

(1)She teaches linguistics in a university.

(2)My friend teaches linguistics in a university.

(3)The friend who is very good at English teaches linguistics in a university.

(4)The friend that I always keep in touch with and who has been married recently teaches linguistics in a university.

"结构依存原则"是语言中的普遍现象。该原则可以解释语言中句子成分的移位。由于语法结构的需要,有些成分需要由原有的位置移动到其他位置,例如陈述句变为疑问句、主动句变为被动句。句子中成分的移位是建立在结构依存原则上的,并不是基于句子的线性结构。例如:

Her English is excellent.

Is her English excellent?

在陈述句中,主语"Her English"与谓语"is excellent"构成一致关系,这符合"结构依存原则"。在疑问句中，"Is"和"her English"也构成结构一致关系。但在以下疑问句中的移位产生了不符合语法的句子，因为这些移位背离了结构依存原则。

The man who is kind is over there.

＊Is the man who kind is over there?

＊Who the man is kind is over there?

从陈述句"The man who is kind is over there."可以看出，"who"和第一个"is"存在结构依存关系，属于从句；"the man"和第二个"is"存在结构依存关系，属于主句。但在 ＊"Is the man who kind is over there?"中，第一个"is"被提到句首，破坏了从句中"who"和第一个"is"的结构依存关系；在 ＊"Who the man is kind is over there?"中，"who"被放到句首，同样破坏了从句中"who"和第一个"is"的结构依存关系。因而需要提到句首的应该是第二个"is"，与主句主语"The man"构成一致关系。Cook 和 Newson(1996：11，引自 Mitchell & Myles，2004：64)指出："结构依存可以作为语言的一条原则：句子成分的移位，无论是构成被动句还是疑问句，或者其他句子，这种移位都要考虑句子的结构关系，而不是词与词之间的线性关系。"

以上提到的移位就是普遍语法的另一个原则：毗邻原则(subjacency principle)。毗邻原则是普遍语法中限制移位成分移动距离的一条原则。这条原则规定，移位必须在一定的界限之内，每次移位不能超过一个界限节点；另外，移位成分可以从内层标句词(CP)位置到外层标句词(CP)位置逐层外移。CP(complementizer phrase)是一个句法范畴，大致相当于传统语法中的从属连词引导的小句。S 和 NP 两个范畴是界限范畴。在下面例句中，Wh-词语是移动成分，ti 表示这些成分外移后留下的虚迹。例(1)中 What 由虚迹 ti 移至第一个标句词位置 CP，移动在界限节点范围之内。例(2)和例(3)中，What 由虚迹 ti 移至第一个标句词位置 CP，然后再次外移至最高级别的 CP，即标句词位置。两次移动都在界限节点的范围之内，是合法的。例(4)中的 Which、例(5)和例(6)中的 What 由虚迹 ti 移至第一个标句词位置 CP，都不合法，因为移位跨越了两个界限节点 NP 和 S。

（1）What$_i$［did John buy t$_i$］S

（2）What$_i$［does the his girlfriend believe［t$_i$ that［John bought t$_i$］S］CP］S

（3）What$_i$［does the his mother say［t$_i$ that［the his girlfriend believes［t$_i$ that［John bought t$_i$］S］CP］S］CP］S

（4）＊Which$_i$ group［does Carey like［her daughter in t$_i$］NP］S

（5）＊What$_i$［did his［passion about t$_i$］NP impress her］S

（6）＊What$_i$［did they wonder whether［he would declare t$_i$］S］S

普遍语法原则揭示语言的共性，参数则体现了语言的特性，即语言之间的差异，不同语言之间的差异体现为不同的参数值。参数的作用是根据语言输入把抽象的普遍原则转化成具体的规则。儿童先天获得普遍语法——语言的普遍原则和标志着语言间差异的参数，然后通过后天的语言习得经验来确定所学语言的参数值，并学习和掌握该语言具体的词汇和语法规则。参数差异具有二元特征：一种语言具有某种参数特征，或不具有某种参数特征。母语习得中，儿童的语言初始状态是普遍语法，儿童的普遍语法包含固定的原则和非固定的参数。当儿童接收了第一语言的输入，非固定的参数逐渐固定下来形成特定的语法。拿中心项（head）参数和代语脱落（pro-drop）参数来说，不同的语言中心项（head）可能在前也可能在后，有些语言是代语脱落，有些语言则不是。

中心项参数主要是关于语言中短语的结构，既适用于实语类，也适用于功能语类。每一个短语都有一个中心词，例如，名词短语的中心词是名词，动词短语的中心词是动词，限定词短语的中心词是限定词。语言间的差异表现在中心词与短语中其他成分之间的关系。我们来比较一下英语和日语。英语是典型的中心词在前的语言，而日语则是中心词在后。在以下例子中，（1）是名词短语（NP），（2）是动词短语（VP），（3）是介词短语（PP），（4）是标句词短语。下面这四句中的中心词分别是名词（boy）、动词（love）、介词（with）和标句词（whether）。

（1）（the）boy with glasses

(2) love the girl

(3) with blue trousers

(4) whether he is poor or not

英语是中心词前置的语言，因为短语中心词总是出现在补语（complement）之前。跟英语不同，日语则是中心词后置的语言，中心词总是位于补语之后，如下所示，(1)是介词短语（"在教室里"），(2)是动词短语（"做寿司"）。这两句中的中心词分别是介词（に）、动词（つくる）。

(1) きょうしつに

(2) すしをつくる

从语言习得来看，儿童生来就具有短语结构知识，并且知道所学语言中的所有短语跟中心词都呈现出一致的关系。儿童的语言习得任务就是确定中心词的参数值。为了确定参数值，儿童只需要接触每种短语的例子即可，而且最少的语言接触就可以保证儿童归纳总结出学语言的句法结构规则。

代语脱落参数（pro-drop parameter）是关于句子主语是否可以缺省的参数。研究表明，意大利语对此参数取正值（+pro-drop），允许代语脱落，而英语取负值（-pro-drop），不容许代语脱落，所以两种语言在这一组现象中的取值就全部相反。

Lei ha invitato Louisa a casa. (She invited Louisa to the house.)

Ha invitato Louisa a casa. (*Invited Louisa to the house.)

Vedi questo tronco? Andrebbe bene da bruciare. È completamente secco. (*See this log? *Would go well for burning. *Is utterly dry.)

从以上例子可以看出，意大利语中代语脱落参数有两种设定，但它容许代语脱落，英语一般是不容许的。因此，代语脱落并不是一种普遍现象，而是呈参数变化：只有动词形态变化丰富的语言中，主语才能够省略，因为动词丰富的屈折变化能够提供足够的信息帮助语言使用者还原省略的主语的人称、性、数等特征。意大利语容许代语脱落，因为该语言拥有丰富的屈折变化，省略了的主语的语法特征可以从动词形态中推断出

33

来，予以复原。在语言习得中，儿童根据所接触的语言来设定代语脱落的参数值。跟中心项参数习得一样，儿童只需要接触少量的关于代语脱落的正确结构，就可以归纳总结出所学语言代语脱落的规则。

3. 转换生成语法

语言习得后，语言知识是什么样的呢？我们如何利用已有的语言知识来产生任何我们想要的句子，表达我们想要表达的意思呢？这种语言能力指的是语言使用者对规则系统，特别是句法规则的基本知识，包括我们母语的语法和与生俱来的普遍语法。这是一种生成语法，"一种规则系统，以某种明确和精准的方式对句子进行结构描述。显然，每一种语言的人都掌握并内化了生成语法，表述他的语言知识"（"a system of rules that in some explicit and well-defined way assigns structural descriptions to sentences. Obviously, every speaker of a language has mastered and internalized a generative grammar that expresses his knowledge of his language"）。（Chomsky, 1965：8）。Chomsky 的转换-生成语法经历了几个阶段的修订：经典理论；标准理论；扩展的标准理论；支配和约束理论；最简方案。在本节中，我们将通过经典理论来了解转换-生成语法的一些基本思想。

在经典理论中，Chomsky 提出了有限状态语法（finite state grammar）、短语结构语法（phrase structure grammar）和转换语法（transformational grammar）。有限状态语法是最简单的语法，利用有限的语言结构，可以产生无限数量的句子（Chomsky, 1957：24）。最简单的语法可以从左到右生成句子。例如，为了生成一个句子"John drinks"，生成过程从"John"——初始状态到"drinks"——最终状态。但对于英语来说，它的典型句法特征是递归性（recursiveness），因而有限状态语法不能描述英语的所有句法特征，比如嵌有从属句的复杂句。事实上，这种语法是如此强大，它可以产生符合语法的句子，以及非语法句子，例如"Water drinks John"。

比有限状态语法更强大的语法是短语结构语法：一套简单的具有成分分析的短语结构规则如下（Chomsky, 1957：26）。在每个规则中，箭头左边的部分被改写为右边的部分。例如，S（句子）改写为 NP+VP。

（Ⅰ）S→NP+VP

（Ⅱ）NP→T+N

（Ⅲ）VP→Verb+NP

（Ⅳ）T→the

（Ⅴ）N→man，ball，etc.

（Ⅵ）Verb→hit，took，etc.

这些规则用于生成句子。生成句子"The man hit the ball"需要经历以下步骤，每个步骤都来自上面提到的一个短语结构规则（Chomsky，1957：27）。例如，NP+VP 源自第一条规则。同样地，其他步骤也是分别从这些规则中推导出来的。

Sentence

NP+VP	（Ⅰ）
T+N+VP	（Ⅱ）
T+N+Verb+NP	（Ⅲ）
the+N+Verb+NP	（Ⅳ）
the+man+Verb+NP	（Ⅴ）
the+man+hit+NP	（Ⅵ）
the+man+hit+T+N	（Ⅱ）
the+man+hit+the+N	（Ⅳ）
the+man+hit+the+ball	（Ⅴ）

显然，生成的句子不是很符合语法，因为如果动词是一般现在时，就应该是第三人称单数。这样 Chomsky 就制定了另一条规则。

$NP_{sing}+Verb→NP_{sing}+hits$（Chomsky，1957：28）

事实上，上述改写规则的表达能力是有限的，因为它们只能生成一些句子的基本结构，缺少时态、体、语态等变化特征。为了提高规则的生成能力，Chomsky 又增加了以下规则（Chomsky，1957：39）：

（Ⅰ）Verb→Aux+V

（Ⅱ）V→hit，take，walk，read，etc.

（Ⅲ）Aux→C（M）（have+en）（be+ing）（be+en）

（Ⅳ）M→will, can, may, shall, must

这些规则指定了（Ⅰ）和（Ⅱ）的动词特征，以及（Ⅲ）中助动词和（Ⅳ）中情态动词的示例。第一个规则表明，除了主要动词之外，可能有助动词，比如 *has/have done*，*is/am/are doing*，*is/am/are done*，如（Ⅲ）所示。在（Ⅲ）中 C 指的是非词汇性语类，体现为 that 或 for 或者零位，M 指的是情态动词。

原始的规则连同附加的规则，也许还有更多的规则，都是明确的，试图详尽地涵盖所有的语言事实，以生成语言使用者想要的任何句子。但我们仍然可以看到，这些规则过于强大，需要更多的规则来限制这些规则的应用，以保证句子的语法性和有意义。

很明显，我们使用这些规则可以生成简单的、肯定的、一般现在时的陈述句。但实际上，我们需要更多的句子类型。为了产生我们想要的任何句子类型，我们需要转换语法。转换语法包括深层结构（deep structure）、表面结构（surface structure）和转换规则（transformational rules）。深层结构是对一个结构句法属性的抽象表征，是对一个句子的核心语义表征。例如，*Tom has been reading*，深层结构是 NP+VP（TOM+READ）。表面结构是句法衍生或生成过程的最后一个阶段，也就是我们最后生成的符合语法的句子。深层结构（TOM+READ），通过增加相关语法信息就变成了 *Tom has been reading*。

通过短语结构系统生成的这种简单的、陈述的、肯定的句子是内核句子。在此基础上，我们可以使用转换规则生成所有我们想要的句子。转换规则可以分为强制性转换和选择性转换（Chomsky，1957：61）。我们来看一组例子：

（1）The girl sang a song.

（2）The girl didn't sing a song.

（3）Did the girl sing a song?

（4）Didn't the girl sing a song?

(5) A song was sung by the girl.

(6) A song wasn't sung by the girl.

(7) Was the song sung by the girl?

(8) Wasn't the song sung by the girl?

其中句(1)为无转换的核心句；句(2)有否定转换；句(3)有疑问转换；句(4)有否定和疑问转换；句(5)有被动转换；句(6)有被动和否定转换；句(7)有被动和疑问转换；句(8)有被动、否定和疑问转换。因此，这些句子虽然具有不同的表面结构，但具有相同的深层结构。每个表面结构都有自己的形态特征和音位特征。

古典理论的基本思想是：为了生成一个句子，我们利用短语结构规则和词汇首先生成句子的深层结构，然后将其转换为有其独特的形态和音位表征和规则的表层结构。在转换生成语法的第一阶段，语法与语义是分离的。

四、认知时期

转换生成语法存在一些问题，比如句法结构在句子记忆中的作用不明显，语言能力受到重视而语言表现却被忽略，句法结构的唯理性质导致它低估语言的社会性和语境的作用。因此，认知时期，语法，特别是句法研究不再是研究的中心，重心转向人类学习语言的内在能力，更加强调语言习得。"学习语言意味着什么，学习语言需要什么"，是认知时期最基本的研究问题(凯斯，1992)。因而本阶段在心理语言学理论和实践中，语言学理论虽还发挥其作用，但不再占主导地位。语言学是与人类认知相关的学科，心理语言学是认知科学的一部分。Bever(1970)和 Slobin(1979)提出了语言结构的认知基础；Fodor(1975)提出了"思维语言"。

（一）Bever 的研究

Bever(1970)阐释了感知系统和语法系统的关系。他认为，儿童在习得语言的过程中，感知系统和语法系统之间有一个明显的联系：儿童容易学得他能理解（至少能部分地理解）的句子语法；相反，如果儿童难以理解句子的语法结构，他学习起来就很困难。因此，孩子的言语感知系统限制了他所能理解的内容，从而限制了他能学习的语法种类。换言之，孩子最容易学习那些与他的感知系统最一致的语法结构——在那些语法提供了替代结构的情况下，孩子往往只学习那些感知简单的结构。

实验证明，如果让幼儿将一些句子通过玩具动物表演出来，如以下句子 a 和 b，即使是最小年龄组的孩子在简单主动句上也表现得非常好。这个结果的意义在于，即使是很小的孩子也能区分句子内部的基本功能关系。因此，两岁儿童的基本语言能力包括物体和动作的指称概念、基本的功能性内部关系的认识，以及至少不同句子结构的原初概念。

a. The cow kisses the horse.

b. The alligator chases the tiger.

再比如，另一项研究让年幼的孩子表演像以下 a 和 b 这样的句子。他们表演出哪个小句给我们提供了一个衡量他们在听到那个小句时认为最重要的标准。结果表明，在 b 中表演两个动作时表现不佳的 $1\frac{1}{2}$ 至 $2\frac{1}{2}$ 岁的儿童只表演 a 中的第一个动作（从属动词）；b 中表现好的孩子表演第二个动作（a 中的主要动词）。也就是说，在语言理解开始时，孩子们会选择句子最重要部分的第一个"N…V"序列。与儿童对相对数量判断能力的发展一样，2 岁至 6 岁儿童的语言行为表现出对感知概括的相对依赖。

a. The cow that jumped walked away.

b. The cow jumped and walked away.

Bever(1970)还探究了成人句法理解的"花园路径"现象。例如，"The horse raced past the barn fell"（跑过饲料房的马倒下了）这个句子，当我们读到前一段"The horse raced past the barn"（马跑过了饲料房）的时候，绝大多数人都以为这已经是一个完整的句子了，"raced"作为主要动词，是句子的谓语。但是，当我们往下读，读到另外一个动词"fell"的时候，才恍然大悟，"raced"原来并不是句子的主要动词，它是修饰名词"horse"的，而最后读到的"fell"才是这个句子中的主要动词。这说明我们对句子结构的理解也受到认知的影响。当我们在理解这个句子时，就像在一个漂亮的花园找寻它的出口，大部分人都以为出口必定在花园的主要路径的尾端；正当我们无忧无虑地朝花园的出口走过时，突然发现迷路了，真正通向出口的路原来是一条毫不起眼的小径。因此 Bever 把这类句子命名为"花园路径句"。

（二）Slobin 的研究

Slobin(1979)指出，知识的编码和存储形式除了词语外，还有意象（image），例如"运动意象"和"视觉意象"。更深层次的研究包括两方面：（1）知识的编码和存储的基本形式是命题，或一系列互相联系的概念。（2）编码和存储形式被看作非系统的东西，即"家族相似性"（family resemblances）。

我们来举例说明命题或概念的说法。比如，"The man hit the ball"这个句子可以编码为"属于人类的男性前辈成人施动者在过去某个时间急速、高强度地打击或撞击了一件球形物体"。这是句子意义的成分分析方法。我们再举例说明家族相似性，家族中的成员有程度不同的相似性，其中有些成员在分布上有较多的相似性，它们成为家族的典型成员，而有些成员跟其他成员在分布上相似性较少，它们成为这一类词的非典型成员。比如，"鸟"家族中，知更鸟和麻雀是典型的鸟，驼鸟和企鹅就不典型。

Slobin(1979)指出，认知的发展先于语言的发展或反映在语言的发展中。语言和信息交流在认知发展的某些方面起重要作用，但并不是认知发展的动因或先决条件(沈家煊，1987)。我们用以表达某种经历的语言往往会影响记忆的形式。逻辑思维能力的发展跟语言无关，人际信息交流的能力跟语言的使用有关。在词汇平面上，不同语言常用不同的词汇表达同一概念，对同一语义范畴的分割也各不相同。语言之间的差别主要不在于它们能够表达什么，而在于它们习惯上表达什么和需要表达什么、容易表达什么。人类的认知能力是相同的，语言的功能是相同的，语言的基本形式也应是相同的。但是语言形式受认知的制约。

(三) Fodor 的研究

Fodor(1975)提出了"思维语言"或者说"心灵语言"(mentalese)、"大脑语言"的假说。Fodor 认为心理语句是心灵语言或思维语言中的单元。所谓思维语言(Language of Thought,简称 LOT)就是个体在思维过程中所提取、加工的心灵语言媒介,用于储存与加载信息,就是人脑中直接作为思维媒介的语言,类似于计算机能够加工的机器语言。换言之,思维语言就是指个体在思维过程中所专用的一种不同于自然语言而近似于计算机的机器语言的、内在的、特殊的符号系统,是储存、载荷信息并可为思维提取出来、直接呈现在思维面前为其加工的语言媒介(周新民,1995:44)。LOT是思维的媒介。认知过程就是计算过程,计算背后要有计算的媒介——表征系统。"无表征,不计算。"(No representations,no computations.)(Fodor,1975:31)LOT 不需要被学习,是天生的。与 Chomsky 的天生论一脉相承,LOT 与生俱来,它优先于第一语言存在于大脑之中。我们不能学习一种语言,除非我们已经"知道"一种语言。这种预先知道的语言就是先天的LOT。"思维语言很可能是先天的。我们有义务说明其连贯的使用,而无义务说明它何以教得或学得。"(Fodor,1975:68-69)。

从思维语言自身的组成单元与结构等方面看,它有以下特征(Fodor,1987,转引自高新民,1995:45):(1)作为一种语言,它有近似于自然语言的地方,如有特定形式的词汇、记号或标记、惯用语或公式,它们也可按一定的语法规则组成句子;二者的区别在于一符号码对应一个意义,而没有自然语言词语的那种一词多义性和歧义性。(2)思维语言的词语也有指称力和丰富的表现力,能表示世界上纷繁复杂的现象。(3)它的语词和句子也有意义,其意义作为整体是由原子部分的语义属性以及产生它们的整个句法结构的语法规则决定的。(4)思维语言的句子有真值条件,相应地,真值条件又是由世界的存在方式所决定的。(5)这些句子具有相互依赖和包含的逻辑关系。(6)思维语言是天赋的、普遍的,对于使用不同自然语言的民族来说是共通的。(7)思维语言可能不止一种,也就是说,每个正常人可能使用一种以上的思维语言。(8)作为思维语言的个别单元的标记乃至整个符号系统都是物理的。

Fodor(1975)认为，概念学习(concept learning)过程是这样的：有机体所知信息因经验而改变，特别是由于与环境的相互作用而改变。但是，当然，并不是每一个由环境决定的知识改变都算作学习；更何况，并不是所有这样的案例都算作概念学习。概念学习是一个归纳推理的过程，是一个投射和验证关于概念所指事物共同点假设的过程(Fodor，2008)。概念 C 的学习过程是"假设—检验"过程，我们先假设 C 是 X，再检验 X 是 C，但前提是我们已经知道 X 是 C。所谓的"假设—检验"方法指的是，要形成一个概念 C，人脑会利用到已储存的信息库主动提出一些可能的假设，设想所需要的 C 可能会是 X、Y、Z 之类，然后根据实际情况一一检验，最后找到"X 符合 C"(陈跃瀚，2016：97)。他主张概念先天论，经验触发概念习得。"像我们的心智始于先天的概念库存，不会没有，但总会是有限多。"(Minds like ours start out with an innate inventory of concepts, of which there are more than none but not more than finitely many.)(Fodor，2008：131)

五、认知科学时期

20 世纪 80 年代以来，心理语言学研究受到认知科学、认知心理学，特别是人工智能的影响，其多元化的研究课题涉及各流派的理论，有关言语感知、语言理解、语言产生、语言习得、言语失误、语言记忆、失语症、话语分析、语篇分析、语言信息统计、语言本质、语言的生物和生理基础、人工智能，以及语言、文化与认知的关系等广泛领域。心理学的认知科学时期的到来具有必然性，因为心理语言学是认知科学研究的领域之一，认知科学影响着心理语言学研究的方方面面。心理语言学吸收了认知心理学的信息处理范式，并按照阶段来处理信息；利用记忆研究中的一些方法——诸如成对联想、匹配与验证程序等——来改善心理语言学本身的句子与图像匹配程序和句子验证程序；心理语言学吸收了当前流行的记忆概念，比如瞬时记忆；心理语言学还受认知心理学中关于问题解决行为理论的影响，对语段的理解还意味着发展一种建立在归纳推理上面的认知图式；利用人工智能模拟语言产生和理解的模型等（肖比妮·拉奥、冯炳昆，1989：120-122）。

第四节 心理语言学研究的理论基础

心理语言学是一门具有其独特研究领域的新学科，它结合心理学、认知科学、信息科学、计算机科学等现代科学技术研究理论与成果探讨人类运用语言知识、世界知识、语境知识等进行交际的心理过程，其理论基础也异彩纷呈。本节主要介绍七个理论基础：（1）行为主义。强调语言学习是习惯养成的过程。（2）结构主义语言学。把语言看成一系列刺激和反应的行为。（3）信息论。研究语言信息的发出和接收的过程。（4）生成语法。侧重语言的生成能力，阐释语言从深层结构到表层结构的转化过程。（5）生成语义学。主张句法和语义不可分割，语义在句法中起中心作用，并通过转换规则把语义表征和表层结构联系起来。（6）认知心理学。将人脑的心理活动比作电脑的信息加工，二者都是符号操作过程。（7）建构主义。认为认知是语言发展的基础，认知的发展是建立在图式的基础之上的。

一、行为主义

行为主义学习理论是环境论的典型代表。与第一语言的习得过程一样，第二语言的学习过程也是模仿、操练和强化的过程，是建立起一套新的刺激—反应联结的过程，即建立新的语言习惯。新的语言习惯的建立需要经过模仿、练习、再模仿、再练习等反复操练才能实现。因为学习者已经习得了第一语言，这就需要在学习过程中克服第一语言习惯的干扰。教学实践证明，来自第一语言的信息会有意识或无意识地对第二语言学习造成影响。这种影响有时是积极的，即发生正迁移（positive transfer），但是在很多情况下是消极的，即发生负迁移（negative transfer）。第一语言的语音、词汇、语法甚至语篇都会对第二语言学习者造成一些困惑。

强化是语言习得发生的重要机制，目的是避免错误的发生或延续。如果儿童或学习者语言模仿行为正确的话，会得到他人的褒奖（言语表扬或物质奖励），积极的反馈会促使这种正确的语言行为保持下去。这种通过呈现愉快刺激来增强良好行为发生的频率，称为正强化。如果语言模仿行为正确，那么家人或老师取消学习者原有的、厌恶的刺激，如撤销将某个单词抄写 50 遍的惩罚。这种通过撤销厌恶刺激来增强良好行为发生的频率，称为负强化。还有一个重要因素就是惩罚：如果语言模仿行为不正确，会受到他人的惩罚（言语批评或物质惩罚），言语错误得到纠正，直到正确无误为止。在语言学习中模仿、强化和操练至关重要。已经习得的语言都是以实例的形式储存在儿童的记忆中。

二、结构主义语言学

Bloomfield（2001）认为，文字不是语言，而是通过视觉符号对语言进行编码的一种方式。换句话说，语言主要是有声的。语言将人类和动物区分开来。语言学是心理学，特别是行为主义心理学的分支。行为主义的核心观点为：人们不可能知道任何他们没有经历过的事情。

Bloomfield 把语言看成一连串刺激和反应的行为，把语言形式的意义说成"说话人说话并引起听话人作出反应时所处的情景"（Bloomfield，2001：145），这里的情景也包括说话人的遗传、经历和神经系统等。Bloomfield（1933）提出三个原则：（1）一个人受到某种刺激时，他可以用他的言语让另一个人作出相应的反应。（When one individual is stimulated，his speech can make other individual react accordingly.）（2）劳动分工以及基于劳动分工之上的一切人类活动都依赖于语言。（The division of labor and all human activities based on the division of labor are dependent on language.）（3）说话人和听话人——两个不同的神经系统——之间的距离由声波连接在一起。（The distance between the speaker and hearer，two separate nervous systems，is bridged up by sound waves.）

Bloomfield 的语言观深受行为主义的影响，认为学习是一个模仿、实践和强化的过程，也是习惯形成的过程。儿童习得语言是建立一套语言习惯的过程——语音及其含义的配对。当儿童听到周围人使用语音或语法结构，他们会试图重复这些语言形式。成人会强化他们正确的反应，以巩固他们的正确反应或减少或避免错误反应。

三、信息论

1948 年 Shannon 发表了一篇名为《通信的数学理论》的权威性长文，讨论了信源和信道特性。1949 年 Shannon 又发表了《噪声下的通信》一文。这两篇论文奠定了现代信息论的基础，Shannon 成为信息论的奠基人。通信系统基本上由五部分组成（Shannon，1948）（如图 1.1）：（1）信源。生成要传送给接收终端的消息或消息序列。（2）发送器。它以某种方式对消息进行处理，生成一个适于在信道中传送的信号。（3）信道。就是供发送器向接收器传送信号的媒介。它可能是一对导线、一根同轴电缆、一个无线电频带、一道光束，等等。（4）接收器。通常是执行发送器所做处理的逆处理，由信号重构出消息。（5）信宿。意欲向其传送消息的人（或物）。通信交际单位被看作像电话一样的译码/解码过程。如：来源→话筒/译码系统→线路→听筒/解码系统→终点。信息理论后来扩展到心理语言学。

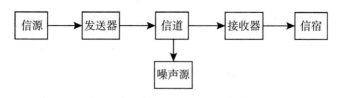

图 1.1　Shannon 的通信模型

在语言研究方面，信息理论认为语言的输出表现为一系列的信息符号，依次地从一种状态向另一种状态转换（石林平，2013）。自 1948 年来基于信息理论的研究层出不穷，比如"语言的感知""语言的产生""语言信息的统计"和"信息分析"，特别是"语言的编码"和"解码"等方面的研究。信息论有狭义和广义之分。狭义信息论即 Shannon 早期的研究成果，以编码理论为中心，主要研究信息系统模型、信息的度量、信息容量、编码理论及噪声理论等。广义信息论以计算机处理为中心，是应用数学和其他有关科学方法研究一切现实系统中信息传递和处理、信息识别和利用的共同规律的科学，包括文字的处理、图像识别、学习理论及其各种应用。

四、生成语法

(一) 生成语法

生成语法即转换生成语法，研究语法的生成能力。转换生成语法经历了几个阶段：古典理论、标准理论、扩展的标准理论、支配与约束理论、最简方案。它涉及语义和音韵，但主要关注语法。古典理论有三个组成部分：短语结构成分、转换成分和形态音素成分（Chomsky，1957）。短语结构成分由短语结构规则组成，也称为重写规则。与直接成分分析中使用的短语类别非常相似，比如句子(S)被重写为 NP+VP，NP 和 VP 有自己的重写规则。短语结构规则与直接成分分析的主要区别在于前者是一套形式化的规则，强调句子的生成，而后者则关注结构的发现（刘润清、文旭，2006：84）。

句子生成经历两个阶段：深层结构阶段和表层结构阶段。例如，为了生成句子(表层结构)Mum is cooking，我们首先生成深层结构 MUM COOK。在深层结构中，我们没有考虑时态、体、数等屈折变化。在生成最终句子时，我们会添加这些语法信息。因此，许多表层结构不同的句子可能具有相同的深层结构。

当然，同一表层结构也可能来源于不同的深层结构。比如，*visiting aunts*，*flying planes* 和 *walking dogs* 具有两种不同的深层结构。表层结构 *visiting aunts* 的深层结构可以是 AUNT VISIT 或 SOMEONE VISIT AUNT， *flying planes* 的深层结构可以是 PLANE FLY 或 SOMEONE FLY PLANE，*walking dogs* 的深层结构可以是 DOG WALK 或 SOMEONE WALK DOG.

但深层结构是如何转变为表层结构的呢？Chomsky（1957）列出了英语的十六条转换规则，这些规则负责将句子的深层结构转换为表层结构。他区分了两种类型的转换：强制性转换和选择性转换。前者涉及助词和小品词的转换，后者涉及否定、被动语态等的转换。

最后，形态音素规则解释了表层结构的生成，表层结构的功能是为表层结构的各个部分提供正确的形态和语音形式，从而可以用来表达语言使用者的交际意图，听话人可以通过运用语言规则对语言信息进行解码。

（二）X-杠理论

X-杠理论是短语结构规则的新发展（Chomsky，1970；Jackendoff，1977），如下所示：

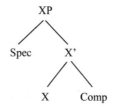

X-杠理论的基本思想是，所有短语类别，如 NP、VP、AP、PP、AdvP 等，都有与短语类别属于同一类别的中心词。具体来说，NP 以 N（noun）为中心词，VP 以 V（verb）为中心词，AP 以 A（adjective）为中心词，PP 以 P（preposition）为中心词，AdvP 以 Adv（adverb）为中心词等。在上图中，XP 指的是任何短语类别，其中 X 是短语类别的中心词，如 N、V、A、P 或 Adv，X' 和 XP 是 X 的投射，它们共享中心词 X 的基本特征。

如上图所示，指示语（specifier）通常出现在短语范畴的左侧，标记着短语的边界并明确中心词的含义。指示语可以是限定词、助词、量词等。在指示语之后中心词之前，可能存在前置修饰语（premodifier），描述中心词的特征或性质。例如，*the*（指示语），*tallest*（前置修饰语），*boy*（中心词）。

补足语位于中心词的右侧，提供中心词所暗含的实体和位置信息（苏立昌，2009）。我们必须区分补足语和附加语（adjunct）（梅德明，2007）。附加词是一种后置修饰语，提供有关中心词的特征或特性的信息。两者都可能出现在中心词的右侧，但其差异体现在以下四个方面（梅德明，2007：80-81）。

第一，是否可用 one 代替。

（1）*the teacher of English*

（2）*the teacher with blond hair*

在（1）中，*of English* 是补足语，因为我们不能将其替换为 *the one of French*；在（2）中，*with blond hair* 是一个附加语，因为我们可以说 *the one with black hair*。

第二，是否具有唯一性。

（1）*the teacher of English*

（2）*the teacher with blond hair from America*

在（1）中，*of English* 是补足语；在（2）中，*with blond hair* 和 *from America* 是附加语。

补足语只能有一个，附加语可以有多个。

第三，是否必须毗邻。

（1）＊*the teacher from America of English*

（2）*the teacher from America with blond hair*

在（1）中，*of English* 是补足语，但与中心词分开。因此，这个短语不符合语法。在（2）中，*with blond hair* 是附加语，与中心词不必紧邻。

第四，并列测试。能够并列连接的成分必须具有相同的性质，也就是说，补足语只能跟补足语并列，附加语只能跟附加语并列。在下面的短语中，最后一个（3）不符合语法，因为 *of English* 是补足语，*with blond hair* 是附加语，二者不能并列。

（1）*the teacher of English and of literature*

（2）*the teacher with blond hair and from America*

（3）* *the teacher of English and with blond hair*

我们可以运用 X-杠理论框架对短语范畴的结构进行分析。

（1）名词短语

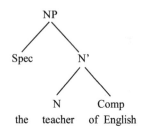

（2）动词短语

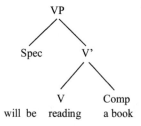

（3）形容词短语

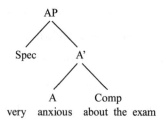

（4）介词短语

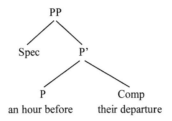

（5）副词短语

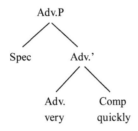

到目前为止，X-杠理论一直被用来分析短语的结构，但似乎无法处理句子的结构，因为句子中没有中心词。Huang（1982，转引自梅德明，2007：84）提出屈折成分（I）是句子的中心语。"I"的意思是屈折，指的是时态、体、主谓一致等屈折特征。因此，一个句子被称为IP（屈折短语），"I"作为中心语，NP作为指示语，VP作为补足语。因此，X-杠理论框架也可以用来表示一个句子结构。

（1）时态为屈折成分

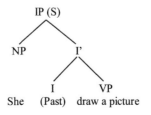

（2）助动词为屈折成分

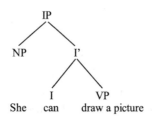

　　以上分析仅适用于简单的、陈述性的、肯定句的结构描述。它仍然无法解释其他句子，如疑问句、否定句、被动语态、复杂句等。因此，我们需要一个比 IP 更大、更具包容性的结构来覆盖所有的句子结构——CP（complementizer phrase），称作标记短语。标记词包括诸如 *that*，*because* 的从属连词和将句子转化为疑问句的助动词。我们来看一些例子。

（1）复杂句

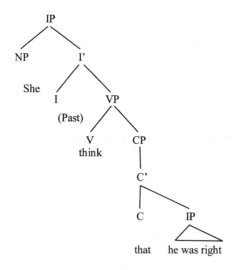

（2）特殊疑问句

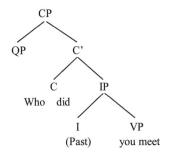

（3）一般疑问句

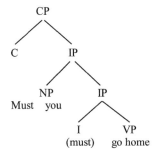

五、生成语义学

生成语法的标准理论建立之后，句法与语义的关系是研究的焦点。生成语义学（Generative Semantics）主张句法和语义不可分割，语义在句法中起中心作用，并通过转换规则把语义表征和表层结构联系起来。代表人物有 Jerrold Katz、Jerry Fodor、James McCawley、George Lakoff 等。

生成语义学摒弃以语法为中心，而以语义为基础，认为语义部分才有生成能力，而且句子的句法特点取决于语义，主张取消生成语法标准理论中的深层结构，把标准理论中的短语结构规则、转换规则等局部规则（local rules）扩展为联系相邻表达式的全应规则（global rules），把树形图的终端成分由词变成语义成分，认为词项是在转换过程的各个环节中逐步插入，而不是在转换前的某个环节中一次性插入，并且认为语义部分还有构成规则

(formation rules)等；在语义表达层次上的词汇化过程和使用转化规则就可得到表层短语标记；表层短语标记再进入音位部分就得到句子的语音表达式（梅德明，2017：408）。

生成语义学的一些基本观点如下。

（1）取消深层结构

生成语法标准理论认为语义表达属于语义部分，表层结构属于句法部分，而深层结构是这两者之间的中介层面。在生成语义学的语法模式中，语义表达是输入，通过一系列句法—语义规则生成表层结构。生成语义学主张深层结构无用论，因为深层结构本身就是语义表达，而且这样可以简化语法。一切句子都是从语义结构产生的，先产生语义表达式，后转换为句法表达式。

（2）深层结构需更抽象

生成语法标准理论中深层结构包含了来自词库的实际词汇。每一个词项插入深层结构后，只能发生形态变化，但不可能转换为另一个单词。

比如，下面这个例子中，深层结构有三个词项：JOHN，READ 和 BOOK，由其所生成的表层结构只改变这些词项，特别是 READ 和 BOOK 的形式，不改变这些词本身，也就是这些词项不能换成其他的词项。

深层结构：JOHN READ BOOK

表层结构：John reads books.

John is reading books.

John has been reading books.

John read books.

但是生成语义学则认为，深层结构应进一步抽象化，因为表层结构中的词项不同，深层结构可能是一样的。

我们来看两组句子：

A.

a. Tim gave an apple to Joy.

b. Joy was given an apple by Tim.

B.

a. Tim gave an apple to Joy.

b. Joy received an apple from Tim.

A 中的两个句子，a 为主动句，b 为相应的被动句，不难理解二者具有相同的深层结构。B 中的两个句子虽然使用的词汇不一样，但从语义表达来看，两句话其实是一个意思，生成语义学认为二者也应该具有相同的深层结构。因而这里的深层结构比生成语法的深层结构更加抽象、更具有概括性。

（3）词项分解

生成语义学假设深层结构中出现的词和表层结构中出现的词可以不同，比如下面两个句子的深层结构都是相同的：

a. John gave Mary a book.

b. Mary received a book from John.

因为两个词项 give 和 receive 在词库中分别以一种被分解的方式记录（如下），可以看出，这些分解的词项之间存在内在联系，因此这些词项可以进行替换。

give：somebody cause somebody not to have something

receive：somebody cause somebody to have something

（4）全应规则

全应规则，又称全应派生限制（Global Derivational Constraint），其基本思想是句子的派生过程在决定转换操作时具有一定的作用，即句子在进行转换时必须考虑到句子的整个派生过程。这样的规则系统可以把并不相邻的表达式联系起来，这就是全应规则。比如英语中的缩略现象，is 可以缩略成 's，如以下例子中的 a，但是 b 不符合语法了，为什么呢？因为 b 是由句法移位和语音缩略两个规则运用后的结果，不能仅仅使用局部规则，而是要考虑句子的整个派生过程和语义生成。

a. There's much water in the bottle.

b. ＊I wonder how much water there's in the bottle.

六、认知心理学

20 世纪 50 年代，Simon 和 Newell 等人共同创建信息加工心理学，提出物理符号系统假设。他们把人脑和电脑都看作加工符号的物理系统，人脑的心理活动和电脑的信息加工都是符号操作过程，因而人的思维活动便可成为能够进行客观描述的信息加工过程。

物理符号系统应该具有六种功能(霍塞萨尔、郭本禹，2011：477)：(1)输入。计算机用键盘等输入符号；人通过感觉器官输入符号。(2)输出。计算机通过显示器或打印机等终端输出符号；人通过言语和非言语产出来输出符号。(3)存储。计算机在内存和硬盘、光盘等外存储器存放信息；人通过记忆在大脑中存储信息。(4)复制。计算机可以复制存储的符号；人可以把外界事物以符号的形式在头脑中复制下来，并加以存储。(5)建立符号结构。计算机可以通过符号之间的关系建立各种新的符号结构；人可以通过思维活动对符号进行组合，形成新的组合或结构。(6)条件性迁移。计算机可以在已存储的符号结构的基础上，根据当前的输入信息和目标来改变符号结构，如计算机辅助教学程序；人也具有条件性迁移的能力，可以在已有知识基础上根据当前的信息进行一定的活动，如举一反三、触类旁通。

Newell 和 Simon 在《人类问题解决》(1972)一书中对信息加工的一般原理进行了系统说明。信息加工系统由四个部分组成：感受器、加工器、记忆和效应器。感受器接受外界信息。加工器包含三个成分：(1)一组基本的信息过程。如产生新的符号、复制和改变已有的符号结构等。(2)短时记忆。它保持基本信息过程输入和输出的符号结构。(3)解说器。它把基本信息过程和短时记忆进行整合，决定基本信息过程的系列。记忆用以贮存和提取符号结构。效应器作出反应。Simon(1986)对该系统进行了修改，新的系统包括输入、输出、记忆和控制，其中记忆分为短时记忆和长时记忆。Atkinson 和 Shiffrin(1968)则提出了记忆信息加工的三级模型，包括瞬时记忆(感觉记忆)、短时记忆和长时记忆。

Miller（1956）在《神奇的数字》一文中探讨了绝对判断（absolute judgment）的信道容量（channel capacity）研究，着重探讨了关于绝对判断的信道容量。所谓绝对判断是指对单个呈现的刺激物所作的辨认，例如听到一个钢琴声后辨别出它的音调；而信道容量是指观察者能对给出的刺激作出反应的信息最大值或最高限度（霍塞萨尔、郭本禹，2011：483）。Miller认为，我们对单维刺激变量的绝对判断有一个明显而确定的界限，称为绝对判断广度，通常在七左右。绝对判断广度与瞬时记忆广度对我们所能接收、加工与记忆的信息量有着严格的限制。限定绝对判断的是信息量，而限定瞬时记忆广度的却是输入单位的数目。通过把输入的刺激同时编为不同的维度和连续组成一系列组块（即重新编码），我们就能打破（或至少扩展）这种对信息量的局限。

Neisser认为，认知是"感觉输入凭其被转化、简约、精加工、储存、恢复和应用的全过程。它与这些过程相关，甚至当它们在缺乏相关刺激的情况下运行时，如在意象和幻想时也是如此。诸如感觉、知觉、想象、保持、回忆、问题解决和思维等术语，和许多其他术语一样，都指的是认知的假设阶段或方面"（转引自王申连、郭本禹，2013：107）。他的《认知心理学》（1967）的主体部分详细阐述了认知心理学各个领域的研究："视觉认知"论述了图像贮存和语言编码、模式识别、焦点注意和形象合成、词汇作为视觉模式以及视觉记忆问题；"听觉认知"涉及言语知觉、声响记忆和听觉注意、主动语言记忆以及句子等方面；"高级心理过程"探讨了记忆和思维的认知取向。

七、建构主义

Piaget指出，儿童认知发展经历了四个不同的发展阶段：感觉运动阶段、前运算阶段、具体运算阶段、形式运算阶段。每一个发展阶段均有一个独特的、基础的认知结构，所有儿童都遵循这样的发展顺序。语言在感觉运动阶段的最后几个月才出现，在儿童习得"客体恒存性"（object permanence）之前，说出的话都是"此时此地的话语"（here and now words）。

在获得对客体恒存性的认知之后，即当某一客体从儿童视野中消失时，儿童知道该客体仍然存在。这个时候儿童的语言中才会出现"allgone"和"more"这样的用语，例如"牛奶没有了""爸爸妈妈都走了""还要喝牛奶""还要饼饼"等意思。除了习得语言之外，儿童将逐渐获得其他许多符号功能，如象征性游戏、绘画等。前运算阶段初期，儿童处于自我中心言语（egocentric speech）阶段，缺乏倾听能力，没有信息和意念的交流，到了后期，发展到能用社会言语（social speech）进行交流。在具体运算阶段，儿童逐渐具有言语理解能力，能够理解、解决具体问题。在形式运算阶段，青少年的语言表达超越了具体事物，除了表达现实性以外，还具有表达可能性的语言能力。

Piaget 提出"图式"（scheme/schema）的概念。"图式即指动作的结构或组织，这些动作在同样或类似的环境中由于重复而引起迁移或概括。"（皮亚杰、英海尔德，1980：5）。同化与顺应是两个基本的认知过程。同化是指把外部环境中的有关信息吸收进来并整合到已有的认知结构（也称"图式"）中，即个体在感受到刺激时把它们纳入头脑中原有的图式之中，使其成为自身已有图式的一部分。顺应是指外部环境中的刺激发生变化，个体原有的认知结构无法同化新环境提供的信息时所引起的个体已有认知结构发生重组或变化的过程，即个体调节自己内部结构以适应新的刺激的过程。个体通过顺应与同化两类过程达到与周围环境的平衡状态即为适应状态；适应过程是指个体所经历的从平衡到不平衡再到平衡的动态变化过程。平衡的打破（不平衡状态）来自内在认知和外在环境的变化，在不平衡状态下，学习者通过积极主动的认知和行为调节以达到和环境之间的再次动态平衡（左任侠、李其维，1991）。与此同时，平衡化过程还涉及学习者所采用的连续"策略"，新策略的使用有助于学习者建立起更稳定更持久的认知平衡（熊哲宏、李其维，1991）。因此，平衡过程并非某一过程的简单重复，而是呈螺旋式上升，促进学习者认知的发展。建构主义强调个体的主动性在建构认知结构过程中的关键作用，提倡在教师的指导下，以学习者为中心的学习，强调学习者对知识的主动探索、积极发现和构建所学知识的意义，教师不再是知识的传授者和灌输者，而是意义建构的帮助者、促进者。

Vygotsky(1978)将人的心理机能区分为两种形式：低级心理机能(lower mental functions)和高级心理机能(higher mental functions)。前者具有自然的、直接的形式，如饥饿和感知，在这些活动中不存在真正的思维。后者具有社会的、间接的形式，如言语思维、逻辑记忆、概念形成、注意和意志等。高级心理机能是在人类文化发展过程中由那些低级机能转变而成的。作为人类文化发展的重要方面，高级心理机能与低级心理机能的区别在于高级心理机能是以心理工具或者符号为中介的。这些符号包括语言、各种号码和计数、记忆装置、艺术作品、信件、图表、图纸、地图等。语言是最重要的符号和中介，用于组织思维。个体通过符号与外部世界建立联系。

Vygotsky从历史唯物主义的观点出发，主张个体的高级心理机能是社会历史语境的产物。个体生活在特定的历史、社会和文化环境中，受社会规律的制约。Vygotsky强调有社会性意义的活动对人类意识影响的重要性，以及社会互动对认知发展的重要性。社会环境对学习有关键性的作用，社会因素与个体相互作用促成了学习，个体通过社会互动学习语言。概念和知识都寓于语言之中。语言是思维与认知的工具，个体在学习语言时，不仅仅在学习语词，同时还在学习与这些语词相关的意义——词的内在方面，对现实的概括反映。词的意义是两个彼此紧密联系的言语机能(社会交往机能和思维机能)：前者以词的意义的概括和发展为前提，人类的交往形式只有依赖于对现实概括反映的思维才有可能表现出来(维果茨基，1997)。语言可用于社会性的互动与活动，儿童可以通过语言与他人进行言语互动，进行文化与思想的交流。因而学习的过程也是社会化的过程，学习语言的同时也习得该社会的文化；语言是自我调节和反思的工具。

总之，心理机能从低级向高级的发展源于社会历史文化因素。就个体来讲，儿童在与他人社会互动的过程中掌握了向高级机能发展的工具——语言。心理活动最初是自然的、随意的、直接的。语言是低级心理机能向高级心理机能发展的中介。通过语言，心理活动向高级心理机能发展。高级心理活动的形式首先是社会性的，然后逐步向个体转化。

参 考 文 献

Atkinson, R. C., & Shiffrin, R. M. Human memory: A proposed system and its control process. In W. K. Spence & J. T. Spence(Eds.), *The psychology of learning and motivation: Advances in research and theory*(Vol. 1). New York: Academic Press, 1968.

Bever, T. G. The Cognitive Basis for Linguistic Structures. In R. Hayes (Ed.), *Cognition and language development*. New York: John Wiley & Sons, 1970: 279-362.

Bloomfield, L. *Language*. New York: Holt, Rinehart & Winston, 1933.

Bloomfield, L. *Language*. Beijing: Foreign Language Teaching and Research Press, 2001.

Blumenthal, A. L. *Language and psychology: Historical aspects of psycholinguistics*. London: John Wiley and Sons, 1970.

Carroll, D. W. *Psychology of language* (5th ed.). CA: Thomson Wadsworth, 2008.

Chomsky, N. *Syntactic structure*. The Hague: Mouton, 1957.

Chomsky, N. A Review of B. F. Skinner's verbal behavior. *Language*, 1959, 35(1): 26-58.

Chomsky, N. *Aspects of the theory of syntax*. Cambridge, Massachusetts: MIT Press, 1965.

Chomsky, N. Remarks on nominalization. In R. Jacobs & P. S. Rosenbaum (Eds.), *Readings in English transformational grammar*. Waltham, Mass. : Ginn & Company, 1970: 184-221.

Ellis, R. *The study of second language acquisition*. Oxford: Oxford

University Press, 1994.

Evans, V., & Green, M. *Cognitive linguistics: An introduction.* Edinburgh: Edinburgh University Press, 2006.

Fernández, E. M. , & Cairns, H. S. *Fundamentals of Psycholinguistics.* West Sussex: Wiley Blackwell, 2011.

Fodor, J. A. *The Language of Thought.* MA: Harvard University Press, 1975.

Fodor, J. A. Why there still has to be a language of thought. In J. A. Fodor (Ed.), *Psychosemantics: The problem of meaning in the philosophy of mind.* Cambridge, MA: MIT Press, 1987.

Fodor, J. A. *The language of thought revisited.* NY: Oxford University Press, 2008.

Garman, M. *Psycholinguistics.* Beijing: Peking University Press, 2002.

Halliday, M. A. K. *Learning how to mean: Explorations in the development of language.* London: Edward Arnold, 1975.

Jackendoff, R. *X-bar syntax: A study of phrase structure.* Cambridge, MA: MIT Press, 1977.

Jakobson, R. Linguistics and Poetics. In T. Sebeok (Ed.), *Style in language.* Cambridge, MA: MIT Press, 1960: 350-377.

Leech, G. N. *Semantics.* Shanghai: Shanghai Foreign Language Education Press, 1998.

Lightbown, P. M. , & Spada, N. *How languages are learned* (3rd ed.). Oxford: Oxford University Press, 2006.

Mitchell, R. , & Myles, F. *Second language learning theories* (2nd ed.). London: Arnold, 2004.

Miller, George A. The magical number seven, plus or minus two: Some limits on our capacity for processing information. *The Psychological Review*, 1956 (63): 81-97.

Neisser, U. *Cognitive psychology.* New York: Aplleton-Century-Crofts, 1967.

Newell, A. , & Simon, H. A. *Human problem solving.* Englewood Cliffs, NJ: Prentice-Hall, 1972.

Nida, E. A. *Language, culture and translating.* Shanghai: Shanghai Foreign Language Education Press, 1993.

Osgood, C. E. , & Sebeok, T. A. *Psycholinguistics: A survey of theory and research problems.* Bloomington: Indiana University Press, 1954.

Pinker, S. *The language instinct.* New York: William Morrow, 1994.

Saussure, F. *Course in general linguistics.* Beijing: Foreign Language Teaching and Research Press, 2001.

Scovel, T. *Psycholinguistics.* Shanghai: Shanghai Foreign Language Education Press, 2000.

Sedivy, J. *Language in mind: An introduction to psycholinguistics* (2nd ed.). Wiley Blackwell, 2020.

Shannon, C. E. A mathematical theory of communication. *The Bell System Technical Journal*, 1948, 27: 379-423, 623-656.

Shannon, C. E. Communication in the presence of noise. *Proceedings of the IRE*, 1949, 37(1): 10-21.

Simon, H. A. The role of attention in cognition. In S. L. Friedman, K. A. Klivington, & R. W. Peterson (Eds.), *The brain, cognition, and education.* New York, NY: Academic Press, 1986: 105-115.

Skinner, B. F. *Verbal behavior.* New York, NY: Appleton-Century-Crofts, 1957.

Slobin, Dan lsaac. *Psycholinguistics.* Illinois: Scott, Foreman, 1979.

Steinberg, D. D. , Nagata, H. , & Aline, D. P. *Psycholinguistics.* England: Pearson Education, 2001.

Vygotsky, L. S. *Mind in society.* Cambridge, MA: Harvard University

Press，1978.

陈跃瀚．福多的思想语言假设与反学习论证．世界哲学，2016（6）：95-101，158.

戴维·霍塞萨尔，郭本禹．心理学史．北京：人民邮电出版社，2011.

高新民．思维语言假说：论证、批评与思考．社会科学战线，1995（6）：44-52.

桂诗春．新编心理语言学．上海：上海外语教育出版社，2000.

荆其诚．华生的行为主义．心理学报，1965（4）：361-374.

J. F. 凯斯．心理语言学的发展史．宫琪，译．国外社会科学，1992（9）：58-61.

列夫·谢苗洛维奇·维果茨基．思维与语言．李维，译．杭州：浙江教育出版社，1997.

刘润清，文旭．新编语言学教程．北京：外语教学与研究出版社，2006.

梅德明．现代句法学．上海：上海外语教育出版社，2007.

梅德明．语言学及应用语言学百科全书．北京：北京大学出版社，2017.

沈家煊．斯洛宾的《心理语言学》．外语教学与研究，1987（4）：67-73.

石林平，张东红．心理语言学五十多年发展评述．甘肃高师学报，2013，18（3）：131-134.

苏立昌．简明英语语言学教程．天津：南开大学出版社，2009.

皮亚杰，英海尔德．儿童心理学．北京：商务印书馆，1980.

王中连，郭本禹．认知心理学的伟大开拓者：乌尔里克·奈塞尔．自然辩证法通讯，2013，35（2）：104-111.

肖比妮·拉奥，冯炳昆．认知科学与心理语言学．国际社会科学杂志（中文版），1989（1）：115-127.

熊哲宏，李其维．皮亚杰的平衡模式．心理发展与教育，1991（2）：26-29.

袁杰．赫尔曼·保罗（1846—1921）．国外语言学，1987（1）：38-40，封三．

赵世开．布龙菲尔德（1887—1949）．国外语言学，1980（2）：45-46.

左任侠，李其维．皮亚杰发生认识论文选．上海：华东师范大学出版社，1991.

第二章　语言的神经机制

大脑发育使语言中枢能够进行语言信息处理等高级思维活动，使语言学习成为可能。语言中枢是人类大脑皮层所特有的，语言中枢负责人类的思维和意识等高级活动。人类的语言功能主要集中在大脑的左半球，左半球专门负责对语言的处理和表达，如词语、句法、命名、阅读、写作、学习记忆等；大脑右半球也有少量的语言功能，主要是帮助理解间接言语、容易引起歧义的语句(张庆宗，2023)。

第一节　语言与大脑

大脑是神经系统最高级的部分，由左、右两个半球组成，是调节机体功能的器官，也是意识、精神、语言、学习、记忆和智能等高级神经活动的物质基础。大脑半球表面呈现不同的沟和裂，沟、裂之间隆起的部分叫脑回。大脑半球表层为灰质，深层为髓质。人体功能在大脑皮层上有定位关系，如感觉区、运动区等在大脑皮质上都有相对应的位置。人类的语言中枢偏于皮质左侧，如果人类语言中枢受损，那么就会罹患各种失语症。

从生物学视角来看，语言是区分人类与其他神系的分界线，是人类进化史上的一个里程碑。语言与大脑之间有什么样的关系一直以来是人们关注的问题，通过研究那些大脑语言区域受损的个体的语言行为，研究者获得了许多有意义的发现。言语活动是大脑皮质各个部位共同活动的结果，但皮质的不同部位又有不同的机能分工。如果大脑语言区域受损，将会直接影响个体的语言行为。根据语言受损程度的不同，有些个体的语言功能损伤较小，而另一些人的语言功能则受到极大的损害，甚至消失。脑损伤（脑外伤或脑血管疾病）导致的语言障碍叫作失语症（aphasia）。左脑受到损伤的五六岁儿童很有可能会恢复完整的使用语言和理解语言的能力。然而，如果成人在受伤后的前半年没有恢复，那么他们的失语症症状很可能会持续下去。

为了更好地理解大脑如何参与语言加工，研究者通常会关注以下六个要素：人脑解剖、语言区域、大脑损伤如何影响语言加工、研究语言加工的神经科学方法、认知加工单侧化以及情感在语言加工中的作用。

一、大脑单侧化

人类大脑的两个半球在进行言语及其有关的高级心理活动时表现出偏于一侧的现象，叫作单侧化（lateralization）。这种现象早在 19 世纪中叶就已被临床神经学家发现。左半球支配言语表达、数学运算以及连续的分析综合思维活动；右半球可以理解简单语言，主要支配空间方位定向和图形认知。近年来，由于新技术的运用，人们对单侧化有了更加深入的了解。语言功能主要集中在大脑的左半球，如言语、写作、句法、阅读、音素编码、命名、字母触觉识别和抽象思维等功能，而空间定位、对二维和三维图形的感知、音乐、颜色、空间概括、形象思维和情感色彩的处理多集中在右半球。表 2.1 总结了左、右两个脑半球的特征（Brown，2014）：

表 2.1　　　　　　　　　　　　左脑和右脑的特征

左 脑 优 势	右 脑 优 势
强烈依赖智力	喜欢凭借直觉
擅长记忆人名	擅长记忆人脸
善于对口头传授和解释做出回应	善于对演示、图解或象征性传授做出回应
有系统、有控制地进行实验	控制性不强、随机进行实验
客观判断	主观判断
计划性、结构性	易变性、自发性

续表

左 脑 优 势	右 脑 优 势
偏好被认可的、确定的信息	喜欢难以解释、不确定的信息
分析式阅读	综合性阅读
依赖语言进行思考和记忆	依赖形象进行思考和记忆
擅长说话、写作和言语交流	擅长绘画、形象和实物操作
偏好多项选择测试	偏好开放式问题
控制情感	情感自然流露
擅长解读语言信号，如解读词汇和语法的细微之处	擅长解读体态语，如关注表情和非言语交际
使用事实描述	使用隐喻和言语意象
偏爱逻辑式问题解决	偏爱直觉式问题解决

人类两个脑半球之间的差异是什么时候出现的？Lenneberg(1967)认为两个脑半球之间的差异在儿童出生时并不存在，它是在整个儿童期发展起来的，在青春期达到成人模式。他还认为在青春期前，右半球能够补偿左半球的损伤导致的语言能力受损，但在青春期后则不能。如果一个五六岁的孩子左脑区域受损，那么他恢复语言功能的可能性很大，然而如果是成年人左脑区域受损导致失语且在半年内没有得到及时康复，那么他的语言功能恢复的希望就很小了。

以下从儿童失语症研究、脑半球切除研究以及儿童行为与生理研究等方面阐释大脑单侧化。

(一) 儿童失语症研究

Lenneberg 提出的单侧化假设主要基于对儿童脑损伤恢复的研究，他引用了 Basser(1962) 的研究。Basser 发现，如果脑损伤发生在言语开始之前，言语的发展速度会延缓，即儿童将经历正常的语言发展阶段，但发展速度缓慢。并且在两岁之内，右半球的损伤会和左半球的损伤一样，对言语发展造成干扰。

Basser 还发现，在言语出现之后，脑损伤会对语言发展带来不同程度的影响。在一群 2~10 岁有脑损伤的儿童中，左半球损伤造成的言语障碍比右半球损伤带来的言语障碍要普遍得多，左半球受损产生的语言障碍是右半球受损导致的语言障碍的两倍。

(二)脑半球切除研究

通过考察脑半球切除手术，人们也更多地了解到脑侧化发展的规律。脑半球切除通常是为了治疗其他方法无法治愈的、可能致命的肿瘤等疾病，切除患者左脑半球或右脑半球的手术。切除成人右脑半球不会导致语言受损或受损较小，而切除左脑半球会产生严重的语言问题(Springer & Deutsch，1998)。

对一些无法用药物治愈的癫痫病人，医生会通过手术的方法切断连接左脑与右脑的胼胝体，以阻断两个半球之间的联系。患者在术后可以过上正常的生活。然而神经学家 Gazzaniga 和 Sperry(1967)发现，他们与正常人有一些细微的区别。当头部固定不动时，这些患者可以描述出发生于自己右视野的事情，说出自己右手所拿物品的名称，但却无法说出左视野发生的事情，或者左手拿着什么东西。这是因为他们的左侧世界与大脑语言中心的联系被切断了。

虽然人们普遍认为，在言语开始出现之前的早年切除左脑半球，不会产生严重的语言缺陷，但是有跟踪研究发现，即使早年切除左脑半球，仍然会对儿童的语言发展产生负面影响。Dennis 和 Whitaker(1976)对在出生 5 个月内实施脑半球切除的三个患者(一个切除右半球，两个切除左半球)进行了跟踪研究。Dennis 和 Whitaker 发现，当患者 9~10 岁时，虽然这 3 名儿童具有相似的语言技能，但接受左脑半球切除术的两名儿童还是存在细微的缺陷。例如，在要求他们判断(1)~(3)这样的句子时，右脑半球切除的儿童能正确地指出句子(1)和(2)的语法不正确，但(3)是可以接受的；而左脑半球切除的病人却不能做出这样的区分。研究者断言右脑半球在句法分析方面比左脑半球的能力差。Stark 等人（1995）也得出了相同的研究结果。

（1）I paid the money by the man.

（2）I was paid the money to the lady.

（3）I was paid the money by the boy.

（三）儿童行为与生理研究

还有一些研究对正常发育的儿童运用双耳分听的技术来探讨大脑单侧化。Kimura（1963）发现 4～6 岁儿童在双耳分听任务上能产生右耳优势，Springer 和 Deutsch（1998）也发现 2 岁儿童表现出典型的言语右耳优势。

Bertoncini 等人（1989）使用高振幅吸吮范式（high-amplitude sucking paradigm）研究婴儿的知觉，也发现这些婴儿表现出右耳优势。当婴儿对某一声音习惯后，即他们的吸吮速度降低，立即用一个不同的声音来代替这个声音。研究者发现幼儿比较善于对言语变化做出反应，而左耳对音乐刺激的变化则比较敏感。

也有研究表明婴幼儿的脑潜能是可以被诱发出来的。Molfese 和 Betz（1988）证实了一周至一个月大的婴儿右半球对言语刺激表现出较大振幅的诱发电位反应，对非言语刺激（如音乐或噪音），也表现出较强的右脑半球反应。有解剖研究发现，与成人语言功能相关的颞叶的一个部分——颞面，不仅在成人左脑半球上比右脑半球上大（Geschwind & Levitsky，1968），在婴儿的左、右脑分布也是如此（Wada et al.，1975）。以上研究表明，大脑单侧化在出生时可能就已经存在，但年幼儿童需要学习如何使用他们的语言技能以便在双耳分听或视野测试中做出恰当的行为表现。

Skeide 和 Friederici（2016）指出，言语加工功能遵循异质发展轨迹（heterogeneous developmental trajectories）。人类胚胎在子宫内已经可以分辨出元音，但语法的复杂性要到 7 岁才能完全掌握。Skeide 和 Friederici 认为大脑皮层语言网络的发育大致分为两个发展阶段。在婴儿出生后的前三年为第一个阶段，婴儿迅速获得自下而上的处理能力，这些能力主要是通过双侧颞叶皮层实现的。进入青春期为第二个阶段，随着左下额叶皮层功能选择性和结构连通性的增强，自上而下的过程逐渐出现。

二、布洛卡区与韦尼克区

1861 年法国医生、人类学家 Broca 发现一个大脑受损的病人（名字叫作 Tan）丧失了说话能力，他只能说出"Tan"和少数几个词，但具有良好的听力，能理解口语和书面词汇，并能使用手势与其他人进行交流。然而当其他人没有理解他的手势时，他会变得极其愤怒，甚至大爆粗口。在周围人的眼里，Tan 是一个报复心强、令人讨厌的利己主义者。他的不良情绪在很大程度上是由脑损伤导致的。在 Tan 死后，Broca 解剖了他的大脑，发现其大脑左侧额下回有一个较大区域的损伤，由此推断大脑的这个区域应该是"言语中枢"所在。后来，Broca 又解剖了 8 例有类似语言功能障碍患者的大脑，发现他们的大脑受损部位均位于额下回区域，后来人们为了纪念 Broca 作出的贡献，将这个区域命名为布洛卡区（Broca's area），随后 100 多年的神经生理学和解剖学的发展证实了 Broca 的推断。如果布洛卡区受损，那么病人将会丧失说话能力，产生句法表达障碍，不会使用单纯表达语法功能的成分，对句法结构的理解也会出现困难。

1874 年，德国医生、解剖学家、神经病理学家 Wernicke 发现如果大脑后第 3 颞上回受到损害，病人的口语理解能力将受到严重影响。这个区域被后人命名为韦尼克区（Wernicke's area），主要负责语言理解和词汇识别。如果该区域受损，病人可以听得到其他人的话语，但是不能理解这些话语；可以流利地说出一些句子，但是造出来的句子只是一些没有意义的词汇的堆积，没有逻辑也没有含义。布洛卡区和韦尼克区均位于人脑的左半球。

三、失语症的临床表现

失语症患者的言语理解和言语表达能力受到损害，在语音、词汇、语法、语言结构以及语言内容与意义的理解和表达等方面，表现出语言认知

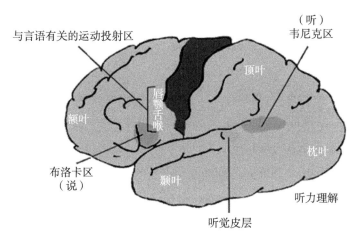

图 2.1 布洛卡区与韦尼克区

功能的减退和损害。失语症的研究表明，语言的理解和产生、区分句法和语义之间关系分别由大脑的不同区域控制。失语症有不同的种类，这里主要介绍布洛卡失语症和韦尼克失语症。

(一) 布洛卡失语症

布洛卡失语症是运动性失语症，也称为表达性失语症（expressive aphasia），突出表现为口语表达障碍。通过研究中风或脑部遭遇外伤的个体，Broca 发现布洛卡区受损的病人一次只能用一个单词来表达自己的意思，虽然他们一般能很好地保留名词和动词，但常常会省略掉冠词、连词和语法的屈折成分，如省略第三人称单数的"s"，用"Mary want candy"代替"Mary wants candy"，以及省略助动词"be"等，用"Joe coming"代替"Joe is coming"。布洛卡失语症是由第三额回病变引起的口语表达障碍，病人与发音有关的肌肉丧失了发音和说话的能力，主要表现为说话费力、不流利、语量少、呈电报式特点（主要是内容词 content words）。请看以下两段话：

Yes ... ah ... Monday ... er ... Dad and Peter H ... (his own name), and Dad … er … hospital … and ah … Wednesday … Wednesday, nine o'clock … and oh … Thursday … ten o'clock, ah doctors … two … an'doctors … and er … teeth … yah.

Lower Falls … Maine … Paper. Four hundred tons a day! And ah … sulphur machines, and ah … wood … Two weeks and eight hours. Eight hours … no! Twelve hours, fifteen hours … workin … workin … workin! Yes, and ah … Sulphur. Sulphur and … Ah wood. Ah … handlin! And ah sick, four years ago. (Goodglass & Geschwind, 1976)

以上这两段话出自同一位患者，他的名字叫作 Peter Hoga。这两段话虽然省略了很多功能词(function words)，但读者基本上能理解病人表达的意思。在第一段话中，他讲述自己跟牙医有约(要去医院做牙科手术)。在第二段话中，他谈到了自己以前在造纸厂的工作。

波士顿有一位患有布洛卡失语症的病人，当人们问他如何度过周末时，他回答道："Boston College. Football. Saturday."

后续研究表明，布洛卡失语症患者实际上是失语法症(agrammatism)，即丧失了表达语法关系的能力。无论是口语还是书面语，他们生成的句子通常只有 2~3 个内容词，同时，他们也很难理解语法结构复杂的句子。

(二)韦尼克失语症

韦尼克失语症是感觉性失语症，也称为接受性失语症(receptive aphasia)，是调整自己语言和听取、理解别人语言的颞上回受损，主要的障碍表现在语言理解方面，能听到别人讲话，但不能理解对方话语的意思，对别人的问话常常是答非所问；韦尼克失语症患者言语流畅，有复杂的语法结构，也具有正常的韵律特征，但是乱用词(neologisms)，言语没有多少信息价值，表达的内容让人无法理解。Katheleen Baynes(引自平克，2015)曾经研究过一位化名为"HW"的患者，他是一位商业人士，头脑聪明，表达流利，能说会道，但却无法从心理词典中提取要说的词汇。Baynes 曾要求他讲述一张图片的内容，图片上画的是一个站在凳子上的男孩伸手去拿架子上的罐子，并把一块饼干递给他的妹妹，结果从凳子上摔了下来。以下是 HW 先生的描述：

> First of all this is falling down, just about, and is gonna fall down and they're both getting something to eat … but the trouble is this is gonna let go and they're both gonna fall down … I can't see well enough but I believe that either she or will have some food that's not good for you and she's to get some for her, too … and that you get it there because they shouldn't go up there and get it unless you tell them that they could have it. And so this is falling down and for sure there's one they're going to have for food and, and this didn't come out right, the, uh, the stuff that's uh, good for, it's not good for you but it, but you love, um mum mum [smacks lips] … and that so they've … see that, I can't see whether it's in there or not … I think she's saying, I want two or three, I want one, I think, I think so, and so, so she's gonna get this one for sure it's gonna fall down there or whatever, she's gonna get that one and, and there, he's gonna get one himself or more, it all depends with this when they fall down … and when it falls down there's no problem, all they got to do is fix it and go right back up and get some more.

在临床检查中被要求描述图片内容时，韦尼克失语症患者会不停地说，但是所说的内容无法让人理解，如"The dog yes the dog goes and says go always throw and yes. The man shows and plays and says plays here. ""Before I was in the one here, I was over in the other one. My sister had the department in the other one. "

还有一个比较经典的例子。一位韦尼克失语症患者把烟灰缸叫作

"fremser"，但当实验者让他用手指一下烟灰缸时，他却不明白实验者的意图。

韦尼克失语症患者在口语、书面语词汇理解时都存在困难，他们往往同时伴有失读症和失写症，但没有言语理解和表达障碍那样严重。韦尼克失语症患者存在的主要问题是不能分辨语音和不能理解语义。

表 2.2 总结了几种常见的失语症特征及受损部位。

表 2.2　　　　　　　　几种主要的失语症（Caplan，1994）

综合征	行 为 缺 陷	受 损 部 位
布洛卡失语症	言语产生障碍；语法异常；理解和命名能力相对良好	邻近主要运动皮层的额叶
韦尼克失语症	听觉理解障碍；言语流畅	第一颞回的后部
传导性失语症	重复和自发言语障碍	弓状束和/或额叶和颞叶间其他联系的损伤
跨皮层感觉性失语症	单词理解障碍，重复相对良好	顶叶和颞叶的联系
跨皮层运动性失语症	自发言语障碍，命名不受伤害	运动皮层下区域的皮层下损伤
命名性失语症	单词产生障碍	顶叶和颞叶各部分
整体性失语性	所有语言功能均有严重障碍	连接皮层的大部分

四、语言加工的 Wernicke-Geschwind 模型

Wernicke-Geschwind 模型是目前被广泛接受的较为简单的理论模型，常被用于临床鉴别脑区损伤对语言功能的影响。基于脑损伤案例研究，Wernicke 创建了早期的语言神经心理模型，后来经过 Geschwind 修改，成为 Wernicke-Geschwind 模型（Geschwind，1972）。该模型提出了一系列语言加工的脑机制，主要包括 7 个脑区：韦尼克区、弓状束（arcuate fasciculus）、布洛卡区、顶下小叶（inferior parietal lobule）、初级听觉皮层、视觉皮层和运动皮层。顶下小叶包括缘上回（supramarginal gyrus）和角回（angular gyrus）。

Wernicke-Geschwind 模型认为，语言加工过程包括在这些皮层区域的语言表征的激活，以及通过白质通路将信息从一个区域传送到另一个区域。在言语理解加工过程中，语音信息自耳蜗经过神经首先到达初级听觉皮层，在此脑区提取词汇的语音表征，然后传至听觉皮层，再向角回（与传入的听觉、视觉和触觉信息的整合相关）传递，至此信息传至韦尼克区，进而理解词汇的语义信息。在视觉信息加工中，视觉信息首先传至初级视觉皮层，然后传至角回通达词汇语义信息，接下来传到韦尼克区。在言语产出中，首先在韦尼克区提取相应的语义信息，然后通过韦尼克区和布洛卡区之间的主要通道弓状束传递到布洛卡区。布洛卡区存储着口语词汇的发音动作特征，在此区域激活词汇发音的动作特征，并传递到初级运动皮层中负责面部肌肉运动的区域，再传递至脑干的面部动作神经元，执行面部肌肉运动，产出话语。

Wernicke-Geschwind 模型将语言加工分为理解和产出两个基本过程，对脑损伤和临床研究起到了重要的指导作用。布洛卡区与形成言语所需的运动输出（肌肉控制）脑区相邻，主要负责言语信息的处理、话语的产生。如果布洛卡区受损可能会导致这类病人语言表达困难，出现言语犹豫和言语不合乎语法，但理解保持完好的现象，这是因为序列转化成运动指令过程受到阻碍。韦尼克区位于与视力和听觉相关的大脑区域附近，主要处理对语言的理解。如果韦尼克区受损，会导致病人的话语无法被理解，即使病人能说出流利的话语，但这些话语没有意义。布洛卡区和韦尼克区不仅重要，连接这些脑区的神经回路同样也很关键。弓状束是连接布洛卡区和韦尼克区的轴突束，它从韦尼克区开始，经角回，在布洛卡区的神经元结束。如果弓状束受损，病人的言语行为缺陷表现在他所听到的和他应该说的之间的关联上，即患者能理解他们听到或者看到的单词，也能听出他们自己口语中的错误，但是他们并不能修正这些错误。这种失语症叫作传导性失语症。

第二节 语言进化

语言的第一缕痕迹在阿法南方古猿身上就已经出现了。阿法南方古猿是人类最早的祖先，距今大约 400 万年。生活在 200 万~250 万年前的能人在洞穴中留下了石器，也留下了他们的头骨化石。头骨化石上大脑褶皱印下的浅痕清晰可见，布洛卡区、缘上回和角回的痕迹也非常明显。直立人在 50 万~150 万年前从非洲迁徙到亚欧大陆，他们已经懂得使用火，并且一路上都在使用造型匀称、做工精良的石斧。可以推测，这种成就一定得益于某种形式的语言。40 万年前，尼安德特人住在欧洲，可能已经有了完整的语言能力。考古学显示，尼安德特人具有比我们之前构想的更加复杂的社会，他们以家庭为单位生活，举行葬礼，穿戴装饰物，在衣服上缝纫皮革，制造工具，参与其他可能依赖于语言的活动（Dediu et al.，2013）。现代智人大约出现于 20 万年前，并在 10 万年前走出非洲大陆。他们的头骨跟现代人的头骨非常相似，生理构造与现代人也完全一致，使用的工具越发精致、复杂，并带有显著的地域特征，因此没有理由说他们不具有语言。

长期以来，人们一直在思索语言起源的问题，如：人类语言到底来自哪里？人类最初的语言是什么？语言产生于何时？几个世纪以来关于人类语言的起源有很多推测（Aitchison，1998），例如语言源自动物的叫喊、对物理声音的模仿或费力时的哼哼声，它们分别是"汪汪""叮当"和"嘿吼"理论，然而这些理论不足以解释无声的实体和抽象的概念，不能回答语言的主体部分的出处，激情发声不能有效区别人类的真正语言和动物的本能之声，然而这些猜测均未被证实，以至于 1863 年巴黎语言学学会禁止有关语言起源的论文，语言起源被巴黎语言学学会在其会章中明文规定为"禁区"。即便如此，许多学者仍然在哲学、神学和科学领域努力地寻找关于语言起源问题的答案。从生物语言学的视角来看，语言起源大致可分为

"连续论"和"非连续论"两种不同的观点。"连续论"也被称作"进化主义论","非连续论"被称作"本质论"。

一、进化主义论

持进化主义论观点的学者多以灵长类动物研究者为代表，他们主张一些高级灵长类动物，如黑猩猩等与人类并无本质区别。根据达尔文的物种进化论，人类与灵长类动物有着共同的祖先，人类跟动物的进化是不间断的。从进化的角度来看，语言不是突然产生的，而是在长期自然选择过程中以渐变的方式缓慢形成的。他们认为人类语言的起源、进化可以通过动物语言加以推演。赫尔德在《论语言的起源》中以这样一句话开头："当人还是动物的时候，就已经有了语言。"这句话已成为语言思想史上的一句名言。这句话包含以下三个论点：(1)人与动物有某种共同的东西。(2)动物也可以有语言。(3)人类语言是从动物语言演化而来的(姚小平，1998)。波普尔也曾将语言进化简洁地表述为："从动物语言到人类语言的进化。"(舒炜光，1987)。

研究者从动物语言的视角研究人类语言进化，这种对比研究最初从灵长目动物开始。大部分灵长类动物的交往系统包括相对少量的由发音或姿势组成的固定信号。一般来说，各个信号有不同的功能。报警鸣叫、求偶行为、顺从姿态以及与食物相关的喊叫声是最普遍的。

人们用两种方法对灵长目动物之间的交际进行观察：一种方法是观察它们之间自发的交流活动，另一种方法是教会它们用人类设计的交际系统(王士元，2006)。在野外和实验室条件下进行的观察都表明：灵长目动物有大量的交际活动，而具体的交际程度则随着特定种类以及同一种类中不同群体的社会性不同而有所差别。灵长目动物有很多交际活动，这些交际活动是通过肢体语言或面部表情这些"非语言"的方式进行的。黑猩猩是跟人类最相近的动物，它们语音种类的数目很小，能发出的叫声不过几十种，并且这些叫声不能像人的话语一样可以分解成更小的语音片段。由此可见，灵长目动物发出的声音跟人类的语音之间存在着巨大的进化差距。

Cheney 和 Seyfarth(1990)曾研究过黑长尾猴的交往系统。当黑长尾猴发现有蛇、鹰、豹、猫和狒狒等不同捕食性动物靠近时,会发出不同的叫喊声。在其他黑长尾猴听到这些信号后,就会采取适当的行为予以应对。虽然这些信号具有功能性,但它们缺少人类语言的一些基本特征,如它们不具有移位性(displacement),即没有能力表示不在场物体的能力。对它们来说,所有的交流信息必须发生在直接语境中。此外,这些信号没有表现出结构二重性(duality),即信号不能由一些较小的成分组合而成。因此,它只是一个由少量信息组成的固定系统,而不是产出无限信息的语言系统。

另一种研究灵长目动物的方法,是教给类人猿某种由人类设计的交际方式。1931 年,Kellogg 教授和夫人将一只 7 个半月大的黑猩猩 Gua 带回家中,与自己 10 个月大的儿子 Donald 一起抚养,成为美国第一个同时抚养黑猩猩和儿童的家庭。Gua 与 Kellogg 一家人生活了 9 个月,尽管 Gua 的运动技能远远超过 Donald,但它一句话也不会说。Kellogg 夫妇训练 Gua,想让 Gua 像人类一样学会说话,然而结局却让人大失所望,Kellogg 夫妇发现 Gua 把 Donald 训练得更像黑猩猩,因为 Donald 喜欢模仿 Gua 的一些动作,如用脑袋撞墙,吃饭时发出"呜呜"的声音等(Kellogg,1980)。

20 世纪 40 年代初期,心理学家 Hayes 夫妇收养了一只叫 Viki 的大猩猩,希望培养 Viki 像小孩一样说话。他们给 Viki 穿衣打扮,并把它以自己女儿的身份介绍给陌生人。他们认为黑猩猩相当于发展迟缓的儿童,如果加以关爱和耐心的教导,Viki 可以学会人类语言。然而经过 6 年训练后,虽然 Viki 懂得很多东西,但最后只学会了 mama、papa、cup 和(近乎于)up 四个单词。为了发出/p/这个音,Viki 还得用手指把自己的嘴唇撮在一起。该研究表明黑猩猩不具备特殊生理条件,如口语的发声能力(Hayes & Hayes,1956)。

哥伦比亚大学 Terrace 教授试图回答"黑猩猩是否可以产出合乎语法的句子"这个问题(Terrace,1980),收养了一只年幼的雄性黑猩猩,并为它起名为 Nim Chimsky。Terrace 把 Nim 放在一个家庭里抚养,教它美国手语。Nim 很早就开始运用手势,4 个月大的时候,就做出了第一个手势——

"喝"，然而，它之后的话语从未超过 2~3 个手势的阶段。它能用手势表达"eat Nim"和"banana I eat"的意思，但当用 4 个手势表达话语时，它不会添加新的信息。Terrace 在分析了广泛收集的数据后，认为没有证据显示 Nim 能够产出可以被称为"句子"的内容。

虽然这些实验以失败告终，但并不意味着灵长目动物没有语言能力。后续有研究发现黑猩猩可以习得手语。美国内华达大学的 Gardner 夫妇 1966 年开始教一个 10 个月大、名字叫 Washoe 的黑猩猩学习美国手势语（American Sign Language，SLA），Washoe 一共学会了 130 多个手势（Gardner & Gardner，1969）。当 Washoe 见到训练者，它会用手势表达一些请求，如"Please tickle hug hurry""Gimme food drink"等。Washoe 还会创造性地使用手势语，例如，当它第一次看到天鹅时，它用手势表达"water bird"。此外，Washoe 在学习各种手势语时，已经具有一定的概括能力，如在掌握了"开"这个词后，它会自发地把它运用到许多新的情境中，如开门、开窗等。通过对 Washoe 以及后续其他黑猩猩进行词汇测试，Gardner 夫妇发现 Washoe 等黑猩猩习得的最初 50 个单词与儿童的非常相似（Gardner & Gardner，1994）。

Savage-Rumbaugh 等人（Rumbaugh & Beran，2003，Savage-Rumbaugh et al.，1998）的案例研究为探究灵长目动物的语言能力带来了新的希望和启示，他们的研究对象是一只叫作 Kanzi 的倭黑猩猩。与一般黑猩猩相比，倭黑猩猩体格较小、攻击性不强，更具社会性、更聪明，有较强的交际能力。Kanzi 第一次接触语言纯属偶然，当时 Savage-Rumbaugh 和她的团队正在教 Kanzi 的妈妈学习英语口语，六个月大的 Kanzi 经常陪同妈妈上课。Kanzi 很聪明，通过观察它妈妈上课的情形，居然习得了一些手势语，这让研究者们感到惊奇不已。研究团队决定让 Kanzi 在自然环境中习得口语和手势语，除此之外，Kanzi 还有机会画画、看电视、帮忙做饭、跟其他猩猩们玩耍，Kanzi 学会了如何做工具和开展一些日常活动，如给它自己做饭等。2004 年 Kanzi 已满 23 岁，体重达 130 磅。Kanzi 能够理解英语的词序和句法，当实验者发出指令"put the milk in the jelly"或者"put the jelly in the milk"，Kanzi 能准确无误地完成任务。Kanzi 掌握的语言和手势语已经远远超出早期的黑猩猩了。

从灵长目动物语言与人类语言的对比分析中我们可以看出：动物的系统和人类的语言并无本质区别，只不过人类语言稍显复杂而已。通过对比分析语言的听觉机制、发音机制、协调听觉和发音的大脑，研究者得出结论："听觉具有很强的延续性，人和其他灵长目动物均有基本的听觉特征，如能感知不同概念，还能感知辅音是否出现在某一概念中。大脑也体现出一定的延续性，人脑容量比其他灵长目动物的脑容量大，神经连接更多，语言区的神经元比其他部位的神经元更积极地参与和语言有关的细胞丛活动。最缺少延续性的成分当属发音机制。黑猩猩能在急促的叫喊中发出音节，可它们无法发出清晰的元音，而人能发出所有的元音和辅音（Wong，2009）。"

总之，通过研究人类语言与猿猴等动物交际行为之间的共性和差异、灵长目动物学习人类语言的能力表现等，人们发现了人类语言进化的痕迹，得出以下结论：人类语言和动物交际系统无本质区别。在进化过程中，人类现有的交际和认知的能力，包括语言能力都在类人猿猴身上有所体现，人的这些高级技能只是在此基础上渐变的结果。

二、本质论

持本质论观点的代表人物 Lenneberg(1967)认为，脑的生理形态、结构和功能为物种设置了各具自身特点的潜在范围，同时也设置了不可逾越的门槛，如猫学不了狗摇尾巴，也学不会狗叫。他强调认知功能是因物种而异的。不同的物种因认知功能各异而有各自的"世界"。猫所感知的世界跟狗所感知的世界是不一样的，同样跟人的世界也不一样，以此类推。Lenneberg 认为人类跟动物在语言上是间断的。基于该观点，Lenneberg 提出语言是认知禀赋的"聚现"(emergence)，而认知禀赋具有物种区别特征。在 Lenneberg 看来，人类语言就是人类认知禀赋的生物特性所产生的结果，生物基层(substrate)是人类用于语言习得的特殊物质基础，也就是说是人类大脑赋予人类以语言。有了这样的大脑，自然就会"生长出"这样的自然语言；没有这样的大脑，就不可能学会这样的语言。作为生物学家，Lenneberg 从生物学的角度提出人类语言是人类认知禀赋的"聚现"观点。Lenneberg 认为，"聚现"能够找到其生物上的证据，如人脑解剖上某些部位、相关的中枢神经网络的调用和基因的编码等。

另一位持本质论观点的代表人物是 Chomsky。在 Chomsky 看来，语言是一种内在的语言习得机制（Language Acquisition Device，LAD），是一种内在语言（I-语言，Internalized language）。Chomsky 将内化语言定义为人的心智，也就是人脑中语言知识，即语言官能（language faculty）。语言习得机制被 Chomsky 假定为是一个专门负责语言的认知模块，是人类认知系统中被称为"语言机能"的子系统。语言机能的"初始状态"完全由基因决定，它内部表征了一系列的句法原则和与原则相联系的参数（即内部表征了的普遍语法），在随后的学习活动中，通过设定参数，语言机能逐渐发展成一个相对比较"稳固"的状态。说话者之所以能产生以及理解语言（具有语言能力），就是因为他的大脑内部表征了一套句法规则，这些句法规则是说话者知道的语言知识。与成年人不同，所有发育正常的婴儿和儿童都能快速、轻松而且自发地在其环境中获得他们遇到的任何第一语言，而无需有意的、正式的教学。Chomsky 将人类语言理解为人类独有的物种属性，它在本质上区别于动物的呼号，因为人类语言具有创造性特征，每个正常的说话者原则上能够说出潜在无限长、无限多的新语句。

希腊历史学家 Herodotus 在他的著作《历史》第二卷中，叙述了埃及国王 Psammetichus 一世的故事。国王 Psammetichus 一世想要证明埃及人是人类的起源。为了做到这一点，Psammetichus 一世命令一位牧羊人抚养两个孩子，照料他们的生活，但不要对他们说话。他这么做的目的是想了解，在婴儿的学语期结束后，他们说出的第一个单词是什么。这位国王认为，如果儿童听不到任何语言，他们说出的第一个单词就是最久远的人类种族的语言。这也许是语言发展先天论中最极端的观点：婴儿诞生时，他们的大脑中就已经存在一种语言。在这两个孩子大概两岁的时候，当牧羊人来到他们的住处，他们伸开双臂跑向牧羊人，嘴里说着"becos"，然而没有人知道这个词的意思。国王派人在整个王国里四处打听，最终得知"becos"在Frygia(弗里吉亚语)里是"面包"的意思。从此埃及人不再认为自己是最古老的人类种族。

Lenneberg(1967)列出了一系列语言的生物学要素的最佳证据，证明语言是人类独有的，其主要特征在整个物种间具有一致性。已有大量证据表明语言具有模块的状态，其中包括：

(1)在缺乏决定性环境数据的情况下，任何正常发育中的儿童都可以快速习得任何人类语言，而不受某一文化和语言的影响。

(2)语言是人类独有的，其他物种学不会语言。

(3)语言从一开始就显示出神经学上的特质。

(4)在特殊人群中，语言选择性地受到损害，如有些人遭受某些形式的脑损伤和一些遗传性儿童疾病，主要表现在失语症方面。

(5)语言习得由关键期和成熟时间表来控制。

(6)所有语言具有普遍原则，这些普遍原则表现在语言的各个方面，如语音、语法、语义等。

Brown(1973)也曾总结道：

(1)真正的语言具有能产性。能产性或生成性指人们可以听懂或说出他从来没有听过或见过的话语。这些新的话语的理解和生成就是语言使用者在大脑机制作用下发生的。能产性是人类语言特有的性质，动物语言不具有能产性，它们发出的声音与意义只有对应关系。

(2)语言具有语义性(或象征性)，即语言以象征性的方式表达思想、活动和物品。

(3)语言具有移位性，指语言可以用来指示不同的空间和时间。如我们可以用语言谈论"现在"，也可以谈论"过去"和"未来"，可以谈论身边的事情，也可以谈论遥远地方发生的事情。

基因学研究指出：七号染色体上的一个特定名为FOXP2的基因与语言和言语相关。我们的类人猿近亲不具备言语技能，也不具备人类所拥有

FOXP2 变体。有研究表明，非洲绿猴只有 10 种不同的呼叫（只有非常有限的音节），并且没有发现任何同人类语言的语法类似的东西（戴蒙德，2012）。尽管在人工训练的环境下，黑猩猩们似乎能掌握上百个符号的意义，不过与人类的语言能力相比，实在是逊色太多。而说话者能够创造性地说出一些新语句，这个事实说明说话者掌握了语法，掌握了一个规则系统（这个规则系统包括递归构造规则）。而在动物的各种呼叫中，人们并没有发现任何类似的规则系统。Hauser 等人（2002）将语言官能分为"广义"和"狭义"两种，广义的语言官能是指与说话和理解相关的所有能力（包括概念、记忆、听力、计划和发声），狭义的语言官能则为人类语言所独有。他们认为，广义语言官能中的许多能力是人和动物共有的，而狭义的语言官能则指句法的递归性。由此看来，人类语言与动物呼叫之间似乎横亘着不可跨越的沟壑。

参 考 文 献

Aitchison, J. On discontinuing the continuity-discontinuity debate. In J. R. Hurford, M. Studdert-Kennedy, & C. Knight (Eds.), *Approaches to the evolution of language*. Cambridge, UK：Cambridge University Press, 1998.

Basser, L. S. Hemiplegia of early onset and the faculty of speech with special reference to the effects of hemispherectomy. *Brain*, 1962, 85：427-460.

Bertoncini, J. M., Bijeljac-Babic, R., McAdams, S., Peretz, I., & Mehler, J. Dichotic perception and laterality in neonates. *Brain and Language*, 1989, 37：591-605.

Brown, H. D. *Principles of language learning and teaching*. New York：Pearson Education, 2014.

Caplan, D. Language and the brain. In M. A. Gernsbacher (Ed.), *Handbook of psycholinguistics*. San Diego, CA：Academic Press, 1994.

Cheney, D. L., & Seyfarth, R. M. *How monkeys see the world：Inside the mind of another species*. Chicago： University of Chicago Press， 1990.

Dediu， D.， Cysouw， M.， Levinson， S. C.， Baronchelli， A.， et al. Cultural evolution of language. In *Cultural evolution： Society， technology， language， and religion*. Cambridge， MA： MIT Press， 2013： 303-332.

Dennis， M.， & Whitaker， H. A. Language acquisition following hemidecortication： Linguistic superiority of the left over the right hemisphere. *Brain and Language*， 1976， 3： 403-433.

Gardner， R. A.， & Gardner， B. T. Teaching sign language to a chimpanzee. *Science*， 1969， 165： 664-672.

Gardner， R. A.， & Gardner， B. T. Development of phrases in the utterances of children and cross-fostered chimpanzees. In Gardner， R. A.， Gardner， B. T.， Chiarelli， B.， & Plooij， F. X. (Eds.)， *The ethological roots of culture*. NATO ASL series D： Behavioral and Social Sciences. Dordrecht， The Netherlands： Kluwer Academic， 1994.

Gazzaniga， M. S.， & Sperry， R. W. Language after section of the cerebral commissures. *Brain*， 1967， 90： 131-148.

Geschwind， N.， & Levitsky， W. Human brain： Left-brain asymmetries in temporal speech regions. *Science*， 1968， 161： 186-187.

Geschwind， N. Language and brain. *Scientific American*， 1972， 4： 76-83.

Hauser， M. D.， Chomsky， N.， & Fitch， W. T. The faculty of language： What is it， who has it， how did it evolve? *Science*， 2002， 298： 1569-1579.

Hayes， K. J.， & Hayes， C. Imitation in a home-raised chimpanzee. *Journal of Comparative and Physiological Psychology*， 1952， 45： 450-459.

Kimura， D. Speech lateralization in young children as determined by auditory test. *Journal of Comparative and Physiological Psychology*， 1963， 56： 899-902.

Lenneberg， E. H. *Biological foundations of language*. New York： John Wiley， 1967.

Molfese, D., & Betz, J. C. Electrophysiological indices of the early development of lateralization for language and cognition and their implications for predicting later development. In D. L. Molfese & S. J. Segalowitz (Eds.), *Brain lateralization in children: Developmental implications.* New York: Guilford, 1988.

Rumbaugh, D. M., & Beran, M. J. Language acquisition by animals. In L. Nadel (Ed.), *Encyclopedia of Cognitive Science.* London: Macmillan, 2003.

Savage-Rumbaugh, S., Shanker, S. G., & Taylor, T. J. *Ape language and the human mind.* New York: Oxford University Press, 1998.

Skeide, M., & Friederici, A. The ontogeny of the cortical language network. *Nature Reviews Neuroscience*, 2016, 17: 323-332.

Springer, S. P., & Deutsch, G. *Left brain, right brain: Perspectives from cognitive neuroscience* (5th ed.). New York: Freeman, 1998.

Stark, R. E., Bleile, K., Brandt, J., Freeman, J., & Vining, E. P. G. Speech-language outcomes of hemispherectomy in children and young adults. *Brain and Language*, 1995, 51: 406-421.

Terrace, H. S. *Nim: A chimpanzee who learned sign language.* New York: Knopf, 1980.

Wada, J. A., Clarke, R., & Hamm, A. Cerebral hemispheric asymmetry in humans. *Archives of Neurology*, 1975, 32: 239-246.

Wong, Y. W. Report: Conference in evolutionary linguistics I, Guangzhou. *Journal of Chinese Linguistics*, 2009, 37: 386-396.

波普尔. 客观知识——一种进化论的研究. 舒炜光, 译. 上海: 上海译文出版社, 1987.

赫尔德. 论语言的起源. 姚小平, 译. 北京: 商务印书馆, 1998.

杰拉德·戴蒙德. 第三种黑猩猩. 王道还, 译. 上海: 上海译文出版社, 2012.

史蒂芬·平克. 语言本能. 欧明亮, 译. 杭州: 浙江人民出版社,

2015.

王士元．语言演化的探索．钟荣富，刘显亲，胥嘉陵．门内日与月：郑锦全先生七十寿庆论文集．台北：台湾"中研院"，2006.

张庆宗．外语学与教的心理学原理(第二版)．北京：外语教学与研究出版社，2023.

第三章 语言的认知机制

语言认知机制是人类理解、内化和运用语言的机制，与人类大脑结构和功能有直接的关系，其中最重要的是功能性的大脑成分，负责控制和管理语言表达的信息处理和表达，涉及记忆和整合等过程。语言认知机制强调脑的功能和行为之间关系的重要性，以及语言在思维过程中所扮演的重要角色。

语言认知机制主要由语言能力、语言功能和语言行为三个部分组成。语言能力包括感知、理解、储存和表达等功能，它是语言表达的前提。语言功能是指智能和行为的过程，包括使用语言来表达自己提出的问题、思考和记忆语言，以及发展自己的语言技能等。语言行为则涉及沟通、表达和理解语言等方面。

第一节 言语加工与记忆和整合

言语加工指对输入的语言信息进行编码、转换、存储、提取的过程。言语加工离不开记忆、注意、整合等基本认知过程。

一、记忆系统

记忆是储存关于我们个人经验表象的装置。早在 19 世纪末期，著名德国心理学家 Ebbinghaus 就开始对记忆进行研究，随后记忆问题得到了极大的重视，并产出了十分有价值的研究结果。

现代信息加工心理学家将人类的学习过程看成信息加工过程，运用计算机处理信息的过程来说明人类的学习和信息加工过程，提出了各种学习与记忆的信息加工过程模式，其中 Gagné(引自邵瑞珍，1997)提出的学习记忆模式最具代表性(见图 3.1)。

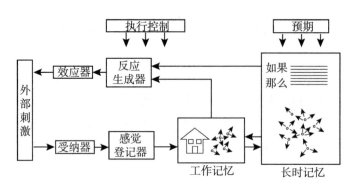

图 3.1 信息加工模式

Gagné 将学习过程看作加工系统、执行控制系统和预期效应三方面协同活动的过程。

(一) 加工系统

加工系统又称操作系统，包括信息的接收部分。加工系统分为感官记忆、工作记忆(短时记忆)和长时记忆三个部分。

1. 感官记忆

首先，来自环境的刺激作用于受纳器，受纳器将接收到的信息传递至感觉登记器(sensory register)，引起短暂的感官记忆。输入的感觉信息以一种未经分析的状态保存在感官记忆中。感官记忆容量大，但信息留存的时间极短，图像信息不超过 1 秒，声像信息不超过 4 秒。在这段短暂的时间内，绝大多数信息未能得到注意，只有一小部分受到特别注意或模式识别的信息才能进入工作记忆(working memory)(又称为短时记忆，short-term memory)，在那里被加工并赋予意义。注意(attention)是信息进入工作记忆的关键条件。Sperling(1960)曾研究视觉储存，他让被试在很短的时间内看一列字母和数字，如 50 毫秒（1/20 秒）。一个典型的排列由 12 个字母以 3×4 的形式组成（3 行 4 列）。先让被试很快地看一下这个排列，然后要求他们报告看到了什么。Sperling 设计了部分报告法，要求被试只报告所有排列中的一部分，结果被试报告出了大约每行 3/4 的项目。Sperling 推断出信息在视觉储存器中的储存时间大约为 1 秒。

2. 工作记忆

工作记忆特指一种执行任务时对信息进行暂时加工、贮存的容量有限的记忆系统。工作记忆对信息的贮存时间很短，大约为 30 秒，并且贮存容量极其有限。从 20 世纪 50 年代开始，许多心理学家应用字母、音节、字词等各种不同材料进行实验，所得出的结果比较一致，即短时记忆的容量约为 7 个单位。美国心理学家 Miller（1956）发表了一篇论文，题为"神奇数 7 加减 2：对我们信息加工能力的限制"，明确提出工作记忆容量为 7±2 个信息单位，即一般为 7 并在 5~9 范围内波动，说明工作记忆容量存在着个体差异。短时记忆容量有限，如果完成一项任务所需要的认知资源过多，就会影响任务完成的表现。Miller（1956）从信息加工的角度出发，提出了组块（chunk）的概念。组块指将若干较小的单位（如字母）组合而成熟悉的、较大的单位（如字词）的信息加工，也指这样组成的单位。为了克服短时记忆的局限性，人们通常将单独信息组成较大单元——组块来增加记忆量。

组块的作用及其对人的知识经验的依赖在弈棋这类复杂的智力活动中也明显地表现出来。丹麦心理学家和象棋大师 de Groot（1965）在实验中发现，给一个象棋大师和一个新手看一个真实的棋局 5 秒钟，然后将棋子移开，要求他们复盘，即按照刚才看到的棋局将各棋子放回原处。象棋大师在第一次尝试时就能将 90% 的棋子正确复位，而新手只能正确复位 40% 的棋子。但是，如果给他们呈现的不是一个真实的棋局，而是任意放置的一些棋子，那么象棋大师和新手能正确复位的棋子数目都很少，没有什么差别。这些结果表明，象棋大师在真实棋局的复盘上之所以成绩好，是因为他们比新手具有更丰富的弈棋知识和经验，熟悉许多棋局，可以对在短暂时间内看到的棋子有效地进行组合，而新手则差得多。Chase 和 Simon (1973) 对这个问题作了进一步研究。实验被试包括象棋大师、一级棋手和新手各一人，实验者向这些被试呈现一个真实的棋局，要求他们按照这个棋局复盘，分别记录被试扫视和复盘所用的时间。应用的棋局共有 20 个，全部取自棋书或杂志，其中一半为中盘，一半为终盘。结果发现，象棋大师、一级棋手和新手在扫视时间上没有什么差别，但象棋大师用于复盘的时间却明显地少于一级棋手和新手。Simon (1974) 曾以自己为被试来研究短时记忆容量。结果发现，他能立刻正确再现的单音节词和双音节词都是 7 个，三音节词是 6 个，但由两个词组成的短语，如 milk way, differential calculus, criminal lawyer, 则只能记住 4 个，而更长一些的短语，如 fourscore and seven years ago, 则只能记住 3 个。Simon 认为，把短时记忆容量说成 7 在大体上是对的。Ericsson 等人 (1980) 的研究表明，一个智商普通、拥有短时记忆的大学生 (Steve Faloon) 能够保持以每秒一个数字的速度呈现 80 个随机数字。该生是通过 20 个月的时间训练组块的方法来完成这一了不起的行为，他是一个成功的长跑者并能将数字按他熟悉的跑步节奏进行组合。

　　基于实验研究，Baddeley (1998) 提出了工作记忆三成分模型，该模型由中央执行系统 (Central Executive)、视觉空间模板 (Visual-Spatial Sketchpad) 和语音回路 (Phonological Loop) 组成。

图 3.2　三成分模型结构

　　语音回路主要负责词语的信息编码及暂时储存，由两个部分组成：一是语音存储器，负责记忆和存储声音信息的痕迹，这些痕迹会在短短几秒钟内衰退；二是发音复述器，它的功能是不断复述语音存储器中的声音痕迹，并保持听觉短时记忆的不断更新。语音回路在促进发展和二语习得方面也起到重要作用。通过非词重复试验（nonword repetition）对有特定语言障碍的儿童进行的研究中发现，正常儿童与有语言障碍儿童的接听与重复不同长度的非词的能力与词汇水平发展是一致的，说明拥有丰富词汇量的儿童可以让其获得更多的新单词，进而证明良好的语音记忆能促进词汇习得（Baddeley，2003）。此外，Baddeley（2003）还指出，随着儿童年龄的增长，良好的语音记忆会有助于词汇学习，进而反过来促进不熟悉的非词重复。这种工作记忆与长时记忆之间的互动关系在改进后的工作记忆三成分模型中得到了充分体现。

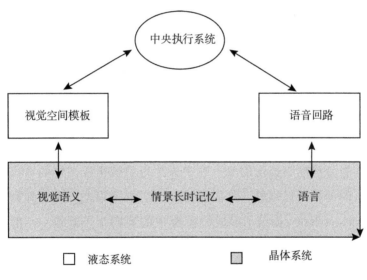

图 3.3　三成分模型的发展结构

视觉空间模板主要负责维持和操作视觉空间方面的信息。视觉空间可以进一步分成视觉和空间两个子成分，并各自拥有其独立的存储、表征、维持机制以及操作程序。视觉工作记忆与感知和视觉成像密不可分，而空间工作记忆则与行为和注意密切关联。从功能角度看，进行空间干扰试验时会影响空间短时记忆的保持，但却不会影响视觉信息的维持。而进行视觉干扰试验对空间信息的维持毫无影响。

中央执行系统是 Baddeley 模型中最重要的一个系统，主要负责操作控制工作记忆内部和两个子系统里的信息。Repovs 和 Baddeley(2006)指出中央执行系统还具备新的功能：(1)它是一个"注意激活控制系统"，能够集中和转换注意。(2)它能够处理长时记忆中的信息。人们通过对工作记忆广度的研究来增强对中央执行系统的认识。如让被试一边读一系列句子，一边记忆每个句子的最后一个单词，并进行随后的即时记忆；或运用穿插单词进行测试。该研究证明了工作记忆广度与众多复杂的认知能力，如阅读、理解、推理等密切相关。

虽然传统的 Baddeley 工作记忆三成分模型被普遍认可，但它还是存在一些不足：(1)语音回路和视觉空间模板的分离。如果语音回路和视觉空间模板是分离的，那么信息在哪里结合？又如何进行结合？(2)模型中各子系统和长时记忆的分离。如被试对非词的记忆广度是 5 个单词，而对句子的记忆广度却是 16 个单词，可以认定多出来的 10 个单词是来自长时记忆。(3)模型不能解释在工作记忆广度中反映出来的个体差异。(4)模型中的中央执行系统没有存储功能。没有存储功能，那么又怎么解释一些患有深度脑损伤的病人在中央执行系统正常工作的情况下，对文章段落的即时回忆很好，然而在延时回忆中又很差？为了弥补以上不足，Baddeley(2000)提出了多成分模型中的第四个子系统——情景缓冲器(见图 3.4)。

情景缓冲器是一种各子系统和长时记忆之间的交界面，是一个容量有限的暂时存储系统，并可以利用多重编码的方式整合来自其他子系统的各种信息，待中央执行系统将这些不同来源的信息再次整合为完整连贯的情境。它的情境性在于它可以为系统内不同的时空信息的整合提供一个平台，并保存这些整合了的情景或场景。所以它是中央执行系统的缓冲区域。

该模型的第一层是中央执行系统，发挥最高级控制功能。第二层分别是视觉空间模板、情景缓冲器和语音回路，进行三种信息的暂时性加工。

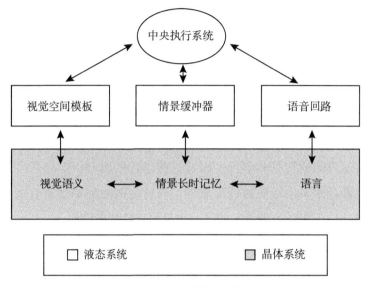

图 3.4　四成分模型结构

一、二层是液态系统。第三层包含视觉语义、情景长时记忆和语言长时记忆系统，属于晶体系统。四成分模型与三成分模型的主要区别在于情景缓冲器被置于视觉空间模板与语音回路之间，将原来没有联系的语音回路和视觉空间模板联系了起来。

3. 长时记忆

与短时记忆相比，长时记忆(long-term memory)的特点是容量大，对信息保持的时间长，有些信息甚至可以保持终生。只有当人们不断地对信息进行复述(rehearsal)时，信息才能从短时记忆进入长时记忆。复述是信息从短时记忆进入长时记忆的关键条件。

长时记忆是人们对这个世界的知识的存储器，它包括一般知识，例如语法或算法规则；也包括个人经验，例如童年时代的回忆。长时记忆储存个体经历的事件和习得的知识，为个体的心理活动和行为提供了信息基础。

Tulving(1972)将长时记忆分为语义记忆(semantic memory)和情景记忆

（episodic memory）。语义记忆是语言运用过程中所必需的记忆，它是一个心理词库，是对语词、概念、规则、定律等知识的有组织记忆。语义记忆的组织具有抽象性和概括性，例如，三角形的三个内角之和是180°，北京是中华人民共和国的首都等。语义记忆所包含的信息不受接受信息的具体时间和空间的限制，例如，它保存狗有四条腿、狗会吠、狗尾巴会摆动等信息，但并没有保存你最后一次看到狗的记忆。而最后一条信息（即你最后一次看到一条狗）保存在了你的情景记忆中。情景记忆接收和储存关于个人的特定时间的情景和事件，以及这些事件的时间—空间联系的信息。情景记忆涉及个人生活中的特定事件，与特定的时间和地点有关，例如，你找到第一份工作时的情景，你第一次与朋友约会的情景。

情景记忆和语义记忆不仅贮存的信息不同，而且在其他方面也有区别。首先，情景记忆以一个人的经历为参照，以时间空间为框架，而语义记忆则以一般知识为参照，可以有形式结构，如语法结构。其次，情景记忆处于经常变化的状态，易受干扰，所贮存的信息常被转换，不容易被提取。而语义记忆则较少发生变化，不太受干扰，比较稳定，比较容易被提取。再次，情景记忆贮存特定事件的个人时间，其推理能力小，而语义记忆贮存一般知识，其推理能力大。语义记忆和情景记忆在信息加工过程中相互作用。

Paivio（1975）从信息编码的角度将长时记忆分为表象系统和言语系统。表象系统以表象代码来贮存关于具体的客体和事件的信息，言语系统以言语代码来贮存言语信息，这两个系统既彼此独立又互相联系。这种观点被称为双重编码说。语义代码是一种抽象的意义表征，具有命题的形式。命题可以用句子来表述，如"鸟是有羽毛的动物"，但命题本身不是句子，而是事物意义的抽象表征或反映事物的思想。因此，语音代码又称为命题代码或命题表征。表象代码是记忆中事物的形象。人的视觉表象特别发达，视觉表象被看作一种主要的表象代码。与语义代码不同，表象代码有着与实际知觉相似的性质，并且与外部客体相类似，如视觉表象包含着客体大小和空间的关系。

(二) 执行控制系统

执行控制系统不与任何一个操作成分直接相连，它对整个加工系统进行调节和控制，与人们的元认知有直接的关系。执行控制系统负责对感觉系统的调节，使之选择适当的信息予以注意；指导工作记忆中的信息加工方式的选择，如利用复述策略维持短时记忆中的信息；对工作记忆和长时记忆中的表征形式的选择，如用双重编码策略保持信息；对长时记忆中的知识的提取线索的选择；对解决任务计划的执行予以监控等。

执行控制系统主要受前额皮质影响，该脑组织与组织规划、控制冲动和判断决策等一系列认知功能相关。在正常状态下，前额皮质检测和调控大部分大脑。前额皮质需要多巴胺和去甲肾上腺素适当组合才能高效运转。执行功能包括抑制控制、工作记忆和认知灵活性三个核心成分。抑制控制只控制个体的注意力、行为、思想和情绪，来压制强烈的内在倾向或外在诱惑，即个体在进行认知活动时对无关刺激进行抑制反应的能力。抑制控制能够使个体不受内心倾向或外部诱惑的影响从而使行为更加合理。工作记忆是个体在执行认知任务过程中，对信息暂时保持与操作的能力。工作记忆被认为是人类认知活动的核心，在学习、推理、问题解决和智力活动中起重要作用。认知灵活性也称作定势转换，指个体需要进行适当的反应变化以符合新情境的要求时，保持反应定势的思想和动作的灵活性。认知灵活性属于较高级的任务，它需要工作记忆和抑制控制来参与协调。

执行功能障碍，也称为执行功能缺陷，是指大脑在注意力、记忆力、灵活思维和组织/时间管理技能方面遇到困难。执行功能障碍主要表现在：在不喜欢的人物上难以发挥自己的能力、难以维持注意力、不知道什么时候应该关注什么、很难记住某件事、不能转移注意力、不能规划和组织工作。多动症儿童的核心特征就是执行功能受损。学前期是执行功能发展的关键期，这个阶段的执行功能有一定的可塑性，因此，可以通过一些训练来提升儿童的执行功能，如注意力训练、行为抑制训练等。

(三)预期效应

预期效应指动物和人类的行为不是受他们行为的直接结果的影响，而是受他们的预期行为将会带来什么结果所支配。预期效应源于心理学家Tinklepaugh(1928)对猴子做的实验。Tinklepaugh以猴子为被试，训练其完成一项辨别任务。实验者首先当着猴子的面将它们喜欢吃的香蕉放入两个带盖子的容器中，然后用一块木板挡住猴子的视线，让猴子在两者中进行选择，结果发现猴子具有良好的辨别能力，能准确地从装有香蕉的容器中取出香蕉。然后，实验者再次当着猴子的面将香蕉放入容器，又在挡板后面把香蕉拿出来，换成猴子不喜欢的莴苣叶，并要求猴子选取食物。当猴子从容器中取出的是莴苣叶而不是香蕉时，它大吃一惊，拒绝吃莴苣叶，并四处搜寻，寻找期待中的香蕉，甚至沮丧地向实验者高声尖叫，大发脾气。该研究结果表明：如果实际与预期相符，将会加强预期的作用力和可信度；如果实际与预期不符，将给个体带来认知失调，从而改变原先惯有的行为。在预期没有实现，即奖励物不如预期的奖励物时，不仅不能保持原有的操作水平，还会降低操作水平。

预期是信息加工过程的动机系统，对加工过程起定向作用，影响学习者的努力程度和注意力集中程度。如果学习者对达到预定目标有强烈愿望，即处在较高水平的动机状态，他就能集中注意，专心学习，选择合适的学习策略。学习目标的实现使学习者感到满足、愉快，获得成就感，使其增强学习信心，更加努力地投入下一个学习活动。

二、言语加工与工作记忆

工作记忆指人对外界信息进行短暂维持并对其进行加工、操作以指导后续行为的过程。工作记忆与脑内分布广泛的多个脑区所组成的复杂神经网络有关，是知觉、长时记忆和动作之间的接口。言语信息的编码、存储、整合等加工都需要在工作记忆中完成，因为口语和书面语理解不仅需要加工不断出现的新的言语信息，而且需要存储已经加工的言语信息、提取已有的言语信息，以及把当前的言语信息与已有的信息进行整合。

当人们听到一个句子时，声音首先会短暂地存储在感觉储存器中，在那里声音会保持 2~4 秒，以足够的时间来识别听觉模式。当感觉储存器中的信息与长时记忆中提取的信息相吻合时，就出现模式识别。当人们进行语音识别时，就会将声音组成音节，继而组成单词。只有当这些信息被给予足够注意时，才会进入工作记忆。

工作记忆包括存储和加工两种机能，存储和加工都要竞争有限的资源。Case 等人（1982）设计了一系列实验来证实这一点。在一个实验中，3~6 岁的儿童被分配了一项存储任务和一项加工任务。存储任务是简单的记忆广度任务，即记住 7 个单词。加工任务是复述任务，即重复听到的单词。研究者记录了从单词呈现到儿童做出反应的间隔时间。Case 等人发现，两项任务之间存在着负相关，即当反应时增加时，记忆广度减小。年长的儿童比年幼的儿童能记忆更多的单词，两个年龄组之间的反应时没有区别。在第二个实验中，研究者将同样的两项任务呈现给成人，但使用的单词是无意义的。与年幼儿童对真实单词的反应时相比，成人对无意义单词的反应时较慢。Case 等人得出以下结论，即随着年龄的增长，工作记忆总容量并没有实质性地增大。

众所周知，工作记忆容量有限，只能保持 7±2 个信息单位，但是现实中很多句子大于 7 个单元的信息量，那么如何克服工作记忆在信息加工时的局限呢？人们会运用各种策略来处理大于 7 个单词的长句，使用最多的是组块策略（chunking strategies），即将单词块组成语法成分，如名词短语和动词短语，这样可以将存储负荷减少到两个或三个组成部分，以减轻记忆的负担。

Cowan 和 AuBuchon（2008）将工作记忆与物理事件进行类比，把工作容量受限类型分为 3 种：组块容量限制（空间）、消退和速率限制（时间）以及注意控制限制（能量）。从空间限制上来看，工作记忆中当前可以保持的信息数量是有限的；从时间限制上来看，表征有可能即使没有受到干扰也会随时间很快消退，也可能会持续保持在工作记忆中，直到被其他表征取代；从能量限制上来看，某一表征或心理活动需要一定能量的参与，并会面临来自其他表征或心理活动的竞争。

工作记忆容量有限，保持的时间也很短暂。在没有复述的情况下，工作记忆中加工的言语信息很快会被遗忘。有研究发现，痕迹衰退和干扰主要是遗忘的原因。言语加工研究中的位置效应（locality effect）和相似性效应（similarity effect）分别证明了"衰退"和"干扰"两个因素的存在（Grodner & Gibson，2005；Gordon et al.，2002）。

三、言语加工与长时记忆

长时记忆中的言语知识会影响言语信息的早期感知加工。长时记忆中存储的大量字母、音节、词汇，以及句法、语义、音系等不同层面、不同类型的言语信息，都会影响后续的言语加工过程。例如，关于词汇优势效应（word superiority effect）的研究证明了长时记忆中的言语信息对当前言语信息加工的影响。Cattell（1886）最早提出词汇优势效应。Cattell 将单独字母加工和词语境中字母加工进行了比较，发现在快速呈现的条件下，单词中的字母比无意义字母串中的字母或孤立的字母更容易辨认。Cattell 的研究带动了大量的后续研究。例如，Li 和 Pollatsek（2011）研究了词汇知识影响言语加工过程。他们向被试呈现两个字，这两个字分别位于注视点的左侧和右侧。其中一个字（背景字）是清晰可见的，另一个字（目标字）隐藏于长方形的视觉噪音中，该目标字位于长方形的上部或下部。在 A 条件下，两个字构成一个词；在 B 条件下，两个字不构成一个词。被试的任务是判断目标字位于长方形的上部还是下部。结果发现，词汇条件 A 下判断的反应时间显著短于非词汇条件下的反应时间，表明存储在长时记忆中的词汇知识影响单字的加工，表现出词汇优势效应。

长时记忆中关于世界的知识是人们头脑中关于世界事实的知识，它和语言知识一起共同影响言语信息的加工和理解。Hagoort 等人（2004）研究了词汇语义和世界知识对句子理解的影响，实验设置了 3 个实验条件：正常、词汇语义违反和世界知识违反，例如，The Dutch trains are yellow/

white/sour. (荷兰的火车是黄色的/白色的/酸的。)"yellow"是正常条件，"white"是世界知识违反，"sour"是词汇语义违反。Hagoort 等人发现，与正常条件相比，无论是词汇语义违反还是世界知识违反，都诱发了 N400 效应(指人脑语言认知加工过程中出现的脑诱发电位，通常在被试阅读词尾是歧义词的句子时出现)，并且两种违反条件诱发的 N400 效应在开始潜伏期和波幅上都没有显著差异，从而说明与词汇语义一样，存储于长时记忆中的世界知识也影响句子的理解加工。

言语加工的 N400 效应表明长时记忆中的信息在言语理解中发挥着重要作用。言语理解不是刺激与长时记忆之间简单匹配的过程，而是基于语境的选择性激活和匹配的过程(Baggio & Hagoort, 2011)。

四、言语加工与整合过程

言语加工是一个层级式的整合过程，需要整合不同时间窗口内的信息。言语信息(尤其是口语信息)是一个层级结构，它不仅包括短时间窗口的信息，也包括长时间窗口的信息。例如，音段信息的时间窗口是 20~50 毫秒，音节和韵律信息的时间窗口是 150~300 毫秒。人的大脑是如何整合这些不同时间窗口内的言语信息的? 大量研究发现，言语信息的整合加工也是同时在不同窗口内进行的，即人的大脑会对言语信息进行层级式整合，短时间窗口内的整合和长时间窗口内的整合同时进行。在口语加工的早期阶段，口语声学信号的加工在大脑双侧同时进行，在最初的早期感知加工之后，口语信息的加工开始表现出在大脑加工的单侧化：左半球主要负责较短时间窗口内信息加工(20~50 毫秒)，右半球主要负责较长时间窗口内的信息加工(150·300 毫秒)。

有研究表明，大脑还存在一个 3 秒的时间窗口，即大脑会以 3 秒为时间窗口整合顺次、连续出现的事件。3 秒是在时间上进行整合的单元，是大脑工作的认知神经机制，为语义加工提供了一个框架结构(Pöppel, 1997)。

第二节　言语加工与注意

一、注意的基本特征

(一) 注意的含义

注意是人的心理活动指向并集中于一定事物时的状态，是伴随着感知觉、记忆、思维、想象等心理过程的一种共同的心理特征。注意是认知过程的一部分，是一种导致局部刺激的意识水平提高的知觉的选择性的集中。Moray(1969) 认为注意具有以下实质和特征。

(1) 选择性(selection)：选择一部分信息。

(2) 集中性(concentration)：排除无关的刺激。

(3) 搜寻(search)：从一些对象中寻找其中一部分。

(4) 激活(activation)：应对一切可能出现的刺激。

(5) 定势(set)：对特定的刺激予以接受并作出反应。

(6) 警觉(vigilance)：保持较久的注意。

在以上 6 个特征中，选择性和集中性是注意的两个基本特征。选择性指心理活动有选择地反映一些现象而离开其余对象，表现为对出现在同一时间的许多刺激的选择。集中性指心理活动停留在被选择对象上的强度或紧张度，表现为对干扰刺激的抑制。

(二) 注意的功能

注意具有选择功能、保持功能、调节和监督功能。

(1) 选择功能：注意的基本作用在于对信息的选择。注意使心理活动选择那些有意义的、符合当前需要的和与当前活动任务相一致的有关刺激，同时避开或抑制那些无意义的、附加的、干扰当前活动的各种刺激。注意的选择功能确定了心理活动的方向，保证个体的学习能够有条不紊地进行。

（2）保持功能：注意的保持功能表现在时间上的持续。人只有在这种持续状态下，使注意对象的映像或内容在意识中保持下来，才能进行进一步的加工、处理，以得到清晰的、准确的反映，直到达到活动目的为止。

（3）调节和监督功能：注意的调节和监督功能有助于提高活动的效率。在注意集中的情况下，错误会减少，准确性和速度会提高。另外，注意的分配和转移能保证活动的顺利进行，并适应多变的环境。

（三）注意的品质

注意的品质主要有注意的广度、注意的稳定性、注意的分配和注意的转移。

1. 注意的广度

注意的广度指一个人在同一时间能够清楚地觉察到对象的数量。实验证明，在1/10秒时间内，成人一般能注意到8~9个排列不规则的黑色圆点或4~6个彼此不相联系的外文字母。注意广度的大小和注意对象的特点有关：对象越集中，排列越有规律，注意的广度就越大；反之，就越小。活动的任务不同，注意的广度也不同。一般来说，活动任务要求越多、越复杂，注意范围就小；反之，注意范围就会扩大。个体的知识经验也影响注意的广度，知识经验丰富的人善于把所感知的对象组成一个整体来感知，注意的广度就大，如文化水平较高的人，阅读时的注意广度比识字不多的人要大得多。

2. 注意的稳定性

注意的稳定性指在一定事物或某项活动上注意所能持续的时间。注意的稳定性有狭义和广义之分。狭义的稳定性指注意在某一事物上所维持的时间，如长时间读一本书。广义的稳定性指注意在某项活动上保持的时间。在广义的稳定性中，注意的具体对象可以不断发生变化，但注意指向的活动的总方向始终不变。例如，在做英语阅读理解作业时，学生一会儿阅读、一会儿查字典、一会儿进行思考等，这些活动都服从于完成英语阅读理解作业这项总的任务，因此，他们的注意是稳定的。

3. 注意的分配

注意的分配指在同一时间内，把注意分配到两种或几种不同的事物或活动上。例如，学生上课时，一边听课，一边做笔记，这就是注意的分配。

4. 注意的转移

注意的转移是指根据新的任务，自觉主动地把注意从一个对象转移到另一个对象上。注意的转移受先前事物的影响，先前从事活动的吸引力越强，注意转移就越困难；反之，就容易。注意转移也与新事物的特点有关，新事物越符合人的需要和兴趣，注意转移就越容易；反之，就越难。

二、言语加工与选择性注意

选择性注意指个体有选择地加工某些刺激而忽视其他刺激的倾向。它是人的感觉(视觉、听觉、味觉等)和知觉(意识、思维等)同时对一定对象的选择指向和集中(对其他因素的排除)。人在注意什么的时候，总是在感知、记忆、思考、想象着或体验着什么。注意是一种有限的心理资源，人在同一时间内不能感知很多对象，只能感知环境中的少数对象。人们要获得对事物的清晰、深刻和完整的反映，就需要让心理活动有选择地指向有关对象。

有研究表明，注意能够调节言语加工过程，在言语加工中起着重要作用。例如，在人声嘈杂的鸡尾酒会中，同时存在许多不同的声源：多人同时说话的声音、餐具的碰撞声、音乐声等。然而，在这种声学环境下，听者却能够在相当程度上听懂所注意到的目标语句，这就叫作鸡尾酒会效应("Cocktail Party Effect"，Cherry，1953)。鸡尾酒会效应指人的一种听力选择能力，在这种情况下，注意力集中在某一个人的谈话中而忽视背景中其他的对话或噪声。听者是如何从所接受到的混合声波中分离出不同说话人的言语信号进而听懂目标语句呢？这是因为当人的听觉主要集中于某一事物时，意识会将一些无关的声音刺激排除在外，而无意识却在始终监察外界的刺激，一旦有一些与自己相关的特殊刺激，就能立即引起注意。

三、言语加工与控制过程

人类中央执行系统的注意控制资源是有限的，注意的选择和抑制机制等控制过程在言语加工过程中发挥着重要作用。Stroop 效应（Stroop effect）是解释言语控制加工的一个很好的例子。Stroop 效应指字义对字体颜色的干扰效应。美国心理学家 Stroop（1935）做了一个十分有趣的实验。首先，他向被试呈现一系列的颜色块，并要求被试尽快地大声朗读看到的颜色，然后再向被试呈现一系列表述颜色的字词，每一个词是一种颜色的名称，同样要求被试尽快地大声读出呈现的字词，结果被试都能很顺利地完成这两次任务。最后，再向被试呈现一些表述颜色的词，每一个词与所标示的颜色并不相同，他利用的刺激材料在颜色和意义上相矛盾，例如用蓝颜色写"红"这个字，要求被试说出字的颜色，而不是念字的读音，即回答"蓝"，研究结果发现，说明字的颜色时会受到字义的干扰。

Mecleod（1991）在总结 Stroop 效应发生机制的理论和模型时提到相对加工速度理论，该理论认为人们对刺激的两个维度（字词和颜色）加工是平行的，但加工速度不同。读词总是快于颜色命名，所以字词首先得到加工。当字词的颜色和颜色信息一致的时候，就会促进对字词的颜色命名，反之对字词的颜色命名则会产生干扰。Stroop 效应还可以用自动化理论予以解释，自动加工不需要注意的参与，控制加工则需要有意的控制。在 Stroop 任务中读词是自动加工，颜色命名是控制加工。

Melara 和 Algom（2003）提出较新的 Stroop 效应的建构理论。该建构理论认为在 Stroop 范式中有 4 种不同类型的信息影响 Stroop 效应：呈现刺激的背景、刺激的大小数量、一致性效应以及任务效应。该理论强调：被试对信息的选择所作的努力可能被信息所中和。如果不相关的信息是鲜艳的，这样不相关的信息也可能得到加工。

第三节 言语加工方式

不同学者对言语加工有不同的分类，具有代表性的分类有以下几种：系列加工（serial processing）与平行加工（parallel processing），自上而下加工（top-down processing）与自下而上加工（bottom-up processing），自动加工（automatic processing）与控制加工（controlled processing）。

一、系列加工与平行加工

系列加工认为人们在短时记忆中进行信息加工时，信息是按照顺序逐个搜寻，一次只能处理一个。如果两个或多个加工同时发生，则称为并行加工。

言语产生过程通常被分为四个阶段：（1）将要表达的想法概念化（conceptualizing）。（2）制订语言计划（formulating linguistic plans）。（3）实施语言计划（implementing linguistic plans）。（4）自我监控（self-monitoring）。Fromkin（1971，1973）和 Garrett（1980，1988）等人认为言语计划制订阶段是典型的系列加工。表 3.1 总结了制订言语计划包括的 6 个步骤：

表 3.1　　**Fromkin 的言语产生模型（Fromkin，1973）**

阶段	过　　　程
1	确定意义——生成要表达的意思
2	选择句法结构——构建句子的句法轮廓，留出待填充字词的位置
3	生成语调——指定待填充的不同字词的重音值
4	填充实词——从心理词典中提取合适的名词、动词和形容词并填充到预定的位置
5	构成词缀和功能词——加入功能词（冠词、连词、介词），前缀和后缀
6	具体确定音段——根据语音规则，用音段来表达句子

与之相对，Bock 和 Levelt（1994）、Dell（1986，1988）等人提出言语产生平行加工模式。Dell（1986）认为，在长时记忆中有四个层面的节点：语义、句法节点、词法和语音，在每个层面上都有对要表达信息的独立表征，这些表征以并行的方式进行工作。当某个层面上的节点被激活时，该节点可以激活在同一层面或其他层面上的其他节点。平行加工模式的一个重要假设是，"后期"加工会向"前期"加工提供正面反馈。例如，当一个人在句法层面上激活了 reset，那么这个在句法层面上的激活就会触发在词法层面上的语素 re-和 set，而这些词法节点又将进一步激活扩展到语音层面，即激活音位/r/的节点（Levelt，1989）。

在以下的例子中（见图3.5），第一行的第一个单词中间那个字母通常被理解为"H"，而第二个单词中间的字母被理解为"A"。在其余几行单词中，虽然每个单词中有一个或多个字母被玷污，但要辨认出单词并不困难，这充分说明人们在做平行加工。Rumelhart 和 McClelland（1986）认为，人们在辨认单独字母的同时也主动将这些字母与可能出现的不同单词相匹配。一些已经被辨认出的字母促使人们将单词识别为熟悉的单词，继而从拼写单词的知识中辨认出被玷污的字母。

图3.5　一些模棱两可的例子（Rumelhart & McClelland，1986）

二、自上而下加工与自下而上加工

自下而上加工亦称"数据驱动加工"，是由外部刺激开始和推动的加工过程，其特征是信息流程从构成知觉基础的较小知觉单元到较大知觉单元，即从较低水平的加工到较高水平的加工。在自下而上加工过程中，每一个加工阶段的信息都作为下一个加工阶段的输入信息，驱动下一个阶段加工的进行。

自上而下加工亦称"概念驱动加工"，指人们运用已有的知识和经验对知觉信息进行加工的方式，是一种较高水平加工制约较低水平加工的过程。这种加工的特点是较低阶段信息加工受到较高阶段信息加工结果的影响。

在言语加工中，自上而下加工和自下而上加工常常被用来解释听力和阅读过程。例如，在听力理解中，当人们在听一个演讲时，听者在最低层次即语音层面识别演讲者使用的音位和音节，在高一级的层次即词汇层面使用对音位和音节的识别来提取语义记忆中的词条，在更高一级的层次即句法层面将单词组织成构成成分并形成短语结构，最后，听者在最高的层次即语篇层面将目前句子的意思与前面的句子连接在一起。那么，这个加工过程就是从最低层次到最高层次的加工，所有低层次的操作不受高层次操作的影响，即语音的识别不受词汇、句法、语篇层次的影响；单词的提取不受句法或语篇层次的影响；以此类推。

与之相反，自上而下的加工模式表述了高层次信息对低层次加工产生影响。例如，一个句子的语境会影响句子中单词的识别。如果听者事先知道演讲者将要讲什么，就会对演讲的内容产生期望、形成假设，随着演讲内容的展开，听者的假设要么被证实，要么被证伪。

在阅读理解中，自下而上的阅读模式认为阅读是一种单一方向的活动，是一个将字符构成单词、单词构成语句、语句构成语篇的过程。在该模式的支配下，人们认为每一个单词、每一个句子、每一个段落都具有意义，并且这种意义是脱离作者和读者而独立存在的。只要读者具有语音、词汇和语法等基本知识，就能运用这些知识去识别和理解所读到的单词、短语和句子。

自上而下的阅读模式认为阅读这种看似被动的技能需要读者的积极参与，阅读理解是语篇和读者之间相互作用的过程，即读者的背景知识（图式）和语篇这一输入信号相互作用从而达到理解的过程。在这个过程中，读者不仅要运用词汇、句法等语言知识，还要运用与语篇相关的背景知识，对语篇内容不断地做出预测，然后选择适合的输入信号来肯定或排斥这种预测。Goodman（1967）认为阅读是一个主动思考的过程，是"一场心理语言的猜谜游戏（a psycholinguistic guessing game）"。Goodman 强调非视觉信息在阅读过程中的作用，将非视觉信息形象地称为"发生在眼睛后面的一切（behind the eyes）"，认为发生在"眼睛后面的一切"与视觉信息——书面文字符号有着同等重要的意义。在阅读过程中，读者运用高层次的知识来理解低层次的结构，从而达到对语篇的理解。Goodman 认为低层次的结构指构成语篇的语言和篇章结构；高层次知识指读者的全部知识结构的总和，包括对英语国家的社会和文化背景知识的掌握、对所读材料内容的熟悉程度、个人的生活经验和语言知识等方面。

自下而上加工和自上而下加工在某种程度上与系列加工和平行加工类似。事实上，自下而上加工一般是系列的，自上而下加工往往是平行的。

三、自动加工与控制加工

根据加工过程自动化的设想，Schneider 和 Shiffrin（1977）提出了两种加工过程理论，区分出自动加工和控制加工。自动加工是指不受认知资源的限制，不需要注意进行的加工。自动加工具有隐蔽、无意，并且几乎不消耗注意资源的特点。自动加工在知觉过程中的作用主要表现在：自动加工相当于知觉中自下而上的加工，知觉依赖于直接作用于感官的刺激物的特性。在习得或形成之后，其加工过程比较难改变。不需要大量资源的任务被称为自动任务，不需要大量能量的过程被称为自动过程。

控制加工是指受认知资源的限制，需要注意的参与，可以随环境的变化而不断进行调整的加工。控制加工在知觉过程中的作用主要表现在：控制加工相当于知觉中自上而下的加工，知觉依赖于感知的主体。知觉者对事物的需要、兴趣，或对活动的预先准备状态和期待，以及知觉者的一般知识经验，都会在一定程度上影响到知觉的过程和结果。从有限资源中抽取大量资源的任务被称为控制任务，这些任务的加工过程被称为控制过程。

自动加工与控制加工是一个认知加工的连续体，在初始阶段，许多任务的加工是控制加工，随着练习的增多，最终转为自动加工。识别普通单词对成人来说，是一种自动的语言加工任务，而构词造句则是控制加工过程，因为建构句法结构对容量一定的工作记忆来说，增加了沉重的负担。相比较而言，词汇提取过程就容易得多。

第四节　言语加工与具身认知

一、具身认知

具身认知(embodied cognition)主要指生理体验与心理状态之间存在着密切的联系。生理体验"激活"心理感觉，心理感觉也能"激活"生理体验。具身认知理论认为，认知是包括大脑在内的身体的认知，认知和思维在很大程度上是依赖和发端于身体的。身体的解剖学结构、身体的活动方式、身体的感觉和运动体验决定了人们如何认识和看待世界，认知是被身体及其活动方式塑造出来的。

认知始终与具(体)身(体)结构和活动图式内在关联(李恒威、盛晓明，2006)。身体的状态直接影响认知过程的进行，大脑与身体的特殊感觉——运动通道在认知的形成中扮演着至关重要的角色(叶浩生，2011)。

具身认知强调的是身体在有机体认知过程中的重要性，即认知是身体的认知，心智是身体的心智，离开了身体，认知和心智根本就不存在。认知是具身的，可以从以下三个方面加以理解：

第一，认知过程进行的方式和步骤是身体的物理属性决定的。深度知觉就是一个最明显的例证。对于深度知觉来说，最重要的影响因素是来源于两眼视差的双眼网膜映像的差异。这种差异同身体和头部的运动有很大的关系。头部转动和身体的运动使得双眼网膜映像差异明显，促使深度知觉的形成。

第二，认知的内容也是身体提供的。"人们对身体的主观感受和身体在活动中的体验为语言和思想部分地提供了基础内容。认知就是身体作用于物理、文化世界时发生的东西。"（Gibbs，2006：9）Lakoff 和 Johnson（1999）在研究概念形成时指出，人类抽象思维大多运用了隐喻性推理，即使用熟悉的事物去理解不熟悉的事物。那么，人类最初熟悉的事物是什么呢？这就是我们的身体。身体以及身体同外界的互动为人们提供了认识世界的最原始概念，例如，上下、左右、前后、高矮、远近等都是以身体为中心的。人们把上面的、接近的视为积极的，把下面的、远离的视为消极的，所以就有了提拔、贬低、亲密、疏远、中心、边缘等语言的出现。

第三，认知是具身的，而身体又是嵌入环境的。认知、身体和环境组成一个动态的统一体。认知并非始于传入神经的刺激作用，结束于中枢提供给外导神经的信息指令，相反，认知过程应扩展至认知者所处的环境。德国哲学家海德格尔（Heidegger）认为，存在是在世界中的存在，没有主体和客体的划分。人类认识世界的方式是用身体以合适的方式与世界中的其他物体互动，在互动的过程中获得对世界的认识。

二、言语加工与具身认知

在第一代认知科学的框架下，语言理解建立在抽象规则和表征的基础之上，认为人们通过对独立于大脑和世界的抽象规则和表征的理解来进行语言理解。然而抽象符号和规则并不能完全解释现实世界，一些研究者从具身认知的视角提出了具身认知的语言观（embodied language of cognition）。具身认知语言观认为，语言概念是植根于动作和知觉系统中的（Glenberg，1997；Barsalou，1999；Barsalou et al.，2003），单词的意义植根于身体的知觉与运动，而并非通过抽象的非模态符号来进行表征。具体地说，语言理解植根于我们身体的感知系统和行为计划之中，并且与我们的感知系统与计划交互作用。以下简要介绍几种具有典型意义的具身语言理解观：Glenberg 的索引假设，Zwaan 的浸入式经历者框架，Feldman 和 Narayanan 的语言神经理论。

(一) Glenberg 的索引假设

Glenberg(Glenberg & Robertson，1999)提出的句子理解的索引假设，又称指称假说(Indexical Hypothesis)。该假设认为语言理解如同理解环境一样，是连续的概念化的变化。Glenberg 将语言理解分为索引、提取功能承受性和整合三个加工过程，并强调这三个过程是动态交互进行的。索引(indexing)指在句子理解中，人们会把句中的词汇和短语索引到现实环境中的指代物上，也就是通过现实事物来表征句子中的词汇或短语。提取功能承受性(affordance)是指在索引到现实事物之后，将现实事物与句子中的词或短语进行功能上的联系，也可理解为联觉，例如，当我们听到"苹果"这个词时，就知道它是酸酸甜甜的、可以吃的东西，而不是用来穿的东西。果皮有红色、黄色、绿色等不同颜色，但果肉都是黄色的，由此激活关于苹果的视觉、味觉、嗅觉等诸多体验和感觉。当提取了事物的功能承受性(或者功能)之后，接着就要在句法结构的指导下对其进行整合，并且受内在限制和句法提供的限制引导而概念化。Glenberg 曾举过以下例子：

(1) After wading barefoot in the lake, Erik used his shirt to dry his feet.

(2) After wading barefoot in the lake, Erik used his glasses to dry his feet.

虽然以上两个句子都能够找到词汇的索引物，并符合句法规则，但是在句子(2)中，Erik 使用 glasses(眼镜)来擦脚，显然不符合眼镜的功能，即句子(2)出现了提取功能承受性的错误。要想正确理解句子，需要调动与索引物相关的经验，即功能承受性。同时 Glenberg 认为句法结构在语言理解中的作用也应该受到重视，因为它会限制功能承受性的整合。

(二)Zwaan 的浸入式经历者框架

在借鉴前人理论的基础上，Zwaan(2004)提出了浸入式经历者框架(The Immersed Experiencer Frame)假说，该假说的基本内容为：当人们阅读或者听到一个单词的同时，会激活该单词的经验性表征(如词汇、语法、发音、形态、触知觉等)，以及与单词相关的动觉、知觉、情绪性经验表征，并在此基础上对这些表征加以整合。换句话说，理解是以语言输入为线索，通过整合和序列追踪现实经验印痕，对所描述事件身临其境的经历。对理解者而言，语言是一套线索，以使其建构起对所描述的情景的一种经验的模拟，理解者是所描述情景的一位浸入式的经历者。在该理论中，Zwaan 区分了理解过程中的三种成分：激活、释义和整合，详见表3.2。

表3.2　　　　　　　　　　**语言理解的三种成分**

成　分	语言单元	表征单元	指代单元
激活	单词/形态	功能网络	对象和动作
释义	分句/语调单元	整合网络	事件
整合	相连的语篇	整合网络次序	事件次序

输入的单词或单词形态激活了分布在大脑皮层中的功能网络，当单词的指代物(对象或动作)出现时，同样会激活相同的功能网络。释义是对某一事件心理模拟所激活功能网络的整合，它所对应的语言单元是分句或语调。通过释义，连接了不同的对象和动作，组成了一个对指代物相互咬合但是相对扼要的经验表征。继而进行下一个事件的释义，这样从一个释义到另一个释义的过渡就叫整合。值得注意的是这三个加工过程并不是前后

相连的，它们之间可能存在很大程度的重合，通过这三个加工过程，形成对语篇的经验性(浸入式)理解。

Glenberg 的索引假设着眼于句子层面，而 Zwaan 的浸入式框架模型则侧重于语篇层面的理解，通过激活、释义、整合这三个加工过程，实现对语篇身临其境的经验性理解，因而解释性比 Glenberg 的索引假设更强。

(三) Feldman 与 Narayanan 的语言神经理论

Feldman 与 Narayanan (2004) 提出了语言神经理论 (Neural Theory of Language)，认为人们对语言的理解是通过下意识的想象或模仿被描述的情景而实现的。支持某一动作的复杂神经或肌肉协同是这一动作的核心语义，即动作的神经肌肉协同是该动作语义的生理基础。例如，抓握动作包含了一个动作成分(如何抓握)和不同的感知成分(人抓住物体时的样子以及被抓物体的样子)，同时也涉及其他的神经通路。动作动词的意义和定义它的动作都具有情境依存性，即单词的意义会因不同的受体以及不同的目的而不同。

语言神经理论是在吸收不同学科观点的基础上发展起来的，试图通过建立语言过程的计算机模拟模型来揭示语言的神经实质。该理论驳斥了之前人们认为语言功能仅局限于某一特定的脑区或者语言加工归属于少数几个脑区的观点，主要讨论众多脑区是如何相互协作以实现语言理解和学习的。

三、具身语言理解的相关实证研究

语言加工的过程不仅与布洛卡区有关，还与控制动作的区域相关 (McClelland et al.，2015)。近年来，有一些研究验证了语音直觉时动作皮层的激活。实验中被试在听音位或音节时激活了运动和前运动脑区 (Pulvermuller et al.，2006；Fadiga et al.，2002)，表明动感共振发生在语言发声(即音位)的水平。例如，Fadiga 等(2002)在被试听含有卷舌音和非卷舌音的意大利语单词、虚构词时，使用穿颅磁刺激(transcranial magnetic stimulation，TMS)对其运动脑区进行刺激，发现当被试听到双-r 音(卷舌音)时比听到双-f 音(非卷舌音)引发了更强烈的舌部运动诱发电位(motor evoked potential，MEP)。即听取语言刺激引发了语言运动脑区的音位特异性激活(Gentilucci & Dalla，2008)，说明仅仅与动作相关的语音就足以激发动感共振(Lamm et al.，2007)。

已有的行为研究表明，单个单词也能够启动动作表征。例如，Rueschemeyer 等(2010)让被试对一些使用时通常趋向或远离身体的物体单词(如钥匙或水杯)进行词汇决定任务，发现如果要求被试执行的动作与单词指示词所通常执行时的动作一致时，对单词的反应会更快(如动作是趋向身体而不是远离身体时，对杯子的反应更快)。这表明物体如何被操纵的具体信息在词汇检索时被提取，单词能够影响(启动)朝向物体的运动，与动作同时出现的语义信息影响了动作的执行。

对具身语言理解的支持证据同样来自神经成像学和生理学研究。有研究证明，对工具的命名任务激活了颞中回和左侧前运动皮层，而这两个脑区在动作产生任务和被试想象自己使用利手抓握物体时同样也会激活(Martin et al.，1996)。Hauk 等(2004a，2004b)发现，与脸部、胳膊或者腿部相关的动作单词以体觉的方式激活了额前部，该发现与之前感知运动皮层加工单词语义的动作成分的观点相吻合。Lam 等人发现，加工可执行的动作动词(如"抓")时，运动脑区的激活情况和动词隐含内容一致，动作特异性越大(如手指动作比手部动作更具有身体部位特异性)，脑区激活的程度就越高(Lam et al.，2017)。Grisoni 等研究发现，语言理解导致的运动系统激活和大脑的预测性有关，在预期符号出现之前大脑就已预测出其意义特征(Grisoni et al.，2017)。

有研究发现，句子理解同样与动作系统存在交互作用。Glenberg 和 Kaschak(2002)发现，阅读一个反映趋向或者远离身体动作的句子(如打开或者关闭抽屉)，会促进一致性动作的执行(如将手移向或者远离身体)。动作反应被促进是因为对动作预言的理解动员了执行同样动作所需要的神经资源。对句子的理解启动了一个相一致的动作，这个现象叫作动感共振。Zwaan 和 Taylor(2006)研究证明,动感共振在句子理解中被实时(on-line)激活。例如,当阅读句子"这个马拉松运动员打开了水杯",在呈现动词"打开"的时候,就发生了动感共振。

参 考 文 献

Baddeley, A. Recent development in working memory. *Current Opinion in Neurobiology*, 1998, 8: 234-238.

Baddeley, A. The episodic buffer: A new component of working memory? *Trends in Cognitive Sciences*, 2000, 4: 417-423.

Baddeley, A. Working memory and language: An overview. *Journal of Communication Disorders*, 2003, 36: 189-208.

Baggio, G. , & Hagoort, P. The balance between memory and unification in semantics: A dynamic account of the N400. *Language and Cognitive Processes*, 2011, 26: 1338-1367.

Barsalou, L. W. Perceptual symbol systems. *Behavioral and Brain Sciences*, 1999, 22: 577-660.

Barsalou, L. W. , Simmons, W. K. , Barbey, A. K. , & Wilson, C. D. Grounding conceptual knowledge in modality-specific systems. *Trends in Cognitive Sciences*, 2003, 7: 84-91.

Bock, K. , & Levelt, W. Language production: Grammatical encoding. In M. A. Gernsbacher (Ed.) , *Handbook of Psycholinguistics*. San Diego, CA: Academic Press, 1994.

Case, R. , Kurland, M. , & Goldberg, J. Operational efficiency and the growth of short-term memory span. *Journal of Experimental Child Psychology*, 1982, 33: 386-404.

Cattell, J. M. The time taken up by cerebral operations. *Mind*, 1886, 11: 220-242.

Chase, W. G. , & Simon, H. A. The mind's eye in chess. In W. G. Chase (Ed), *Visual Information Processing*. New York: Academic Press, 1973.

Cherry, E. C. Some experiments on the recognition of speech, with one ear and with two ears. *The Journal of the Acoustical Society of America*, 1953, 25: 975-979.

Cowan, N. , & Aubuchon, A. M. Short-term memory loss over time without retroactive stimulus interference. *Psychonomic Bulletin Review*, 2008, 15: 230-235.

De Groot, A. D. *Thought and choice in chess*. The Hague: Mouton, 1965.

Dell, G. S. A spreading-activation theory of retrieval in sentence production. *Psychological Review*, 1986, 93: 283-321.

Dell, G. S. The retrieval of phonological forms in production: Tests of predictions from a connectionist model. *Journal of Memory and Language*, 1988, 27: 124-142.

Ericsson, K. A. , Chase, W. G. , & Faloon, S. *Acquisition of a memory skill. Science*, 1980, 208: 1181-1182.

Fadiga, L. , Craighero, L. , Buccino, G. , & Rizzolatti, G. Speech listening specifically modulates the excitability of tongue muscles: A TMS study. *European Journal of Neuroscience*, 2002, 15: 399-402.

Feldman, J. , & Narayanan, S. Embodied meaning in a neural theory of language. *Brain and Language*, 2004, 89: 385-392.

Fromkin, V. A. The non-anomalous nature of anomalous utterances. *Language*, 1971, 47: 27-52.

Fromkin, V. A. *Speech Errors as Linguistic Evidence*. The Hague: Mouton, 1973.

Garrett, M. F. The limits of accommodation. In V. A. Fromkin (Ed.), *Errors in linguistic performance*. New York: Academic Press, 1980.

Garrett, M. F. Processes in language production. In F. J. Newmeyer(Ed.),

Linguistics：*The Cambridge survey*：*Vol III. Language*：*Psychological and biological aspects.* Cambridge，UK：Cambridge University Press，1988.

Gentilucci，M. ，& Dalla，V. R. Spoken language and arm gestures are controlled by the same motor control system. *Quarterly Journal of Experimental Psychology*，2008，61：944-957.

Gibbs，R. Embodiment and cognitive science. Cambridge：Cambridge University Press，2006.

Glenberg，A. M. ，& Kaschak，M. P. Grounding language in action. *Psychonomic Bulletin & Review*，2002，9：558-565.

Glenberg，A. M. ，& Robertson，D. A. Indexical understanding of instructions. *Discourse Processes*，1999，28：1-26.

Glenberg，A. M. What memory is for. *Behavior and Brain Science*，1997，20：1-19.

Goodglass，H. ，& Geschwind，N. Language disorders（aphasia）. In E. C. Carterette，& M. P. Friedman（Eds. ），*Handbook of perception*：*Language and speech.* New York：Academic Press，1976.

Goodman，K. S. Reading：A psycholinguistic guessing game. *Journal of the Reading Specialist*，1967，6：126-135.

Gordon，P. C. ，Hendrick，R. ，& Levine，W. H. Memory-load interference in syntactic processing. *Psychological Science*，2002，13：425-430.

Grisoni，L. ，Miller，M. C. ，& Pulvermüller，F. Neural correlates of semantic prediction and resolution in sentence processing. *Journal of Neuroscience*，2017，37：4848-4858.

Grodner，D. ，& Gibson，E. Consequences of the serial nature of linguistic input for sentential complexity. *Cognitive Science*，2005，29：261-290.

Hagoort，P. ，Hald，L. ，Bastiaansen，M. ，& Peterson，K. M. Integration of word meaning and word knowledge in language comprehension. *Science*，2004，304：438-441.

Hauk, O. , & Pulvermueller, F. Neurophysiological distinction of action words in the fronto-central cortex. *Human Brain Mapping*, 2004b, 21: 191-201.

Hauk, O. , Johnsrude, I. , & Pulvermueller, F. Somatotopic representation of action words in human motor and premotor cortex. *Neuron*, 2004a, 41: 301-307.

Lakoff, G. , & Johnson, M. *Philosophy in the flesh—The embodied mind and its challenge to Western thought.* New York: Basic books, 1999.

Lam, K. J. Y. , Bastiaansen, M. C. M. , Dijkstra, T. , & Rueschemeyer, S. A. Making sense: Motor activation and action plausibility during sentence processing. *Language Cognition & Neuroscience*, 2017, 32: 590-600.

Lamm, C. , Fischer, M. H. , & Decety, J. Predicting the actions of others taps into one's own somatosensory representations: A functional MRI study. *Neuropsychologia*, 2007, 45: 2480-2491.

Levelt, W. J. M. *Speaking: From intention to articulation.* Cambridge, MA: MIT Press, 1989.

Li, X. , & Pollatsek, A. Word knowledge influences character perception. *Psychonomic Bulletin Review*, 2011, 18: 833-839.

MacLeod, C. M. Half a century of research on the Stroop Effect: An integrative review. *Psychological Bulletin*, 1991, 109: 163-203.

Martin, A. , Wiggs, C. L. , Ungerleider, L. G. , & Haxby, J. V. Neural correlates of category-specific knowledge. *Nature*, 1996, 379: 649-652.

McClelland, E. , Pitt, A. , & Stein, J. Enhanced academic performance using a novel classroom physical activity intervention to increase awareness, attention and self-control: Putting embodied cognition into practice. *Improving Schools*, 2015, 18: 83-100.

Melara, R. D. , & Algom, D. Driven by the information: A tectonic theory of Stroop Effect. *Psychological Review*, 2003, 110: 422-471.

Miller, G. A. The magical number seven plus or minus two: Some limits on our capacity for processing information. *Psychological Review*, 1956, 63: 81-97.

Paivio, A. Perceptual comparisons through the mind's eye. *Memory and Cognition*, 1975, 3: 635-647.

Pöppel, E. A hierarchical model of temporal perception. *Trends in Cognitive Sciences*, 1997, 1: 56-61.

Pulvermüller, F. , Huss, M. , Kherif, F. , del Prado Martin, F. M. , Hauk, O. , & Shtyrov, Y. Motor cortex maps articulatory features of speech sounds. *Proceedings of the National Academy of Sciences*, 2006, 103: 7865-7870.

Repovs, G. , & Baddeley, A. The multi-component model of working memory: Explorations in experimental cognitive psychology. *Neuroscience*, 2006, 139: 5-21.

Rumelhart, D. E. , McClelland, J. L. , & the PDP Research Group. *Parallel distributed processing: Exploration in the microstructure of cognition: Vol. 1. foundations.* Cambridge, MA: MIT Press, 1986.

Rüschemeyer, S. A. , Brass, M. , & Friederici, A. D. Comprehending pretending: Neural correlates of processing verbs with motor stems. *Journal of Cognitive Neuroscience*, 2007, 19: 855-865.

Schneider, W. , & Shiffrin, R. M. Controlled and automatic human information processing: Detection, search and attention. *Psychological Review*, 84: 1-66.

Simon, H. A. How big is a chunk? *Science*, 1974, 183(4): 482-488.

Sperling, G. The information available in brief visual presentations. *Psychological Monographs: General and Applied*, 1960, 74: 1-29.

Stroop, I. R. Studies of interference in serial verbal reactions. *Journal of Experimental Psychology*, 1935, 18: 643-662.

Tinklepaugh, O. L. An experimental study of representative factors in monkeys. *Journal of Comparative Psychology*, 1928, 8: 197-236.

Tulving, E. Episodic and semantic memory. In E. Tulving, & W. Donaldson (Eds.), *Organization in memory*. New York: Academic Press, 1972.

Zwaan, R. A., & Taylor, L. J. Seeing, acting, understanding: Motor resonance in language comprehension. *Journal of Experimental Psychology*, 2006, 135: 1-11.

Zwaan, R. A. The immersed experiencer: Toward an embodied theory of language comprehension. In B. H. Ross(Ed.), *The psychology of learning and motivation*. New York: Academic Press, 2004.

李恒威, 盛晓明. 认知的具身化. 科学学研究, 2006(2): 184-190.

邵瑞珍. 教育心理学. 上海: 上海教育出版社, 1997.

叶浩生. 西方心理学中的具身认知研究思潮. 华中师范大学学报, 2011(4): 153-160.

第四章 语言习得

语言习得是指儿童母语学习和发展的过程。在这个过程中，儿童主要习得语音、词汇、语法以及语用等方面的内容。虽然儿童在语言习得过程中存在着一些个体差异，但他们语言习得的内容大致相同，习得的顺序相对稳定。一般来说，儿童在 6 个月时开始咿呀学语，1 岁左右进入单词语阶段，1 岁半进入双词话语阶段，2 岁左右习得屈折变化，25 个月左右习得疑问句和否定句，10 岁左右可以达到成人水平。

第一节 语言习得内容

语言习得过程伴随儿童社会化过程，在这个过程中，儿童的认知、情感和语言不断地得到发展。语言发展主要包括三方面的内容：语音习得、词汇与语义习得、句法习得。

一、语音习得

语音习得包括两个方面的内容，一个是言语知觉，一个是言语产生。言语知觉是人们在交往过程中对言语的感知而获得信息的过程。言语知觉主要指对口头言语的语音知觉，可分为以下三个阶段。

(1)听觉阶段：听觉器官接收声学信号，并对其进行初步的分析。

(2)语音阶段：把一些声学特征结合起来，以辨认语音并确定各个音的次序。

(3)音位阶段：把各个音转化为音素，并运用语音规则于连续的声音，从而认识这些音是某一种语言的有意义的语音。

言语产生是一个复杂的过程，从语言中枢发出指令到正常言语的产生是由三个系统共同作用实现的。这三个系统分别是呼吸系统、发声系统和构音系统。

（1）呼吸系统：呼吸系统由肺、气管、胸廓、横膈和辅助横膈运动的腹肌群组成，是言语产生的动力源。

（2）发声系统：发声系统是构音的基础。声带振动是发声的必要条件，声带振动受喉部发声肌群活动的影响，声振动控制声音的音调。

（3）构音系统：构音系统由发音器官和声道组成。声道是位于喉与口腔之间的通道。发音器官有下颌、唇、舌、牙齿、硬腭、软腭、口腔、咽腔、鼻腔等。

（一）言语知觉的发展

在出生后的最初几个月内，婴儿的语音知觉具有普遍性。婴儿能很好地分辨出语言中所用的大多数语音，包括他们从来没有听过的语言里的语音。一项叫作高振幅吸吮范式（high-amplitude sucking paradigm，HASP）的技术证实了这一点。它使用机器测量婴儿在回应不同声音时吸吮橡皮奶头的频率。开始时，婴儿听到一个单独的声音——如果他们对这个声音感兴趣，吸吮的频率将会上升，从而促使机器重复播放这个声音。当同一个声音反复被播放之后，婴儿最终会失去对这个声音的兴趣，吸吮的频率也会降低。通过这一范式，研究者发现婴儿可以像成人一样区分不同的音位：即使只有 1 个月大的婴儿也可以区分/b/和/p/这两个音，尽管这两个音在声学性质上很相似（Eimas et al.，1971）。

在 6 个月以后，婴儿逐渐表现出母语语音特征的影响，分辨非母语语音的对比能力逐渐下降，而分辨母语语音对比的能力则逐渐提高。有研究表明（Liberman et al.，1967；Eimas et al.，1971；Hillenbrand，1984），在前语言期间，即生命的第一年，婴儿已经表现出某些复杂的言语知觉能力，特别是他们表现出来的范畴性知觉（categorical perception）能力。他们能够分辨几乎所有的语音范畴对比，已经具备了类似于成人言语加工的神经机制，范畴性知觉能力为语言学习做好了充分准备。

言语知觉总是先于言语产出，这是因为儿童在胚胎发育至 7 个月左右时已经具备了一定的听的能力。从这个时候开始，胎儿能听到外面环境中的一些声音，包括母亲大声说话时的声音。DeCasper 和 Fifer(1980)的研究表明，新生儿偏爱母亲的声音。与其他陌生女性的声音相比，当听到母亲说话的声音时，新生儿吮吸奶嘴的频率更高，这表明新生儿在胎儿期已经熟悉母亲说话的声音。而出生后的婴幼儿的口腔通道和发音器官与成人相比有很大的不同，要经过长时间的生长发育之后，才能学会正确的发音。

再者，在儿童产出语言之前，他们必须首先接触有效的语言输入，才能有语言的产出。语言输入是语言产出的前提和条件。婴儿一出生就能感知情绪声音，2~4 个月大的婴儿能分辨出带有不同情绪的声音，如生气、安慰、高兴等声音，并且能够将母语和非母语的声音区分开来。绝大多数婴儿在接近 1 岁时，已经能听懂一些单词的意思了。

Fenson 等人(1994)发现，在婴儿接近 1 岁时，他们已经有大量倾听话语的体验，在产出话语之前，已经能很好地理解一些词义了。表 4.1 较好地总结了婴儿在 1 岁之内对声音和言语的典型反应模式。

表 4.1　　　　　　　　**1 周岁内婴儿对声音和言语的反应顺序**

新生儿	容易受到噪音的惊吓
	会将头转向有声音的方向
	听到声音能平静下来
	偏爱妈妈的声音(相对于陌生人的声音)
	能区分言语中的不同声音
1~2 个月	有人对他说话时，他会微笑
3~7 个月	对不同语调有不同的回应(如友好的、愤怒的)

续表

	有人叫他名字时，他有回应
	当听到有人说"不"时，他有回应
8~12个月	能听懂游戏中的词语(如"躲猫猫")
	能听懂一些日常用语(如"再见")
	能听懂一些词语

(二)言语产生

婴儿一出生就会啼哭。从严格意义上来说，啼哭不是语言，但婴儿用哭声表达自己的诉求，并且哭声的含义随着婴儿的长大逐渐变得复杂起来，从满足简单的生理需要到复杂的情感需求。虽然从严格意义上来说，啼哭不是语言，但啼哭是语言发生的预兆，并且啼哭能够增强婴儿的肺部力量，调节呼吸节奏，为后续的发声、言语的产出做好准备。1~7个月大的婴儿可以发出各种不同"喔啊"的声音(cooing sounds)，这个阶段的发声主要停留在元音上。到了7个月左右，婴儿开始进入咿呀学语(babbling sounds)阶段，可以发出一连串的、重叠的声音，例如"bababa"，并有节奏、有语调地加以重复，试图模仿某些声音，这些声音大多具有"辅音+元音"的基本音节结构。照料者对婴儿的"喔啊"和咿呀学语的积极反应会增强婴儿前语言的数量和质量。到了11~12个月，婴儿的元音辅音串开始变得多样化，一连串音节包括各种不同的辅音和元音，如"bigodabu"等。婴儿的咿呀学语非常接近母语，已经具有母语的一些语调轮廓特征。早期言语和咿呀学语通常会在几个月的时间里共同存在，有些儿童会产出混合着咿呀学语和单词的话语，或者包括基于实际存在的成人词汇的语音所做的非交流性语音游戏。

有研究显示(Vihman，2014)，从晚期咿呀学语到早期言语中，保留下来的不仅包括具体的语音，还包括儿童偏爱的语音序列，Vihman把这些偏爱的语音序列称作"发声运动计划"(vocal motor scheme)。儿童发出的早期单词倾向于使用他们在学语期偏爱的语音和语音序列,因为他们可以听出这些单词符合他们已经能够自主控制的发声运动计划。儿童在咿呀学语阶段发出的各种声音会逐步缩小范围,被巩固下来的仅仅是儿童在周围环境中听到他人发出的那些声音。咿呀学语的质量和复杂程度是预测早期语言发展的因素之一。

前语言婴儿知道如何使用姿势做出陈述和请求,一旦掌握了早期语音,他们很快就会在交流中使用这些语音,尽管有时是随机的、无意义的。到了第一年后期,婴儿用姿势传达意义和在非交流情境中掌握语音的能力开始结合起来,这时儿童可以用语音传达意义了。婴儿对言语器官也有了较强的动作控制,能较正确地发音。(见表4.2)

表4.2 前语言期的言语产生阶段(Vihman,1996)

阶段	声音类型	年龄	声音描述
1	反射性发音	0~2个月	表达不适的喊叫、大声哭闹 生长性发声(咳嗽、吞咽、打嗝等) 运动产生的声音(呼噜声、叹息)
2	喔啊声和笑声	2~4个月	发出愉快的声音(回应他人的笑脸或话语) 哭喊和生长性发声频率逐渐在降低 出现持续的笑声
3	发声游戏	4~7个月	对发音器官的控制越来越强,不断测试自己的发音器官(如尖叫、低吼、大叫) 出现一连串近似成人说话时节奏的辅音-元音串的咿呀学语声
4	重复型咿呀学语和多变型咿呀学语	7个月以上	重复型咿呀学语(如 da-da-da-da) 多变型咿呀学语(如 ka-da-bu-ba)

阶段	声音类型	年　龄	声音描述
5	术语阶段(对话型咿呀学语阶段)	10 个月以上	产出具有丰富重音和语调模式的语音和音节串

对于年幼儿童来说,言语知觉和言语产生之间存在着一定的差异。由于儿童的发音器官有待进一步发育成熟,因此他们还不能准确无误地产出所有音素的发音。虽然儿童不能正确发音,但并不意味着他们不能正确地知觉音素的发音。事实上,他们对言语的知觉优于言语的产出。Berko 和 Brown(1960)的研究发现,有一个小女孩把"鱼"说成"fis",而不是"fish",然而当她妈妈跟她说"fis"时,她感到非常不安,因为她听出来妈妈说错了。Berko 和 Brown 将这个现象命名为"fis phenomenon"。

(三)语音发展

语音系统是在单词产出中出现的一系列语音和单词模式。研究者通过分析一名 22 个月大的儿童所产出的 12 个单词(ball, doggy, juice, milk, banana, woof, cup, three, chicken, that, pat, lip)的语音系统,发现该语音系统有 3 个部分:(1)一系列出现在单词词首的辅音。(2)一系列出现在单词词尾的辅音。(3)通过辅音(C)和元音(V)描述的一系列的单词"形状"。对 12 个单词的语音系统分析得出以下信息:

词首辅音:[b d p t m n w j]

词尾辅音:[p t k n f s]

单词形状:CV, CVC, CVCV, CVCVC

该项分析发现,这名儿童在单词词首使用一小组辅音:清浊辅音([b][d]和[p][t])、两个鼻辅音([m][n])和两个滑音([w][j])。词尾位置出现的辅音比词首位置少,只有 3 个清塞音([p][t][k])、一个鼻音([n])以及两个清擦音([f][s])。

Sander(1972)分析了三项大型儿童语音研究数据,总结出儿童英语辅音的习惯产出和熟练掌握年龄。

表 4.3　　　英语辅音的习惯产出和熟练掌握年龄（Sander，1972）

年　龄	习 惯 产 出	熟 练 掌 握
2 岁以前	p b m n w h[a]	
2 岁	t d k g n ŋ	
3 岁	f s r l j	p b m n w h
4 岁	v z ʃ tʃ dʒ	b d k g f j
5 岁	θ ð	
6 岁	ʒ[b]	t ŋ r l
7 岁		θ ʃ tʃ dʒ
8 岁		v ð s z

从表 4.3 可以看出，对儿童来说，塞音、鼻音、流音这些发音方式的辅音可以相对早一点正确产出，而擦音、塞擦音和流音的正确产出相对较晚才会发生。另外，习惯产出年龄和熟练掌握年龄之间的时间差因辅音的不同而有明显的不同。例如，/p m n w h/这几个音位，儿童可以在 2 岁之前习惯产出，在 3 岁左右熟练掌握；而/s z v/这几个音位的习惯产出年龄和熟练掌握年龄之间的间隔是 4~5 年。

形态音位学（morphophonology）主要研究语音的形态学和音位学的关系，探究语言中词素和单词的形态构成与其所对应的音位变化之间的关系。例如，儿童如何掌握"nation""native""nativity"和"nationality"这几个相关单词的"nat-"的发音？以及如何比较"knife"和"knives"的发音？

单词包含的最小意义单位被称为语素（morpheme），一个语素可能是一个单位，如"cat"，或"cats"中表示复数的/s/，或在"cooked"中表示过去式的"ed"。一个语素也可能有几个音节长，如"elephant"。有些词尾的屈折变化，不论附着在哪一个单词上，都保持同样的形态，如"-ing"；另一些结尾则根据所附着的单词或词干的不同有着不同的形态。这些不同的形态被称为同一语素的语素变体（allomorph）。复数语素在大多数清辅音之后的发音是/s/，如"books"，当复数语素在元音或大多数浊辅音之后，它的发音是/z/，如"dogs""hours"。

在儿童词汇发展过程中，目标词变得更长，语音也变得更加复杂，他们必须学会处理产出相关单词形式时出现的变化，如"integrate""integrity"和"integration"，尽管这几个单词相互关联，但重音和部分语音存在本质上的区别。这些模式是儿童在逐渐掌握英语语音系统过程中必须习得的。

二、词汇与语义习得

（一）词汇习得

在 1 岁左右，幼儿开始说出最初的词汇，但在此之前，他们已经能够理解一些单词。这些单词一般限于命名（"Mama"），物体（"car"）和物质（"water"）等，大多表达他们所能接触到的具体的人和物体，如他们的照料者，他们玩的玩具、穿的衣服和吃的食物等。命名是儿童逐步掌握单词及其意义的关键语言练习，用于命名的单词通常出现在所有文化中儿童的早期语言发展体系。

在最初阶段，新单词以每周 3~5 个的频率出现在儿童的话语中。18 个月的时候，幼儿的词汇习得以令人惊讶的速度发展，研究人员把这个阶段叫作"命名骤增"（naming explosion）或"词汇爆发"（word spurt），因为在这个阶段儿童以极快的速度学习新词，特别是物体的名称。这个时候，幼儿能够说出大约 50 个单词，但能够理解 250 个单词，理解单词的数量远远大于他们产出词汇的数量。到了 2 岁的时候，他们大约能说出 200 个单词。Nelson（1973）对儿童词汇习得进行了研究，发现他们最初习得的 10 个单词均属于动物、食物、玩具这三个范畴，而到他们习得了 50 个词的时候，范围则扩大至人体的器官、衣服、家庭用品、运输工具、人物等方面。Nelson 对 18 名儿童说出的词汇进行了日记式的记录，并对这 50 个词汇进行分类，区分如下：

（1）特定名词（specific-nominal），如"mommy""daddy"等。

（2）一般名词（general-nominal），如"dog""ball""milk""car"等。

（3）动作词（action word），如"up""go""look"等。

（4）人际—社交类型的词汇（personal-social item），如"want""please""no"等。

（5）功能词（function word），如"is""for""to"等。

可以看出，儿童最初的 50 个词汇中涵盖了所有成人语言中的语法类别。此外，Nelson 还发现，与特定名词、动作词、修饰词及礼貌用语相比，儿童使用的一般名词最多。普通名词在最初 50 个词中占近 40%，而动词、形容词和功能词各占不到 10%。很多后续的研究也发现，在儿童早期词汇中，存在名词优先于其他词类的现象（Caselli et al.，1995；Woodward & Markman，1998；Bornstein et al.，2004）。

儿童早期单词倾向于完成社交目的，他们开始使用单词以问候和告别与他人建立连接（如说"bye-bye"），或参与仪式性和玩乐性言语（如"peekaboo"）。儿童早期产出的词汇受很多因素影响。早期单词倾向于共享语音特征、频繁在儿童听到的言语中出现，并且比后期习得的单词短一些（Storkel，2004）。

在后期的词汇习得和发展中，儿童的词汇量不仅快速增加，词汇的类别也在不断地扩大。有时候，儿童对某个词义外延的理解会扩大，出现过度泛化（overextension）的现象。过度泛化指儿童在某一情境中以某一种和成人词汇意义不一致但又有关联的方式使用词汇，如他们把所有四条腿的动物都称为"狗"，或者把所有圆的东西都叫作"月亮"。而在另一些时候，儿童对某个词义外延的理解会缩小，这种现象叫作过度窄化（underextension）。过度窄化指儿童在使用词汇时，仅仅局限在成人概念所允许的一个子集范围内，如"妈妈"这个称谓仅指自己的妈妈。

有学者(如 Berko, 1958)发现, 学前儿童和小学一年级学生常常自创一些词汇(invented words)来指代意义, 如自创出"cooker"(指代"cook"), "plant-man"(指代"gardener")等词汇。Clark(1993)发现, 儿童词汇创造遵循一些准则。

简化: 这反映在儿童会用常规的单词来描述不常见的作用, 例如, "pillow"用作动词, 意为向某人扔枕头。

语义透明性: 用"plant-man"指代园丁, 用"pourer"指代杯子。在这一类指代中, 虚构词的含义比常规词的含义更为明显, 更方便记忆。

具有多产性: 儿童会把成人经常使用的形式作为新单词的基础。例如, 英语里有很多表示"做某事的人"的单词以-er 结尾("teacher" "worker")。因此, 儿童会依样学样, 创造出"cooker(做饭的人)"和"bicycler(骑自行车的人)"这些施事名词。

儿童词义的习得一般按照由具体到抽象的顺序进行。对于抽象意义的掌握, 儿童一方面借助于该意义与具体事物或经历的联系, 另一方面, 比喻类语言的使用也有助于他们对抽象意义的掌握。儿童词汇的获得过程主要有以下三个方面的内容: 在第一批词汇的基础上, 继续习得在某些场合限定性很强的词; 已习得的词语开始摆脱场合限制性, 获得了初步概括的意义; 开始掌握一些具有概括性和指代性功能的名词和非名词性词语。

从总体上来看, 儿童早期词汇发展非常迅速, 并且早期词汇发展具有跨语言普遍性。尽管不同文化背景下父母在具体语言输入方面存在着差异, 但不同文化背景下的儿童都在相同的年龄开始习得词汇。

(二)语义习得

语义是用于描述事物本质及其关系的客观知识体系, 是人脑对客观现实及其关系的反映。单词是一个指代对象的符号, 但是指代对象本身并不是单词的含义。例如, 我们对儿童说"look at this dog(看这条狗)", "这条狗"是指代对象, 但并不是"狗"的含义。如果这条狗跑了, 这个单词的含义依然存在，因为含义是一种认知建构。单词和语义的习得并不是同时完成的。

在语义发展过程中儿童学习单词语义和关联不同含义的策略会随着他们语言内在表征的逐渐发展而发生变化，从而得到重新建构。语义发展是学习如何与他人交流、如何以特定的目的使用语言的复杂活动。儿童在语义发展中的基本任务是习得范畴概念（例如，了解"狗"这个单词指代一整类动物），并能够将这个单词延伸到该范畴中的新的个体上。

儿童如何能够确定并获得词汇的意义是一件复杂的事情，然而从儿童习得词汇的过程来看，他们学习词汇的过程并不缓慢，那么是什么原因使得儿童能够快速习得语义呢？

1. 快速映射

快速映射（fast mapping）指儿童将初次看到或听到的词汇迅速与某个客体或基本概念联系的过程。Carey 和 Bartlett（1978）通过对 3 岁和 4 岁儿童的研究，找到了快速学习词汇意义发生的条件。Carey 和 Bartlett 给儿童展示两只盘子（一只是蓝色，一只是橄榄色），并对他们说："请把橄榄色（chromium）的盘子拿给我，不是蓝色（blue）的盘子，是橄榄色的盘子。"这句看似普通的话中其实包含了一个非常有用的信息——橄榄色不是蓝色，橄榄色是一种其他的颜色。大多数被试能够按照指令，拿到橄榄色盘子。研究结果表明，被试已学习到"橄榄色"这个词指的是某种颜色的名称，并且在这个过程中也认识了橄榄色。六周后，他们还保留了"橄榄色"这个词的某些意义。

快速映射是儿童快速习得和积累词汇的有力机制。通过快速映射，儿童能够十分准确而快速地发现某个单词的核心意义。其他许多研究也证实了快速映射的存在（Au & Markman，1987；Heibeck & Markman，1987）。Markson 和 Bloom（1997）发现儿童能够在几周之内记住快速映射的单词，记忆时间和成人的一样久。Childers 和 Tomasello（2002）发现，和大多数学习方式一样，将学习时间分散在几天内比集中在同一天之内学习相同次数更有助于成功学习单词。快速映射不仅表现在形容词的学习上，还出现在名词的学习上。而且，快速映射不限于一次学习一个词，还会出现在许多新词同时呈现的时候。

2. 词汇制约

在词汇习得过程中，儿童习得单词的意义往往会受到一些制约，从而使单词的意义缩小到可能的范围，这个现象叫作词汇制约（lexical constraint）。词汇制约指儿童将内隐的倾向或偏好带到学习和发展的任务中来，这种倾向或偏好使得儿童偏向于对事件或客体的某些解释（Waxman，1989）。主要有三种类型的约束条件影响儿童的词汇学习。

客体整体制约

客体整体制约（whole object constraint）认为，一个单词指称的是整个客体，而不是客体的某个属性或客体的某个部分。当儿童看到一只白色、带毛、奔跑的动物，同时听到"狗"这个单词时，会认为"狗"这个词指的是整个动物，而不是狗的尾巴或狗的颜色。

分类假设制约

单凭客体整体制约还不能保证儿童在听到一个单词时，能够清晰地确定这个词的使用范围。分类假设制约（taxonomic assumption constraint）认为，儿童对某个词汇的使用范围遵循分类假设，即儿童在进行分类活动时往往会将新词指称一个目标物相同种类而不是有着主题关系（thematic relations）的物体。"主题关系"是指两个物体之间的空间、因果、时间、所属关系等，例如狗和狗骨头、狗和狗主人等。

互斥性约束

互斥性约束（constraint of mutual exclusivity）指儿童在词汇学习过程中，会认为每一个客体只有一个名称，不同词汇所指称的是相互排斥的。例如，当一个孩子看到一只狗追赶一只兔子时，听到有人说"兔子"，因为这个孩子已经知道"狗"这个词了，所以他不会用"兔子"这个词来指代狗。

以上提到的三种约束在儿童词汇习得过程中共同起作用，在儿童并不具备很多世界知识、语言理解能力还不够强时是一种十分必要的词汇习得依赖制约条件。

(三)后期语义发展

在对后期词汇习得的研究中，研究者区分了词汇的广度和深度。词汇广度(vocabulary breadth)是对词汇数量掌握的程度。词汇深度(vocabulary depth)则是指对不同种类的单词知识的掌握程度：(1)单词的语音和拼写。(2)单词的形态结构。(3)能够出现该单词的句子类型。(4)单词的多个含义与单词联想。(5)单词恰当使用的场合。(6)单词形式和含义的来源。例如，四年级的儿童可能知道"bitter"是一种"令人不快的味道"，但是他们可能不知道，和所有语言里的很多单词一样，"bitter"有多个含义。随着他们多次接触一个单词，了解它的各种使用语境，他们对一个单词有关知识的积累就会逐渐增多。儿童在学校学习期间面临着巨大的词汇学习任务。在入学之后，学生每年学习2000~4000个单词，在高中结束时大概能达到40000~50000个(Graves，2006)。

Brown和Berko(1960)采用自由单词联想(free-word association)研究儿童的词汇流利度，发现儿童的回应中存在组合—聚合转换(syntagmatic-paradigmatic shift)。在给予一个特定单词并要求说出下一个想到的单词时，年幼的儿童倾向于回复和刺激单词在句法上相关的单词，例如，在回应刺激单词"eat"的时候，他们可能会说"lunch"。在7岁左右，儿童则开始回复和刺激单词属于同一语法范畴的单词，如"eat"和"drink"。回复模式的变化表明儿童认知策略的转换、儿童对该任务解释的发展性变化、对定义单词特征知识的变化，以及与阅读习得相关的认知重组(Cronin，2002)。

同时，儿童将语义、语法和语用等信息整合起来，促进语义习得的高阶发展。以下例子表明3岁6个月的孩子对动词"promise"的使用尚未完全掌握。

E：Did you ever promise your Dad that you'd do something for him? What did you promise him?

C：I promise him to um uh to make a wooden sword for me. He made one for my sister too.

E: So did he promise you to make a wooden sword for you?

C: No, I can't make one! He did it with a saw! (Cohen Sherman & Lust, 1993).

在随后的语义发展过程中，儿童对句子的解释必须超越单词和逻辑运算符的解释(例如，量词或逻辑连接词)来判断和理解命题的真值，以及句子的含义和预设。这种信息处理必须整合句法结构(句法知识)和词汇意义，包括动词和否定词(语义知识)，以及语用知识(Lust, 2006)。

(四)元语言发展

随着语义知识的发展，儿童逐渐意识到语言比简单的符号具有更多的含义。儿童注意到可以运用单词完成许多非字面意义的表达，如隐喻、双关语、反讽等。

1. 单词——概念

在儿童可以灵活使用单词之前，他们得理解单词的内隐意义，知道单词与它们的指代对象是可以分离的。一旦儿童知道单词与指代对象是可以分离的，他们就开始分别思考单词和物体的特性。儿童逐渐意识到单词本身并不是物体的固有属性，于是他们从单词的字面意义出发，开始采用隐喻的立场。

即使是很小的幼儿也会偶尔意识并思考单词的物质属性，如在理解他人言语时容忍和他们不一样的口音。2~3 岁的儿童会自发地使用韵文，其中包括暗中比较匹配单词的音系序列，还可能意识到某些单词中还包括其他单词，如"garden"一词中包括"den"一词。

在一项有关单词意识的实验(Papandropoulou & Sinclair, 1974)中，研究者向学龄前和学龄儿童展示了一系列元语言任务，其中包括给儿童读一列单词，问他们每个"词"是不是真实存在的单词。研究者发现，儿童对单词的认知和他们用语言描述这些概念的能力随着年龄的增长而有所增强。具体而言，年长的儿童意识到内容词和功能词都是单词，而年幼的儿童有时则认为功能词不是单词；此外，年长的儿童在解释单词要素构成时更为熟练。

2. 单词——含义意识：幽默、隐喻与反讽

幼儿和学龄前儿童会发现韵文和无意义话语组成的单词游戏十分有趣。语言的幽默用法依赖于语言使用者分离语言不同方面（如语音形式和含义）的能力和掌握这些话语有趣原因的能力，如基于单词的语音属性（双关）、单词具有多重含义（词汇歧义），或者笑话具有的其他特征。儿童对双关语和谜语的偏爱在小学三四年级变得格外强烈，到 9 岁时，大多数儿童不仅能理解谜语中的幽默，还能解释幽默的来源。

除了使用语言达到幽默效果，儿童也学会用其他非字面方式使用语言，如隐喻和反讽。隐喻主要用于解释含义，而反讽通常用于评价和批评。隐喻的使用为儿童的解释和交流提供了更多的策略。即使是年龄较小的儿童也能使用和理解一些种类的隐喻，随着年龄的增长，他们能越来越熟练地使用隐喻，越来越少地依赖于特定语境，并在学龄前开始理解反讽。

3. 单词定义

定义单词需要用语言来解释语言的元语言技能，如语言使用者需要具备恰当的语义知识，同时也需要熟悉定义的结构。在一项对定义能力的研究中，Wehren 等人（1981）发现，5~11 岁的儿童在单词定义方面有较大的进步，他们一开始着重于个人经历，之后逐渐倾向于使用更普遍、更社会化的信息。在学龄阶段早期，儿童对单词的定义带有具象的、个人的、附加的性质（Snow，1990），如让一名 5 岁的儿童定义"cat"这个词时，他可能会说："My cat has babies under my bed."类似的例子还有：当听到"What is a shoe?"这个问题时，一个孩子指着一只鞋说"that"，另一个孩子说："Mommy got a shoe."第三个孩子说"and a sock"。

在小学期间，这种功能性的、个人的定义逐渐被替换为抽象的回应，即用同义词解释、对范畴关系进行详细的描述等（Kurland & Snow，1997）。学龄儿童的词汇逐渐变得复杂起来，同时他们也学会了一种新的知识——元语言意识（metalinguistic awareness），即思考语言自身、了解词汇本质的能力。有研究表明，单词定义能力与受教育程度相关，如擅长阅读者比不擅长阅读者更善于给出定义。

三、句法习得

儿童句法的习得主要经历以下几个阶段：独词句（holophrase），双词话语（two-word utterance），连接语法（connective grammar），递归语法（recursive grammar）和语篇（discourse）。

(一)独词句阶段

儿童在 1 岁左右，独词句开始出现。独词句始于儿童的命名活动，是儿童用一个单词表达成人一般需要用一个句子才能表达的交际手段。独词句是在儿童还不能驾驭句子的时候，但又有进行交际的强烈愿望时出现。这个时候的儿童常用单个的词来表达较为复杂的思想。独词句中单词起到一个句子的作用，例如，他们可能会使用"water"一词来表达"I want some water"（我想喝水）的意思。同一个词在不同环境里伴以不同的感情和动作，往往具有不同的含义：如"Mama"可以表示"This is Mama"（这是妈妈）、"I want Mama"（我要妈妈）、"Mama, I am hungry"（妈妈，我饿了）等。约半数的单词是表达以下含义的具体名词：食物、身体部位、衣服、交通工具、玩具、家庭用品和动物等。独词句包含许多语义、语用信息，因此，独词句的大量使用必然使儿童分解其成分，逐步发展出词句、语法的概念。

在儿童习得客体恒存性（object permanence）之前，儿童所习得和使用的词都属于"当时当地词"（here-and-now words），在习得客体恒存性之后，儿童已具备在大脑中保持人或物体记忆的能力，即使这些人或物没有出现在当时当地，儿童仍然知道他们（它们）的存在。与此相应，儿童的语言中出现了"allgone"和"more"这样的用语，可以根据语境表示不同的含义，如"牛奶没有了，还要牛奶""饼干吃完了，还要饼干"等。

独词句的使用依赖具体的语境。以下例子说明了儿童在具体语境中如

何使用单个词语来表达各种不同的语义关系。(见表 4.4)

表 4.4　　　独词句中的语义关系(Greenfield & Smith，1976)

语义关系	例　句	语　境
进行命名	Dada	看见爸爸
表达愿望	Mama	哼哼唧唧地看着牛奶
表达施事者	Dada	听到有人进来
说明动作	Down	坐下来或从某处下来
说明物体状态	Down	刚刚把一个东西抛下
说明与某物体相关的事物	Cracker	指保存饼干的房间
说明所有者	Lauren	看见 Lauren 的空床
说明地点	Box	将蜡笔放进盒子里

(二)双词话语阶段

到了 2 岁左右，儿童的语言发展进入双词话语阶段，他们开始能说出包含两三个词的话语。双词话语阶段与皮亚杰提出的认知发展的前运算阶段几乎是同时发生的。在认知发展的前运算阶段，儿童缺乏倾听能力，处于自我中心言语阶段，自我中心言语是伴随儿童正在做某一件事情时持续不断的解释，不是一种与他人进行交流的工具。逐渐地，儿童在他人面前开始说话，但没有信息和信念的交流，随后才发展到能用言语进行社会性交流。

双词话语的功能多样，词与词之间的语义关系复杂，是成人完整句子的缩写，其中的词序与成人正常话语中的词序非常接近，保留了主要的意义部分，但少见功能词(如介词、助动词、冠词等)，就像以往发电报时人们为了节约钱省去功能词一样，因此，双词话语又叫作电报式话语(telegraphic utterance)，例如，"allgone ball"(The ball has gone)，"Daddy chair"(That is Daddy's chair)，"there cow"(There is a cow)，"Mummy sock"

(This is Mummy's sock)等。双词话语中词语的组合主要是靠语义关系,不同于目的语言的语法。儿童应用双词话语来表达物体的出现、消失和位移,指出物体的特征以及它们的所有者,评论正在做事或看东西的人,要求得到或拒绝某样东西或某项活动,对人、物、地点等进行提问等。

双词话语由两部分组成:一部分是轴心词(pivot),一部分是开放性词类(open-class word),两部分构成双词话语,这就是轴心语法(pivot grammars),这些早期的"句子"基本上由名词、动词和形容词构成。这些词类之所以被称为开放性词类,是因为它们可以随着语言的演化而自由地吸收新成员。最常见的开放性词类是名词,名词在早期便融入了儿童的语言使用。与之相反,功能词或封闭性词类(closed-class word)在语言发展的早期阶段通常不会出现。一种语言中的封闭性词类(如介词、连词、冠词、代词、助动词和屈折变化)的内容范围狭小,不会轻易发生变化。

研究表明,儿童认识到词与词之间有一定的意义关系,如拥有者和拥有物之间的关系,他们逐渐学会用词序或词尾变化来表达这种关系,如"mummy sock",而不是"sock mummy"。双词话语的出现标志着儿童说话能力发展的一大飞跃,即他们能够用单一的话语表达更多的交际意图。以下例子说明了双词话语的语义关系。(见表4.5)

表4.5　　　　　双词话语的语义关系(Brown,1973)

语 义 关 系	例 子
命名	That ball
重现	More ball
不存在	Allgone ball
施事和动作	Daddy hit
动作和受事	Hit ball
施事和受事	Daddy ball
动作和地点	Go store
物体和地点	Book table

续表

语 义 关 系	例 子
所有者和所有物	Daddy chair
物体和属性	Big house
指示和物体	That box

Brown(1973)发现，儿童在第一个阶段都大量谈论物品：他们指向物品并且为它们命名(指示)；他们谈论物品在哪里(位置)，是什么样子(限定)，主人是谁(从属)，谁在对它们做事(施事者—物品)。他们谈论施加在物品上的动作(动作—物品)，还讨论施加在某些位置的导向(动作—位置)。儿童普遍关注物品、人和动作以及他(它们)之间的关系。正如 Brown 指出的，这些概念正是儿童在皮亚杰所描述的感觉运动阶段的认知发展完成时形成的。

(三)连接语法阶段

连接语法指在双词话语之后，儿童话语中出现了一些连接单词的语法标志，如动词的屈折变化、连词、助动词等。随着儿童话语长度的增加，语法形式也开始显现。语法语素的习得过程缓慢而漫长，有些语素直到儿童入学之后才会完全掌握。在这个阶段，他们开始接触语法的语素和语言约定俗成的特性，但是他们的话语偏离成人的话语。然而，这种偏离是有规律的，他们倾向于把语言系统规则化(regularization)，于是产生过度规则化(overregularization)现象。例如，说英语的儿童常常会把英语的屈折变化过度概括，把不规则动词"break""go"的过去式说成"breaked""goed"，把不规则名词"foot""mouse""sheep"的复数说成"foots""mouses""sheeps"等。

不规则动词的习得一般经过三个阶段：(1)儿童正确使用单词。(2)儿童把单词过度规则化。(3)不规则形式重新出现。在这个过程中，儿童似乎将以前未加分析的语言形式进行了分析，即 broke 最初是通过机械记忆习得的，不是作为不规则过去式动词的一个例子，而是作为一个词项学习的。随着儿童对过去式语素有了比较好的理解，"break"一词的过去式就被过度规则化成"breaked"。当不规则形式"broke"重新出现时，它就有了一个新的身份，即一般规则的例外。儿童语法语素习得的平均顺序如表4.6所示：

表4.6　　　　**儿童语法语素习得的平均顺序（Brown，1973）**

1	现在进行时	I driv*ing*
2~3	介词	*in* the cup；*on* the floor
4	复数	ball*s*；book*s*
5	不规则过去时	*broke*；*fell*；*threw*
6	所有格	Daddy's chair
7	非简缩系动词	That *is* hot
8	冠词	*A* table；*The* Teddy
9	规则过去时	She walk*ed*
10	规则的第三人称现在时	He walk*s*
11	不规则的第三人称现在式	She *does*
12	非简缩助动词	The horse *is* winning
13	简缩系动词	He's a clown
14	简缩助动词	She's drinking

　　一旦儿童习得了语素，他们就开始以产出性方式使用这些语素。Berko（1958）的一项著名研究证实了这一点。Berko向儿童呈现了一些生造出来的动物和动作，这些动物有虚构的名称。按下来Berko给被试儿童提供一些练习的机会，要求他们给新名词加上复数和所有格屈折形式；给新动词加上进行时、第三人称现在时和过去时。Berko发现学前和一年级儿童产出性地掌握了几个语言语素，它们是名词复数和所有格的屈折形式、动词的进行时与第三人称现在时等，他们能通过添加后缀来生成派生词"wugs""ricked"，该研究表明儿童不是机械地学会了这些语素，而是习得内化了

形态规则知识。

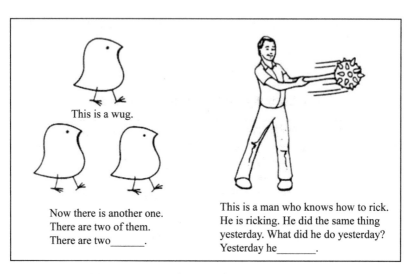

图 4.1 wug test 中的两个例子（Berko，1958）

　　研究者 Brown（1973）介绍了一种衡量儿童话语长度的方式，叫作平均话语长度（mean length of utterance，MLU），之后该方法被广泛用于研究儿童早期句法发展。平均话语长度基于儿童自发言语转录文本中的平均句子长度，平均话语长度由语素的数量决定，而并非基于单词。语素包括内容词（如"dog""play""eat""green"）、功能词（如"no""the""he""this"），以及词缀或语法屈折形式（如表示否定的 un-，表示复数或第三人称单数现在时的-s，表示过去时的-ed）。每个新语素的加入都反映了新的语言知识的习得。

　　还有学者开发了其他衡量句法发展的方式，如 Hollis Scarborough（1989）提出的产出性句法指数（index of productive syntax）。研究者采用该计分方式记录儿童对 4 个范畴的各种结构的使用，每一种结构最多有两项不同的使用方式：名词词组（如名词、代词、冠词、复数结尾、复合名词）、动词词组（动词、介词、动词词尾、主动词、情态动词、时态）、疑问句和否定句，以及句子结构（简单句、复杂句、补语句、连词句、不定式)。产出性句法指数的测量值与平均话语的长度高度相关,这说明产出性句法指数是一种有效的语法发展测量方式。

(四)递归语法阶段

在递归语法阶段,儿童发展起使用不同类型句子的能力,以儿童话语开始出现否定句、疑问句、被动句和复杂句为标志。英语的否定句和疑问句比陈述句的习得难度大,儿童要经过相当长的时间才能掌握否定词、疑问词、助动词,以及倒装等用法。以习得否定句为例,否定句的习得通常分为三个阶段(见表4.7):

表4.7　　　不同阶段否定句习得的特征(Klima & Bellugi,1966)

阶　段	特　征	例　句
1(1~2岁)	将否定词放在句子外部	No go movies. No sit down. No mummy do it.
2(2~3.5岁)	将否定词放在句中	I no like it. Don't go. I no want book.
3(3.5~4岁)	使用不同的助动词来构建否定句	You can't have this. I don't have money. I'm not sad now.

在儿童习得疑问句初始阶段,他们往往依赖升调来帮助他们生成疑问句,如:"Mommy is tired?"在提出特殊疑问句时,他们通常不带助动词,如:"What that?""Where Daddy go?"当他们开始在疑问句中加入助动词时,不会将助动词和主语相调换,如:"What she is playing?"

否定句、疑问句的出现标志着儿童语言意识的觉醒。儿童不但在使用语法,而且觉察到语言是有语法系统的。在这个期间,他们有正确的表达方式，也有错误的表达方式。3 岁的儿童在说话时会不时地停下来改正自己的错误，或是改正其他同伴的错误。到了 4~5 岁时，儿童开始具有元语言技能(metalinguistic skills)，会根据自己的标准来判断语言是否正确。从连接语法到递归语法的发展是一个质的飞跃。

(五) 语篇阶段

从两三岁开始，儿童逐渐开始发展语篇功能：学会讲故事、参与谈话等。随后，他们会逐渐使用更多的连贯手段，学习新的文体，调整自己的话语以适应不同的听者，向别人提出请求并说明什么。请求是交际能力中一项重要的技能，分直接请求和间接请求。年幼儿童多采用直接请求的方式，而学龄前儿童已经具备将间接请求理解为请求的能力。与成人一样，学龄前儿童倾向于对地位低的听者使用带有语义增强词的直接请求，对更强大、支配性更强的同伴则提出更多的间接请求。学龄前儿童能够意识到请求形式和说者与听者地位之间的关系。

到入学时儿童已具备了相当的交际能力，如会话技能和叙事技能。在交流时具有理解他人立场的能力是会话的要素之一，例如，如何转换话轮、如何保持话题、如何回应反馈是保持交流顺利进行的重要保证。儿童掌握的语法形式越多，对外在世界各类现象和事物之间的关系就有越多的认识，如事物之间的空间关系、先后顺序、因果关联等。语法的掌握过程也是儿童发展思维的过程。

第二节　影响语言习得的要素

要保证儿童顺利习得第一语言，必须满足一些条件。这些条件分别是语言环境、认知过程和内在机制。语言环境决定语言输入的数量和质量，认知过程指儿童对语言信息进行处理的心理机制，内在机制是儿童习得语言的先天准备。以上三个条件在儿童语言习得过程中相辅相成、缺一不可。

一、语言环境

在语言环境这一部分，我们将重点讨论以下三个问题：语言环境缺失对儿童语言习得有什么影响？语言输入必须发生在特定的时段吗？什么样的语言输入对语言习得效果更好？下面将从野孩与被隔离儿童、关键期假设以及儿向语等方面来回答以上问题。

（一）野孩与被隔离儿童

语言环境在语言习得中是必不可少的条件之一，人们常常会围绕以下问题来探讨语言环境在语言习得中的作用：语言习得需要语言输入吗？语言输入必须发生在特定的时段中吗？什么样的语言输入效果更好呢？以下通过介绍两个案例（野孩和在极度封闭环境中长大的孩子）试图来回答以上三个问题。

野孩是指那些在野外长大的孩子。Lane（1976）详细描述了一个在法国森林中被发现的名为 Victor 的男孩。时间追溯至 1797 年，在法国南部有农民发现一个赤身裸体的男孩在丛林中奔跑，寻找土豆和坚果，随后这个男孩被一群猎人抓获并带回文明社会。由于这个孩子是在法国 Aveyron 省被发现的，所以人们将这个孩子称作 Aveyron 的野男孩。

Victor 被发现时大概有十二三岁。尽管他听力正常，会发出一些声音，但是完全不会说话。很多研究者对恢复 Victor 的语言能力表示怀疑，但 Victor 引起了一位法国年轻医生 Itard 的关注，在接下来的五年内，Itard 医生对 Victor 进行了强化训练，主要集中在语言训练、行为矫正和社会化等方面。然而几年下来，虽然 Victor 可以分辨出语言声音不同于环境中的其他声音，但 Victor 的语言进步非常缓慢，对此不同的学者有不同的解释。有人认为 Itard 医生的培训方法有问题，如果用更好的教学方法，Victor 可能会习得更多的语言。但更多的人认为 Victor 已经过了语言习得的关键期。持这种观点的人认为语言习得必须发生在一定的时间段之内，Victor 开始接受语言培训时，已经过了语言习得的关键期。还有学者认为，Victor 出生时就有智力问题，他正是因为这个原因才被遗弃在森林中。Lane 倾向于同意 Itard 的分析和判断，即 Victor 出生时是正常的，他所表现出来的症状是他被隔绝于人类社会、无法接收语言输入导致的。Itard 在 Victor 身上花费了五年时间，五年快结束时，Itard 试图再次尝试教 Victor 说话，但还是以失败告终。直到离世，Victor 都不会说一句话。

文献中记载最详细的、在极度封闭环境中长大的孩子叫 Genie（Curtiss，1977）。在这里不妨了解一下 Genie 的家庭背景。尽管 Genie 的父亲坚决不同意生养孩子，可是 Genie 的母亲还是接二连三地怀孕。在其怀孕期间，Genie 的父亲残暴地殴打她，甚至扬言要杀了她。Genie 前面的两个孩子出生后都不幸夭折，第三个孩子被奶奶带回自己的家才勉强活下来。正是在这种背景下，Genie 出生了，除了身体发育有些问题之外，医生认为 Genie 可能还存在一定程度的智力问题。医生的诊断为 Genie 的父亲找到了一个虐待、无视 Genie 的最好理由。从 20 个月起，Genie 就被她的父亲强行关到后院的一个小屋子里，并阻止孩子的母亲和其他家人去探望。白天 Genie 被固定在一个婴儿使用的便盆座椅上。Genie 的父亲自己缝制了这个套具，除了这个套具，Genie 不穿衣服，坐在这个座椅上，除了手和手指、脚和脚趾之外，身体的其他部位均不能活动。晚上，Genie 被放在一个睡袋——另一个刑具里，睡袋也是她父亲亲自制作的，Genie 躺在睡袋里动弹不得，然后被放在一个四周和顶部都覆盖有金属网的婴儿床上。Genie 就这样在这个小房间里度过了无数个日日夜夜，直到 13 岁半时得到解救。在被囚禁期间，Genie 几乎接触不到任何语言输入，她父亲不跟她说话，每当她发出声音时，就会遭到父亲的殴打，于是，她学会了压抑所有的发声。

当 Genie 被解救时，她的身体处于严重营养不良的状态，没有任何社交能力，没有任何语言能力。经过一系列心理测试，发现 Genie 的认知能力和语言能力仍停留在 2 岁阶段。经过一段时间的语言辅导之后，Genie 取得了一些进步，但在语音、语义、语法等方面的进步不均衡。到了 18 岁时，Genie 才慢慢地学会说一些短的句子，但只有最低限度的语法能力。她说的话具有英语语序，能造出双词句来表示所有关系、从属关系、主谓关系。但是她的话语基本上没有句法成分：没有助动词、疑问词、代词，问句也不倒装。以下是 Genie 说过的一些话语：

Mike paint

Applesauce buy store.

Neal come happy；Neal not come sad.

Genie have Momma have baby grow up.

I like elephant eat peanut.

不过在辨认脸孔、判断部分和整体、识别型式，即发挥右半球功能方面，Genie 并不亚于任何正常的小孩。尽管在八年时间内，Genie 得到了大量的关心和关注，也接受了大量的教学和语言输入，但 Genie 并没有达到正常的语言水平。

以上两个案例很好地回答了第一和第二个问题，说明语言环境在语言习得中必不可少，是语言习得的必要条件。同时也说明儿童一旦错过了语言习得的关键期，就会给语言习得带来许多问题和麻烦，也就是说，语言输入必须发生在特定的时间内。

(二)关键期假设

关键期指对特定技能或行为模式的发展最敏感的时期或者做准备的时期。个体发育过程中的某些行为在适当环境刺激下才会出现，如果在这个时期缺少适当的环境刺激，这种行为便不会再发生。关键期这个概念来自生物学领域，指在个体发展过程中有一段时间，在这段时间里，环境的影响最大并最适宜于学习某种行为的时期。关键期这个概念最初是由奥地利生态学家 Konrad Lorenz（1952）提出来的。他在对鸟类自然习性的观察中，发现刚孵出的幼鸟，如小鸡、小鹅等，会在出生后很短的一段时间内学会追逐自己的同类或非同类，过了这段时间便再也不能学会此类行为，因此这段时间被称为关键期。心理学家将关键期概念借用到儿童早期发展的研究中，提出儿童心理发展的关键期问题。

婴儿在出生时，大脑组织还没有完全形成。新生儿的大脑较成人的神经键（连接）明显少很多。到 2 岁时，儿童的神经键数量达到成人的水平，在 4~10 岁时迅速增长，远远超过成人的水平。在神经键增长的同时，修正过程也在进行，不再使用的神经连接将会消失。这一过程可以解释为关键期的神经基础。如果一个婴儿听不到语言或者无法与成人建立起情感连接，作为语言情感的神经网络就会被削弱。

年龄在母语和第二语言习得过程中都是一个十分重要的生理因素。从对母语习得的研究来看，学习者如果超过了一定的年龄，即使有语言环境也很难顺利地习得一种语言，对"野孩"及其他脱离人类正常生存环境至一定年龄而未能习得人类语言的研究证明了这一点。Penfield 和 Roberts（1959）最先将关键期的概念引入儿童语言习得领域，提出了语言习得的关键期假说（The Critical Period Hypothesis），指出 10 岁以前是学习语言的最佳年龄。Lenneberg（1967）通过对失语症儿童和先天性失聪儿童的观察和研究，进一步明确和强化了这一概念，指出习得语言的关键期从 2 岁开始，一直到发育期。在关键期内，个体能比较容易地习得语言，过了关键期，语言习得会变得越来越困难。因为在关键期内，大脑的左右两个半球共同参与语言理解和语言产生，语言习得能够自然而轻松地进行。青春期到来之后，人们大脑机能完成单侧化（lateralization）过程，即某些功能开始偏向左半球或右半球。左半球支配言语表达、数学运算以及连续的分析综合思维活动。右半球可以理解简单的语言，主要支配空间方位定向和图形认知。大脑左右两个半球的专门化在个体发展中有一个明显的发展过程，它随着个体掌握语言和言语能力完善化而显示出来。

就语言功能而言，语言功能逐渐集中在左半球，右半球的语言功能逐渐减弱。Penfield 和 Milner（1958）发现，青春期之前儿童的大脑具有可塑性（plasticity），似乎有一种"转换机制"（switch mechanism），如果他们左半球言语中枢受到损害，言语中枢就会转换到右半球，不过要从头再学说话。可是过了青春期以后，如果大脑左半球言语中枢受损，语言能力就不那么容易恢复了。脑可塑性最初来自脑损伤研究。人脑发生病变的区域所承当功能可以在学习或训练后得到部分恢复，或由邻近区域补偿，但得不到完全恢复。

Lenneberg(1967)通过对有语言障碍儿童的研究后发现，儿童左脑的损伤对语言功能一般不会产生什么影响，因为儿童大脑的右半球会代替左半球的功能，重新习得语言，不会出现明显的缺陷。但是到了一定的年龄，左脑损伤就意味着整个语言功能的丧失，左脑的语言功能不再具有替代性了。同时，大脑发育成熟之后，左脑负责语言处理的神经协调机制的自动化能力就会减弱，神经系统不再具有可塑性，这样，语言习得将会变得费力且成效不显著。Lenneberg认为语言是大脑发育的产物，语言能力的发展受到人的生理基础的制约。Pinker(1994)认为，人类从出生开始到6岁左右是关键期敏感性最强的阶段，随后敏感性逐渐下降，下降过程一直持续到青春期。

Kuhl(2010)发现，儿童语音学习的关键期出现在出生后的第1年之内，具体而言是出生后6~12个月；儿童习得母语句法的关键期在18~36个月，在这个阶段，儿童可以快速地习得各种句法要素；儿童的词汇发展的大脑机会窗口期在18个月。从早期婴儿语音学习的角度来看，儿童语言的发展依赖于两个条件：一个是大脑机会窗口期的学习；二是母语神经条件的存在。这两个条件相互作用，共同促进语言发展。既然认识到儿童语言发展具有一定的窗口期，语言环境及经验刺激对儿童语言神经突触和神经网络发展有着重要意义，那么就有必要在敏感期为幼儿提供适当的语言刺激和语言环境以促进他们的语言发展。

(三) 儿向语

第三个问题是：什么样的语言输入更有助于儿童的语言习得？大量研究表明，儿向语(motherese, child-directed speech)在一定程度上对语言习得起着促进作用。儿向语是成人在与儿童交谈时使用的一种特殊的语言形式，属于一种特殊的语域(register)，儿向语对语言的调整和变动可以体现在语音、词汇、形态和句法等层面。儿向语具有以下特征：(1)直接性和具体性。儿童所接受的语言都是那些能够直接在周围环境中感受到的，而不是抽象的事物。(2)合乎语法性。一般来说，成人对儿童说的话都比较符合语法规则。(3)句子简短。(4)用词简单。(5)语调、语气和重音的使用比较夸张。儿向语能够引发并保持儿童的兴趣，使他们注意到成人说话的内容，同时简短的句子、简单的用词能减轻儿童的认知负荷，从而帮助他们快速、有效地习得语言。成人同儿童交谈的话题多发生在此时此地(here and now)，随着儿童的认知和语言得到进一步发展，成人才会同儿童交谈过去已经发生的或未来将要发生的事件。

早在 20 世纪 60 年代初，儿向语就已引起西方语言学家的关注，但由于当时 Chomsky 提出的语言习得机制贬低了语言环境在语言学习中的作用，致使儿向语研究没有进一步深入下去。20 世纪 70 年代，Snow(1977)、Sachs(1976)等心理语言学家开始对年幼儿童与成人、成人与成人之间的对话进行大量的对比研究。Snow(1976)认为儿向语仅使用有限的语法类型，如很少使用主从复合句，多为简单句和教导式句子。Sachs(1976)认为成人为了让孩子更好地理解自己的语言，会刻意在语音、语调以及韵律方面做一些调整。Gleitman 等人（1984）提出儿向语假设（The Motherese Hypothesis），认为成人对语言做出的调整与儿童语言发展之间存在着一定的关系。该假设有两种说法，强式认为语言调节后的特征是语言发展的必要条件，该假设的弱式认为调节之后的语言特征有助于儿童的语言发展。以 Goldberg(1995)和 Jackendoff(1983)为代表的认知语言学家指出人类语言的发展与其交际能力和认知能力的发展高度相关，他们认为儿向语作为一种简单的语言构式，可以辅助幼儿对日常对话和语义进行信息分辨，并能自动识别语音、语调的变化。Hampson 和 Nelson(1993)研究了 1~8 个月大婴儿语言发展和母亲语言之间的关系，发现母亲们在使用对象参照、描述和重复时具有高度的一致性。Liu 等人(2009)从声学角度对比了针对 7~12 月和 5 岁儿童使用的儿向语，发现儿向语中声调的夸张程度随着儿童年龄的增长而逐渐减弱。Feijoo 等人(2015)研究了儿向语(英语)中形态句法对幼儿语言习得的作用，发现儿向语对幼儿语言中词性(尤其是名词)的习得起着至关重要的作用。

国内对儿向语的研究始于 20 世纪 90 年代，如史有为(2012)探讨了儿向语对二语习得的作用和影响。雷慧昱(2012)指出，儿向语是包括简短句、低语速、高语调、多停顿以及冗余的简单语域。曾洁等(2017)考察了儿向语动态调整与儿童语言发展的关系，发现经过动态调整之后的儿向语从易到难，能循序渐进地为幼儿提供可理解的语言输入。有学者(李庆安，2002；王娟等，2010)认为，儿向语是一种有效的语言输入，对幼儿英语教育有一定的启示作用。

二、认知过程

尽管语言环境在语言习得中是一个非常重要的因素，但是语言环境不足以完全解释语言习得。要能充分利用语言输入，儿童必须具备一定的认知先决条件和相应的认知过程。此处用一个简单的类比予以说明。假设学生选修了一门哲学课程，老师准备充分，课也讲得好，并认真为学生答疑。尽管这些特征对学生都很有利，但却不能保证学生一定能取得理想的学习效果。因为，哲学课尤其要求学生具有抽象思维的能力、撰写具有分析性论文的能力，即使老师的课讲得再好，缺乏抽象思维能力的学生还是会遇到许多困难。儿童语言习得也是如此，只有当儿童具备一定的认知技能、有能力利用语言输入信息时，语言环境才能真正起作用。

(一)操作原则

Slobin(1973，1985)曾提出儿童语言运用能力的一系列操作原则。操作原则指儿童偏好的吸收和处理信息的方式。操作原则是儿童从语言体验中获益的认知先决条件。表 4.8 展示了儿童习得语法的操作原则，如儿童必须记住单词出现顺序与其意义之间的关系。处于双词话语阶段的儿童已经获得了某些语法知识，操作原则使他们能够发现词序很重要。

表4.8 儿童习得语法的操作原则

A	注意词尾
B	单词的语音形式可以被系统地改变
C	注意单词和词素的顺序
D	避免打乱和重组语言单位
E	内在语义关系要明白清晰地表示出来
F	避免特例
G	语法标记应该具有语义含义

这些原则在解释儿童早期语法的模式中已被证实是有价值的。例如，实际上学习所有语言的儿童都用一些固定的顺序形成意义，即使某些语言的词序比较自由。这个倾向似乎和 Slobin 的原则 C 有关。在习得语法语素时，儿童必须首先将单词切分为自由语素和黏着语素，就要注意到同一个单词的不同形式(原则 B)和可以作为黏着语素的各种语言成分(原则 A)。儿童学习语法语素时还会有过度规则化的倾向(原则 F)。

(二)感知运动图式

Piaget 把儿童 0~2 岁这个阶段叫作感知运动期(sensorimotor stage)，这个阶段是儿童语言发生的准备阶段。在这个阶段，儿童主要运用感知运动图式获取信息，他们还不具备表象和运算的智慧。他们只能靠动作和感知觉来协调组织经验，探索和适应外部环境。在 Piaget 看来，图式是人们为了应对某一特定情境而产生的认知结构。最初的图式来源于先天的遗传，表现为一些简单的反射，如握拳反射、吮吸反射等。为了应付周围世界，个体逐渐丰富和完善自己的认知结构，形成一系列的图式。例如，床上另一端有玩具，儿童学会把床单拉向自己身边以获得上面的玩具之后，便能拉这条床单取得放在它上面的任何物体(重复性)，以至学会拉一个绳子取得系在另一端的东西或利用一个棍子去移动一个远距离的对象(概括性)。Piaget 指出，这种协调的动作中已经形成了一个动作逻辑，成为以后数理逻辑结构的出发点。在儿童移动一根棍子取得物体的图式中，包含手和棍子、棍子和对象的关系等这些附属图式，这便是以后类包含逻辑的开端。

在感知运动期的后期，儿童习得了客体恒存性，即当某一客体从儿童视野中消失时，儿童知道该客体仍然存在，可以独立于他们的行为和知觉而存在或运动。儿童大约在 9~12 个月时获得客体恒存性，而在此之前，儿童往往认为不在眼前的客体(人和物体)就不存在了，并且不再去寻找。客体恒存性是后续认知活动的基础。该特性与儿童语言习得有着密切的关系。还没有习得客体恒存性的幼儿使用表示直接环境中具体物体的单词，特别是那些对他们来说易于操作的物体。这个阶段，早期儿童语言由大量"当地当时单词"(here-and-now words)组成。一旦习得了客体恒存性，儿童就不再完全受直接刺激的支配，而是能根据不在场的刺激作出反应，他们开始使用词汇来指代一些并不在眼前的物体和事件，例如，"allgone ball"指不在眼前的皮球，"more milk"指不在眼前的牛奶。

三、内在机制

在语言习得过程中，即使在时间有限、语言输入贫乏的情况下，儿童仍然能够快速习得复杂的发音规则、大量的词汇和抽象的语法规则。答案在于儿童具有语言习得内在机制，以下从语言生物程序假说和参数设置两个方面来探讨内在机制在语言习得中的作用。

(一)语言生物程序假说

Bickerton(1981，1983，1984，1999)提出语言生物程序假说(The Language Bioprogram Hypothesis)来说明语言内在机制在语言习得中的作用。Bickerton 认为儿童具有与生俱来的内在语法能力，在语言输入不充分的情况下，该内在语法能力能使儿童习得某一种语言。这种能力就像一种语言后备系统。为了更好地理解语言的内在机制，以下将用皮钦语(pidgin)和克里奥语(creole)来予以说明。

皮钦语指来自不同语言背景的人在密切接触时产生的一种辅助性语言

（Bickerton，1984）。这种情况常常发生在早期时候，有国家和政府以低廉的价格从其他国家输入一些劳工来为他们劳作，当这些外来劳工在一起工作时，由于语言不通，无法沟通交流，他们逐渐开始使用一种在该地区语言基础上简化之后的语言形式，使他们之间能够勉强地进行一些简单的沟通和交流。皮钦语非常粗浅、不完善：没有固定的句法和词序，没有复杂语句，没有从句，甚至一个句子中常常没有动词。

克里奥语指移民的后代习得皮钦语，并将皮钦语作为自己的母语。由于这些移民的后代很难接触到主流语言，因此他们把皮钦语作为主要的语言输入。尽管语言刺激极度贫乏，语言输入极其不充分，但是这些移民后代习得的克里奥语比皮钦语要复杂得多。克里奥语有固定的词序，有复杂句式，能区分定冠词和不定冠词，有着类似于其他语言的结构规则。

克里奥语的习得充分说明了儿童具有语言内在机制，该机制使他们能够在语言输入不充分的情况下习得一种语言。

（二）参数设置

Chomsky 提出的普遍语法理论，也称为原则（principles）与参数（parameters）理论。普遍语法表达的是人类语言的本质，而且在所有人类语言中是不变的。普遍语法包括一定数量的普遍原则，还有一系列参数。根据 Chomsky 的观点，普遍语法中的原则是恒定不变的，适用于所有的语言。相反，参数是一组设置在普遍语法广义原则上的句法选项，是由有限的数值构成的。不同参数设置形成了语言之间的差异，使语言呈现出多样性。原则指人类语言共有的高度抽象的语法属性，参数是普遍原则在具体语言中的体现。原则和参数是共性和个性的关系。例如，毗邻参数中涉及严毗邻和松毗邻，就可以部分体现不同语言的内在特征。根据毗邻参数，英语是一种严毗邻的语言，动词和直接宾语之间不能有其他短语插入；而法语却是一种松毗邻的语言，动词和直接宾语之间可以插入其他成分。当儿童习得严毗邻结构或松毗邻结构时，将利用他们大脑中的参数与语言输入进行比对，通过归纳总结习得某一句式。普遍语法参数的设置是人类语言呈现多样化的系统，揭示不同语言间的共性特征。

Chomsky 认为，儿童习得母语的过程就是参数设置的过程。语言习得就是婴儿从初始状态，经过若干中间状态，最后达到成人的稳定状态。普遍语法就是存在于儿童大脑中的原则和参数系统。儿童在语言习得过程中，作为对外界语言环境的反应，创造了一种核心语法（core grammar），赋予语言的各种参数以特定的值，这些特定值的总和就是某一特定语言的语法规则。例如，说英语的人赋予参数中心词在先的值，讲日语的人则赋予该参数中心词在后的值。例如，在句（1）中，中心"the man"出现在短语"with the bow tie"的前面；在动词短语中，中心"liked"出现在"him"前面。

（1）the man with the bow tie

（2）liked him

当我们发现英语是一种中心在先的语言，我们就知道这个原则适用于英语中的各种短语，然而，在日语中，中心最后出现而不是最先出现。因此，在句（3）中，动词出现得最晚，按照每个词的顺序翻译的话，这句话的意思是"我日本人是"：

（3）Watashi wa nihonjin desu.

语言生物程序假说和参数设置均表明，在语言习得过程中内在机制起到很重要的作用。

第三节　第一语言习得理论

不同心理学流派和语言学流派从不同的视角对第一语言习得做出了不同的解释，具有代表性的理论有行为主义的"刺激—反应"论、认知发展论、心灵主义的"内在论"、语言功能论等。

一、行为主义的"刺激—反应"论

行为主义心理学认为可以用"刺激—反应"论来解释人类的一切行为，语言作为人类行为的一个重要组成部分也不例外。当个体的某一个反应得到强化时，该反应便保持下来，成为一种习惯。同样，语言学习也是一种习惯、一种行为，是经过大量模仿、积极强化和不断重复而形成的。行为主义心理学代表人物 Skinner 在《言语行为》（1957）一书中指出，语言是一种行为，可以通过外部行为的表现观察到。语言能力不是先天拥有而是后天习得的。有效的语言行为是个体对刺激物作出的正确反应，语言学习过程就是语言习惯形成的过程。在语言学习过程中，外部影响是内因发生变化的主要因素，语言行为和语言习惯受外部语言刺激的影响而发生变化。

Skinner 的言语行为理论基于他提出来的操作性条件作用学说。操作性条件作用是操作—强化的过程，重要的是跟随操作后的强化（即刺激），跟随操作后的强化对有机体的后续行为有积极的促进作用。Skinner 设计了一个箱子（Skinner Box），在这个箱子里，一个操纵杆与一个装着食丸的装置相连接。一只饥饿的白鼠被放进箱内，一开始，白鼠会在箱子里四处乱窜，在四处乱窜（非相关行为）中白鼠会偶然踏上操纵杆（相关行为），提供食丸的装置就会自动落下一粒食丸。在经过多次尝试、犯错误后（trial and error），白鼠便在按压操纵杆和可以吃到食丸之间建立起联系，而获得食丸又会强化白鼠按压操纵杆这个行为。同样，当一个儿童说出一句话时，如果他得到反馈和强化（来自他人的赞许和肯定），那么这句话就会被习得并保持下来成为一个习惯。例如，当一个儿童说"我要喝牛奶"时，家长给他一些牛奶（强化物），如此反复多次之后，儿童就习得了"我要喝牛奶"这句话。

20 世纪五六十年代的语言学习和语言教学深受行为主义学习理论的影响，反映在外语教学上就是以听说法、视听法和采用句型操练为主的教学模式，目的是让语言学习者对目的语进行大量的重复和操练，达到"刺激—反应"的效果，最终帮助他们形成语言习惯，塑造言语行为。反复操练一直被看作语言学习的一个重要、有效的手段，尤其被广泛地应用于外语学习的初级阶段。

Skinner 的语言观和语言学习观对语言学习和教学产生了深远的影响，模仿、练习和强化等手段在语言学习和教学中得到了广泛的应用。然而，人们逐渐质疑行为主义学习理论，美国著名语言学家 Chomsky 首先对 Skinner 提出的言语行为进行了猛烈的批评和抨击。Chomsky 提出刺激贫乏假说，指出儿童的语言习得只有语言环境和语言刺激远远不够，尤其是当语言刺激贫乏的时候，也就是说，成人不可能为儿童示范每一个句子，儿童也不可能通过模仿来学会说每一句话。成人也并不总是对儿童说出的话进行强化，即使有强化，也是针对话语的内容而较少关注话语的形式和结构。以下母子对话的例子充分说明（McNeill，1966），儿童可以通过模仿习得语音和词汇，但不能仅仅靠模仿习得句法。

C：Nobody don't like me.

M：No，say "Nobody likes me."

C：Nobody don't like me.

（Eight repetitions of this dialogue）.

M：No，now listen carefully：say "Nobody likes me."

C：Oh! Nobody don't likes me.

O'Grady（2005）记录了一位父亲和他三个孩子之间的对话，表明频繁重复的无效性。

Daughter：Want other one spoon，Daddy.

Father：You mean，you want THE OTHER SPOON.

Daughter：Yes，I want other one spoon，please，Daddy.

Father：Can you say "the other spoon"?

Daughter：Other... one... spoon.

Father：Say "other".

Daughter：Other.

Father："Spoon."

Daughter：Spoon.

Father：" Other…spoon. "

Daughter：Other…spoon. Now give me other one spoon?

Chomsky 认为行为主义学习理论不能解释儿童言语行为中的生成性和创造性，只靠"刺激—反应"不能培养出儿童的语言交际能力。

二、认知发展论

认知科学流派取代了行为主义，对语言学习作出了新的解释。认知是心理过程的一部分，是信息加工过程中的最高阶段。认知流派认为，语言学习是人类认识世界的一部分，因此，应将它放在整个人脑认识事物的框架中加以考察与分析。

以 Piaget 为代表的认知流派认为认知发展是语言发展的基础，语言发展是认知发展的一个有机组成部分，语言能力是个体认知能力的一个方面，是主体与客体相互作用的产物。Piaget 坚持认为语言既不是先天的也不是后天习得的，而是儿童当前的认知水平与当前的语言和非语言环境交互的结果。语言是伴随着认知发展而发展的，认知结构发展到一定阶段，语言才会出现。语言发展受制于认知发展，例如，当一个儿童掌握了大小、比较的概念之后，才有可能说出以下句子："This car is bigger than that car."同时，语言的产生对认知能力的发展也起着很大的促进作用。一方面，有了语言，人们可以交流思想、信息；另一方面，语言能帮助人们更好地进行思维和认知新事物。可见，语言活动既是一种认知活动，又是以认知为基础的。

Piaget 指出，儿童认知发展经历了几个不同的发展阶段。这几个发展阶段分别是：感觉运动阶段，前运算阶段，具体运算阶段，形式运算阶段。每一个发展阶段均有一个独特的、基础的认知结构，所有儿童都遵循这样的发展顺序。在 Piaget 看来，感知运动阶段的儿童只能通过对世界的直接知觉(感知)和他们对外界施加的活动(动作)来理解世界。语言在感觉运动阶段的最后几个月才出现，在儿童习得客体恒存性之前，说出的词都是"当地当时词"。在获得对客体恒存性的认知之后，即当某一客体从儿童视野中消失时，儿童知道该客体仍然存在。这个时候儿童的语言中才会出现"allgone"和"more"这样的用语。"allgone"可以表示"牛奶没有了""爸爸妈妈都走了"，"more"可以表示"还要喝牛奶""还要饼饼"等意思。除了习得语言之外，儿童还逐渐获得许多其他的符号功能，如象征性游戏、绘画等。在前运算阶段初期，儿童处于自我中心言语(egocentric speech)阶段，缺乏倾听能力，没有信息和意念的交流。在前运算阶段后期，儿童发展到能用社会言语(social speech)与他人进行交流。在具体运算阶段，儿童逐渐具有言语理解能力，能够理解语言，并运用语言解决具体问题。在形式运算阶段，青少年的语言表达超越了具体事物，除了用语言表达现实性以外，还能够用语言表达未来和可能性。

Vygotsky则认为语言是儿童认知发展过程中的一个强有力的工具，语言发展在认知发展中起着至关重要的作用，语言发展带动认知发展。语言是儿童用来认识与理解世界的一种中介工具，是一种思维工具。

语言作为儿童与他人进行社会交往的工具，具有交际功能。成年人和同伴在儿童的社会交往过程中起着重要作用。在与儿童进行交往的过程中，成年人通常对儿童进行解释、给予指导、提供反馈并引导交流。而同伴则在游戏与课堂情境中通过对话来促进儿童之间的合作。儿童可以通过与比自身更有能力的人一起进行有意义的活动来学习，通过活动进行对话、交流思想，从而得到发展。

语言在形成儿童智力行为中起着指导和调节的作用，语言发展是在社会文化历史环境中实现的。Vygotsky认为"自言自语式"的外在言语是个人言语内化的先兆，是内部言语的开端。个人言语是引导个体思维与行为的自我谈话，在自我调控发展中起重要作用。随着儿童的成熟，这种喃喃自语逐渐发展为耳语、口唇动作、内部言语和思维，从而完成内化过程。具体的发展顺序为：外在社会言语→个体的外部言语→自我中心言语→内部言语。

总之，认知科学认为人的语言能力从属于人的一般认知能力，语言能力跟一般认知能力没有本质上的差别，语言能力的发展跟一般认知能力的发展有着极为密切的联系。认知心理学主张语言是受规则支配的创造性活动，语言学习是掌握规则、构建意义，而不是形成习惯。语言学习是一个认知过程，涉及词汇提取、选择语法规则等步骤，要求学习者对所学语言结构提出假设，作出判断，并根据新的语言输入来证明假设的正确与否。语言学习是在学习者不断对目的语进行预测、提出假设、验证假设、纠错过程中进行的。

认知发展论解释语言习得的不足之处在于：认知发展论不是专门解释儿童语言习得问题的，因此语言习得中的许多问题并未找到答案；语言发展受诸多因素的影响，只强调认知一个方面的因素是不全面的；认知发展论只强调认知能力对语言能力的影响，忽略了语言能力发展对认知能力发展的影响。

三、心灵主义的"内在论"

20 世纪 50 年代，美国语言学家 Chomsky 开始对行为主义学习理论产生了质疑，认为 Skinner 的言语行为理论无法解释人类习得语言的潜能、语言发展、语言的抽象性、语义等问题。Chomsky 在对语言进行深刻的哲学思考的基础上创建了生成语言学流派，着重探讨语言的本质问题，对语言的心理属性进行了深入的探讨，使理性主义又回归到语言研究中的主导地位。Chomsky 认为学习语言不是对环境的刺激所做出的反应，而是人脑根据有限的规则创造出无限句子的过程。Chomsky 认为，一种语言的说话者观察到该语言的有限话语，基于这些有限的语言经验，就可以产生无限多的新话语，并且这些新话语能够为该语言社团的其他成员所接受。语言是先天的、具有生物学基础的、相对独立的一种能力，这种能力表现为人类大脑中与生俱来的"语言习得机制"（Language Acquisition Device，LAD），语言习得机制包括人类语言的普遍蓝本，如语言类别、句法层次结构、语法制约等内容。这些内容是无法从儿童语言经验中归纳总结出来的。语言习得机制促使人类能够生成语法、生成语句，生成能力是语言学习最重要的一个特点。在 Chomsky 看来，环境并没有为儿童提供足够的语言刺激，如果没有语言习得机制，儿童就不可能习得十分复杂的语言系统。Chomsky 提出的刺激贫乏论（The Poverty of Stimulus Argument）充分说明了这一点。语言习得机制包含所有自然语言中的普遍现象，能够解析这种普遍现象的一套原则和规则系统构成了普遍语法（Universal Grammar）。普遍语法是人类特有的，是遗传所赋予的，人类天生就具有一套普遍语言规则。

Chomsky 的转换生成语法强调语言的普遍性（linguistic universals）。Chomsky 认为尽管各种语言在表层结构（surface structure）上有所不同，但它们的深层结构（deep structure）非常相似，人类习得语言的过程也基本上相同。

Chomsky 区分了语言能力（linguistic competence）和语言表现（linguistic performance）这两个概念。语言能力指理想的母语使用者所具有的关于语法规则的知识，是不能从外部直接观察到的。这种语言知识使得人们可以理解并生成语句，包括说出从没有听说过的句子。

语言表现指个人对语言的实际运用。一个人的语言知识不同于他用这种知识来生成句子和理解句子的方式。人们在某些场合对语言的实际运用，由于受心理、生理和社会因素等影响而发生偏离语法规则的现象，不一定能真实地反映出他们的语言能力。

普遍语法理论认为人类的语言是由一些共同的语言规则构成的，这些规则包括原则和参数。原则指比较抽象的语法规则，适用于所有语言。参数指因语言不同所产生的差异，主要根据具体的语言数据来定值，如某一语言是 S+V+O 结构还是 S+V+O 结构等。Chomsky 一方面强调作为原则系统的普遍语法是人类共有的、是先验地存在于人脑中的；另一方面他也承认后天经验在形成语言能力过程中的作用。他明确指出，人类的说话能力一部分归于天赋观念，一部分归于后天的语言接触（language exposure），而且这种天赋的语言习得能力只有在后天的语言接触的激活下才能体现出来，是先天和后天的相互作用才能形成的语言能力。在 Chomsky 看来，学习一种语言就是学习个别语法，将普遍语法的原则应用于某一种具体的语言。

Lenneberg(1967)在《语言的生物基础》一书中收集了大量的失语症、语言发展滞后等研究证据，这些证据充分说明了内在因素在语言发展中的作用。

心灵主义的"内在论"强调儿童语言习得具有较强的系统性。在习得的任何阶段，儿童根据语言输入对语言做出各种假设，并在言语产出时测试这些假设。在儿童语言发展过程中，这些假设不断地得到修正、重塑，甚至摒弃。

"内在论"的不足之处在于：人脑中存在的语言习得机制只是一种假说，是思辨的结果，很难通过实证研究得到证实。Chomsky 将语言习得机制与人类的其他功能分开，认为语言能力与智力没有直接联系。"内在论"对环境的作用估计不足。语言体系由社会约定俗成，儿童离开社会环境，即使有语言习得机制，也无法识别和应用第一语言的语法规则。

四、语言功能论

语言功能论的代表人物是著名的语言学家 Halliday。语言功能论从语言交际功能的角度研究语言发展。儿童语言习得是为了学会如何表达意义，如何用语言做事，进行交际。对儿童来说，掌握语言结构固然重要，但更重要的是掌握语言的语义体系和语用体系。Halliday 认为，只从语言结构的角度探讨儿童语言习得，不能解释儿童为什么能掌握成人的语言体系、儿童的语言体系如何过渡到成人的语言体系。儿童语言习得过程是认识世界并与世界进行交往的过程，是学习如何通过使用语言表达各种意义(learning how to mean)的过程，是不断社会化的过程。

成人语言与儿童语言的根本区别在于，成人能在抽象、间接的情景中使用语言，儿童学习语言是学习如何脱离间接的语境，通过使用语言实现各种交际目的。儿童的语言体系中首先有意义体系，儿童语言要借助成人语言，由简单到复杂，在交际过程中不断得到完善，逐渐向成人语言体系接近直至吻合。Halliday 认为，儿童语言的发展从一开始就是通过说话实现某种目的的产物。一个孩子出生之后，首先需要逐步认识周围的人和事物，还需要学会与周围的人交往，通过交往既要满足物质上的需求，也要满足精神上的需要。Halliday 将儿童语言习得过程分为三个阶段：第一个阶段是原型语言(protolanguage)阶段，第二阶段是原型语言阶段到成人语言的过渡阶段，第三阶段是学习成人语言阶段。原型语言的符号是儿童自己创造出来的，每一个声音都有其独特的功能。原型语言有两个特点：第一，每个声音或每句"话"只能发挥一种功能；第二，每种语言只有声音和意义两个层次，而成人语言除了语音和意义两个层次之外，还有词汇—语法这个中间层次。当儿童语言向成人语言过渡时，将经历一个过渡阶段。过渡阶段的语言(transitional language)不同于原型语言，每个语音或每句话都能同时发挥两种或三种功能。掌握全部语言功能是向成人语言系统转变的充分必要条件。当进入成人语言阶段时，语言便有了语义、词汇—语法和语音三个层次。

语言功能论从语言交际功能的视角来说明第一语言习得过程，注重阐述儿童对语言意义和功能的掌握。在该理论的影响下，产生了功能法教学流派。

以上四种有关第一语言习得的理论可以归纳为：行为主义的"刺激—反应"论认为后天环境的外部因素决定一切，儿童必须通过大量的练习、模仿和强化习得语言；认知发展论认为语言习得是先天与后天相互作用的结果，语言能力是认知能力的一部分，语言发展是伴随着认知发展而发展起来的；心灵主义的"内在论"认为儿童先天的语言习得机制决定一切，儿童人脑中的普遍语法使得儿童具有生成语法、生成语句的能力；语言功能论将第一语言习得看作语义体系掌握的过程，是儿童掌握不同语言方式来表达各种功能的过程。

综合以上观点，可得出如下结论：(1)儿童第一语言习得是先天语言习得能力和后天环境作用的结果。语言习得既需要语言规则的内化，又需要通过模仿、操练形成语言习惯。(2)儿童的语言能力是认知能力的一部分，与他们的认知发展水平相匹配。（3）第一语言习得既包括语言结构的习得，也包括语言功能的习得。（4）儿童的语言习得是在交际中实现的。

第四节　第二语言习得

第二语言习得通常指母语习得之后的任何其他语言的学习。第二语言习得研究在 20 世纪 60 年代末 70 年代初逐步形成一个独立的学科，以 Corder 于 1967 年发表的经典论文《学习者错误的意义》（"The Significance of Learners' Errors"）为标志。该学科研究学习者的第二语言特征及发展变化、学习者学习第二语言所具有的共同特征和个体差异，并分析影响二语习得的内部和外部因素。

一、第二语言习得的特征

第二语言习得包括在自然(非学校)环境中和基于课堂环境的第二语言学习。当语言使用者在保持第一语言的同时习得第二语言，这一过程被称为附加型双语现象(additive bilingualism)。与附加型双语现象相反，削减型双语现象(subtractive bilingualism)是指在学习第二语言时失去第一语言的流利程度。削减型双语现象在移民儿童群体中很普遍。双语者可以分为同步双语者(simultaneous bilinguals)和顺序双语者(sequential bilinguals)。顺序双语者是在学习了第一语言之后再开始学习第二语言，在语言使用(频率)、水平(流利度)、领域(日常或职业)以及形式(听、说、读、写)等方面都可能出现一定的区别(Grosjean，2013)。

与母语习得不同，第二语言习得具有其自身独有的特征，主要表现在关键期假说、母语迁移和习得上限等几个方面。

(一) 关键期假说

有不少学者认为在第二语言习得过程中同样也存在关键期(如 Scovel，1988；Singleton，1989；Johnson，1992 等)，关键期对外语习得有着明显的影响。在关键期内，大脑的可塑性不仅能使儿童顺利地习得第一语言，还能让他们顺利地习得第二语言。Scovel 等学者认为第二语言习得的关键期可持续到青春期，过了青春期，学习者习得第二语言的难度会逐渐加大。

关键期假说面世以来，带动了大量的研究，也引发了许多争论，争论的主要内容是关键期的确切年龄段，语言学习的哪一部分会受到影响，以及语言关键期假说是否成立等。Seliger 等（1975）调查了 300 多名到美国和以色列多年的移民，结果发现，10 岁前到达目的语国家的移民中有 85% 不带母语口音，16 岁之后到达目的语国家的移民中有 92% 带有口音。美国前国务卿亨利·基辛格（Henry Kissinger）是在十几岁的时候移民美国的，他的英语保留了十分明显的德国口音；而他的弟弟虽然只比他小几岁，却没有德国口音。英国作家约瑟夫·康拉德（Joseph Conrad）的母语是波兰语，虽然他被公认为 20 世纪最杰出的英国小说家之一，但他的口音重得连他身边的朋友都无法听懂。

在第二语言习得初期，成人掌握语言的速度优于儿童，但从最终的学习成效来看，儿童却具有无可争议的优势。Johnson 和 Newport（1989）的研究具有里程碑意义。Johnson 和 Newport 考察了本族语是韩语和汉语、年龄在 3 岁和 39 岁之间移民到美国去的不同年龄段的被试，为了进行比较，该研究还有一组英语为本族语的被试。Johnson 和 Newport 向被试呈现一系列符合语法和不符合语法的英语句子，要求他们确认句子是否符合英语语法。结果表明早期到达的被试优于较晚到达美国的移民。3~7 岁到达美国的被试成绩比年龄较大时到达美国的被试成绩好，并且和本族语为英语的美国人之间没有区别，8~15 岁移民美国的被试则抵达时间越晚得分越低，17~39 岁移民美国的被试表现最差。在 0~16 岁到达美国的被试中，到达年龄和语法成绩之间呈现明显的负相关，即学习英语的年龄越迟，对英语语法的掌握越差。Johnson 和 Newport 指出，语言的关键期在人类认知神经机制发育成熟时相应地结束，时间大约在十几岁的后半段，并得出以下结论：晚期语言习得年龄决定了一个人不会成为一门语言的类母语者或者近似类母语者的水平。DeKeyser（2000）借鉴了 Johnson 和 Newport 的研究方法，运用语法判断测试题调查了 57 名母语为匈牙利语的英语学习者的英语学习情况，这些被试在美国居住时间均超过十年，研究发现，习得年龄与最终学习成效之间呈显著性负相关。DeKeyser 分析如下，儿童和成人运用不同的认知功能去学习语言，儿童通过内隐机制习得语言，成人则更多地依赖分析能力学习语言。Abranhamsson 和 Hyltenstam（2009）以西班牙—瑞典语双语者为研究对象，测试他们的第二语言——瑞典语是否达到母语水平，发现达到母语水平的被试大部分是在 12 岁之前接触到第二语言，只有小部分被试是 12 岁之后接触第二语言的。Abranhamsson 和 Hyltenstam 认为成人和大多数儿童的第二语言永远无法达到母语水平。

也有学者得出不同的结论，Birdsong 和 Molis（2001）调查了 20 名（平均年龄为 23 岁）以英语为母语的法语学习者习得法语连音辅音的情况，结果发现其中 4 人的语素和语音正确率为 100%，已达到母语水平。研究结果显示，即使过了关键期以后开始学习第二语言，学习者也有可能达到母语水平。Birdsong 和 Molis 指出第二语言学习者的最终语言水平不仅受学习起始年龄的影响，也受母语与第二语言之间的差异和第二语言使用情况的影响。Hakuta、Bialystock 和 Wiley（2003）对 1990 年美国人口普查中语言背景为西班牙语和汉语的 230 万移民数据进行了研究，发现虽然到达美国的年龄从出生增加到约 60 岁，英语熟练程度有明显的下降，但在 15 岁之前和之后没有急剧的突变。以上研究结论均不支持关键期假说。有学者认为，虽然年龄因素是大脑处理语言信息的生理基础，但是同时起作用的还有许多其他因素，如第二语言输入量和输入方式、学习者的言语分析能力以及二语学习动机等（Birdsong，2006，引自 Schmitt & Rogers，2020）。

综观目前的研究结果，有关第一语言习得和外语学习的关键期是否存在、年龄因素对外语学习是否产生影响的问题，概括起来主要有以下三种观点：

（1）关键期的确存在，但主要反映在口音方面。当学习外语的起始年龄超过了关键期，便很难习得像本族语者一样的发音。

（2）关键期现象存在，除反映在口音方面还反映在句法方面。在单位时间内，青少年比儿童和成人在习得语法和词汇时表现更为出色。因为青少年已具有较高的认知水平、模仿能力和记忆力，比儿童更善于运用语言学习策略和语言交际策略。同时，他们的情感阈限较成人的低，一般不会过多地去计较在语言学习时他人对自己的态度和评价。

（3）关键期假说不成立，对口音也没有任何影响。

尽管在任何年龄段都能学习和掌握一种新的语言，但在青春期后与青春期前学习一门新语言，大脑处理语言信息的神经回路是不一样的。有研究表明，由于受到不同语言的刺激，双语者大脑的灰质区域要比单语者大得多。

(二) 母语迁移

迁移（transfer）是一个心理学术语，指先前的学习对后续学习的影响。起促进作用的影响，其效果是正向的，就叫作正迁移；起干扰作用的影响，其效果是负向的，就叫作负迁移。在二语习得中，母语对学习者的影响是一个普遍存在的现象。母语迁移是 Lado（1957）在对比分析（The Contrastive Analysis）理论中提出来的概念。Lado 认为对某两种语言（第一语言和第二语言）进行系统的对比分析，可以找出两者之间的异同之处。母语与目的语相似的地方促进目的语的学习，有差异的地方则会阻碍目的语的学习。差异越大，学习难度就越大。第一语言与目的语的相似之处可以产生正迁移，而不同之处则产生负迁移。教师在教学中要有的放矢地重点讲解二语与母语的不同之处（即学习的难点），帮助学习者解决语言学习难题，只有这样，才能减少或避免学习者的语言错误。

母语对目的语产生的正迁移表现在多个方面（Odlin，2001）：（1）母语与目的语词汇的相似性能较快地提高学习者的阅读理解能力。（2）母语与目的语文字系统的相似性可以帮助学习者更好地学习目的语的阅读和写作。（3）母语与目的语结构的相似性有助于目的语语法的学习。母语与目的语之间的差异会对目的语学习产生干扰，发生负迁移，具体表现为：（1）过低输出（underproduction）。（2）过高输出（overproduction）。（3）输出错误(production errors)。(4)误解(misinterpretation)。如果目的语中的语言结构与母语的结构大相径庭，学习者就会尽量避免使用这些结构，造成过低输出。过高输出可能是过低输出造成的结果。例如，在英语写作中，中国的英语学习者较少使用复杂句，而过多使用简单句型。另外，学习者会较多使用母语中与目的语相似的语言结构。学习者还可能用母语形式代替目的语形式，如英语单词"although"本来就有"虽然……但是……"的意思，但很多中国英语学习者在造句时，往往还是会在第二个从句前加上"but"一词，见例句(1)。例句(2)是一位法国英语学习者造的句子，该句子直接照搬法语句式("Je suis ici depuis lundi.")。还有一种情况，就是将母语直接译成目的语，如有些餐馆在翻译"夫妻肺片"这道菜名时，直译为"夫妻的肺片"，见例句(3)，从而造成输出错误。

(1)**Although** it rained heavily, **but** we had a lot of fun in the park. (Although it rained heavily, we had a lot of fun in the park.)

(2)**I am here since Monday**. (I have been here since Monday.)

(3)**Husband and wife's lung piece**(Sliced beef and ox tongue in chili sauce)

(三) 习得上限

在二语习得研究领域，习得上限(ultimate attainment)指学习者习得的最终水平。习得上限是二语习得年龄研究中的一个重要话题。母语习得的最终状态一般是成功的，而二语习得的最终状态一般被认为是失败的。因为不管母语习得者努力与否，最终都能熟练地掌握母语。而不管学习者付出多大的努力，大部分二语学习者都很难达到非常熟练的水平，即类母语水平(nativelikeness)。有些基于 ERP(Event Related Potential，事件相关电位)和 fMRI(funtional Magnetic Resonance Imaging，功能性磁共振成像)的研究发现，儿童从出生到 3 岁这段时间开始习得二语，能够达到类母语者水平；3 岁之后开始到青春期之前习得二语，二语语义加工能力可以达到类母语者水平，但句法加工能力似乎很难达到；青春期之后开始习得二语，习得者很难达到类母语水平。这表明双语者和单语者在语言习得过程中虽然有着统一的神经网络系统，脑区在很大程度上也是重叠的，但是这个神经网络系统在二语习得过程中的激活强度取决于二语习得年龄（引自Friederici，2017）。二语习得上限除了受习得年龄的影响，还受到居住时间、测试年龄、第二语言或第一语言受教育程度以及与第二语言社会充分融合的动机等因素的影响。

有研究显示，即使学习者学习第二语言的年龄超过了关键期，仍然能够达到母语者水平。例如，Boxtel（2005）考察了熟练晚期荷兰语学习者的语法习得情况。学习者的母语背景分别是德语、法语和土耳其语，实验者要求这些被试完成一个句子的选择任务以及一个模仿任务。结果发现，部分晚期熟练荷兰语学习者的反应模式能够达到母语者的水平。

Granena 和 Long（2013）以 65 名母语为汉语的西班牙学习者和 12 名以西班牙语为母语的对照者为研究对象，探讨同一个体中三个语言领域的成熟制约的范围和时间，以及不同年龄段的第二语言接触量和语言能力倾向在不同领域中的潜在作用。三个学习者群体的年龄分别是 3~6岁、7~15 岁和 6~29 岁。研究结果显示，被试的机会窗口首先在第二语言音位学上关闭，接着在词汇和搭配上关闭，最后在青少年中期的形态句法上关闭。

那么，如何来衡量二语学习者的类母语水平呢？有研究者指出，把母语习得达到的状态作为标准来衡量二语习得是不对的（Cook，1997；Grosjean，1980），因为从社会、心理和认知的角度来看，双语者并不是两个单语者的重合。关于类母语水平的错误判断之一是以语言行为代替语言能力。类母语水平是语言能力，并非语言行为。Hyltenstam 和 Abrahamsson（2003）的观点是误判的典型。他们认为，学习年龄推迟而导致学习机制缺损，如果衡量"二语综合水平"的话，"完美水平"和"绝对类母语水平对于晚学者来说是永远不可能的"。他们提出的"完美水平"和"绝对类母语水平"实际上指二语者所有的语言行为都和母语者完全一致，这显然是对类母语水平的错误理解。关于对类母语水平的另一个错误认识是以单语者代替双语者，单语者母语水平和双语者类母语水平不是完全相同的。

类母语水平研究的意义在于描述二语习得水平上限。二语习得研究传统上注重习得过程而忽视习得结果研究，而类母语水平研究以母语者为参照组来确定二语习得各个层面的最终习得水平，为双语者学习潜能提供了一定的标准。

二、双语的长期效应

有大量研究表明，双语具有长期效应，主要表现在认知优势和脑结构的整合方面。双语者在学习策略、问题解决、冲突解决、注意力控制、执行控制能力、认知切换等非语言方面，都表现出一定的优势（何文广、陈宝国，2011）。倪传斌（2015）梳理和分析了双语效应的具体表现和影响因素，发现在大脑结构方面，双语长期效应表现为大脑萎缩的延迟和大脑结构的整合；在功能方面，双语者抑制性控制能力得到提升，任务切换灵活性得到改善，工作记忆容量得到扩充，认知计划能力得到增强。影响双语效应的因素有二语水平、习得二语的年龄和语种数目，具体表现为二语水平越高、习得二语年龄越早、使用语种数目越多，双语长期效应越明显。

（一）双语者的认知优势

儿童从小开始学习二语对他们的智力、思维能力、创造力是否会产生影响？早期有研究者（如 Goddard，1917；Saer，1922，1923）指出，习得两种语言会给双语者造成困惑，导致双语者思维混乱、优柔寡断，两种语言能力分别都低于单语者。直到 20 世纪 50 年代，心理学家们意识到早期解释双语者有认知劣势的研究混淆了许多变量，在研究设计方面存在一定的问题，如未控制社会经济地位、父母职业、儿童居住时间以及文化差异等变量。

Peal 和 Lambert（1962）是最早发现双语者存在认知优势的研究者。Peal

和 Lambert 比较了在年龄、性别和社会经济地位上相匹配的法语—英语双语儿童和法语单语儿童的智力，结果发现，法语—英语双语儿童在语言和非语言两种认知测试中的得分均高于法语单语者。相对于单语儿童来说，双语儿童具有很好的元语言意识，能够更好地处理形式和意义之间的不同关系，并且能更好地忽略一些非相关信息。Peal 和 Lambert 得出以下结论：双语者相对于单语者具有更大程度的认知灵活性。继 Peal 和 Lambert（1962）研究之后，不断有实证研究证实双语者存在认知优势。首先，双语者具有更好的元认知意识（Duncan，2005），双语者对自己的认知过程有一个清楚的认识，如运用了什么学习策略、学习目标是否达成等。双语者具有更好的元语言意识（Bialystock，2001），对语言形式或结构有一个清晰的认识，并清楚这些形式或结构意义之间的关系。其次，在两种语言之间转换，双语者具有更强的符号表征能力和抽象推理能力、更好的学习策略（Bochner，1996；Bialystok et. al.，2003），以及更好的认知灵活性（Kovacs & Teglas，2002）。Adesope 等人（2010）发现双语者在元语言意识方面存在优势，如象征性表征（symbolic representation）、单词意识（word awareness）、句法意识（syntactic awareness）和音系意识（phonological awareness）等。

除此之外，双语者的一个最重要的认知优势体现在执行功能（executive function）方面。执行功能指有机体对思想和行动进行有意识控制的心理过程，是人类执行高级思维、多项任务或持续注意等活动时必须具备的认知技能。执行功能包含三个核心成分：认知灵活性、抑制和工作记忆（Bialystok & Viswanathan，2009）。执行功能在人类出生几年后才逐渐形成，随着年龄增长、肌体老化而逐渐衰退。双语体验对执行功能会产生一定的优势影响，特别是抑制控制能力、注意力控制以及认知转换方面。有证据显示，早期双语不仅会改变某些脑区在一般认知控制中的行为表现，而且会引发相应脑功能变化。例如，在处理非语言任务转换时，单语者激活的脑区仅为一般执行控制区域（右下额叶和前扣带回），而双语者激活的脑区不仅有一般执行控制区域，还包括传统的语言区域（左前额叶和左纹状皮层）。双语者长期在两种语言之间切换，需要执行功能选择目标语言并且抑制非激活语言的干扰，由此在执行功能上体现出显著的双语认知优势效应（Bialystok et al.，2012；Costa & Sebastián-Gallés，2014）。

Blom 等人（2014）研究了双语儿童在视觉空间和言语工作记忆测试中是否优于单语儿童，此外，还探讨了双语水平、家庭语言使用和工作记忆之间的关系。研究发现，在控制社会经济地位和词汇的情况下，土耳其—荷兰语儿童在视觉空间和语言工作记忆测试中表现出认知能力有所提高，在需要信息加工处理而不仅仅是存储的测试中尤其如此。

Hilchey 和 Klein（2011）的研究证实，双语儿童和成人在执行功能方面都优于单语者，并且这种执行功能的优势一直持续到老年阶段。有很多研究发现，在简单的认知任务上，双语者和单语者的成绩并没有显著的差异，只有在任务比较复杂的情况下双语者的认知优势才体现出来。例如，在要求更多监控和转换的情况下，双语者表现出更多的优势、取得更好的成绩（Bialystok，2006；Costa et al.，2009）。

双语者的认知优势对认知反向（cognitive reverse）也起到了较好的促进作用。认知反向指正常老化过程中保持认知功能正常运作，推迟阿尔兹海默症的发生。有大量证据表明，双语经历有助于抑制正常的认知老年化，可以推迟老年人神经退行性疾病（如阿尔兹海默症）的临床症状长达 4~5 年（Alladi et al.，2013；Bialystok et al.，2007；Craik et al.，2010；Woumans et al.，2015）。Bialystok 等人（2007）发现，在被医院诊断为阿尔兹海默症的人群中，双语患者的平均年龄高于单语患者的平均年龄。Alladi（2016）发现中风后认知功能恢复正常的双语病人比例是单语病人比例的两倍，且患永久性认知障碍的概率明显小于单语者。

自 Peal 和 Lambert（1962）以来，双语认知优势效应的研究已有半个世纪。研究者从诸多认知领域证实了双语认知优势的存在，为语言和认知之间的关系提供了更深层次的理解，即语言不仅可以改变人们的思维和认知，而且可以塑造人们的大脑结构和功能。尤其是双语可以显著抑制、延缓老年人认知衰老、退化的发现，为老年认知能力退化病理学研究提供了新的思路。同时，有关双语熟练度和第二语言习得年龄因素的研究，对双语教学有一定的指导意义。

(二)双语者认知优势的大脑机制

在语言加工过程中，由于两种语言之间存在竞争关系，双语者需要激活一种语言，同时还要抑制另一种语言，有更多的与执行功能相关的脑区参与。近年来，有研究开始考察双语加工的大脑机制。Hernandez 等人(2000)发现，双语者在两种语言之间转换时，需要激活与一般执行功能相关的背外侧前额叶(dorsolateral prefrontal cortex)，同时也激活布洛卡区，充分表明双语者在二语加工过程中(如语法分析等)需要更多的认知资源。Nakamura 等人(2010)发现，当日语—英语双语者完成跨语言启动任务时，左侧额下回和左侧颞中回有很强的功能联结，表明双语者在进行加工时，左侧额下回对左侧颞中回的认知活动有一个自上而下的调节作用，由此可见左侧额下回在两种语言加工中的重要作用。

左侧额下回这个脑区在双语者进行语言转化或完成非语言的认知控制任务时都被激活。人们发现，在两种语言之间转换所激活的脑区和一般注意或认知控制的脑区存在很大的重叠，也就是说，双语者在加工两种语言时激活了与认知控制相关的大脑网络，这些脑区在双语者中被使用的频率更高，与其他脑区的联系也更强，这恰好解释了为什么双语者在一些任务中的表现比单语者强。

还有研究发现，双语经验改变了大脑中灰质和白质的密度。随着第二语言熟练程度的提高，母语者与双语者的 ERP(Effective Refractive Period, 有效不应期)在振幅、潜伏期方面的差异可能会缩小，甚至消失。在 Mechelli 等人(2004)的研究中，相对于英语单语者来说，意大利语—英语双语者的左侧顶下区域的灰质密度更高，并且两者差异的大小受二语习得年龄和熟练度共同调节，表明语言经验重塑了这个区域的解剖结构。Pliatsikas 等人(2014)发现，第二语言高度熟练者的小脑灰质密度的增加与语法加工呈正相关关系。Luk 等人(2011)考察单语老年人和双语老年人的白质完整性，发现双语老年人的大脑白质整体性更高，而且大脑额叶的重要语言功能与周围脑区的功能性联系更为广泛。这表明在老年化过程中，双语经验不仅改变了大脑的功能（脑区之间的连接更为广泛），而且改变了大脑的结构（有助于保持白质的完整性）。

综上所述，双语者长期的语言转换经验改变的可能不止是脑区的功能或联结方式，还有可能也改变了大脑的生理解剖结构。

参 考 文 献

Abranhamsson, N. , & Hyltenstam, K. Age of onset and nativelikeness in a second language: Listener perception versus linguistic scrutiny. *Language Learning*, 2009, 59: 249-306.

Adesope, O. O. , Lavin, T. , Thompson, T. , & Ungerleider, C. A systematic review and meta-analysis of the cognitive correlates of bilingualism. *Review of Educational Research*, 2010, 80: 207-245.

Alladi, S. , Bak, T. H. , Duggirala, V. , Surampudi, B. , Shailaja, M. , Shukla, A. K. ... Kaul, S. Bilingualism delays age at onset of dementia, independent of education and immigration status. *Neurology*, 2013, 81: 1938-1944.

Alladi, S. , Bak, T. H. , Mekala, S. , Rajan, A. , Chaudhuri, J. R. , Mioshi, E. ... Kaul, S. Impact of Bilingualism on cognitive outcome after stroke. *Stroke*, 2016, 47: 258-261.

Au, T. K. F. , & Markman, E. M. Acquiring word meanings via linguistic contrast. *Cognitive Development*, 1987, 2: 217-236.

Berko, J. , & Brown, R. Psycholinguistics research methods. In P. H. Mussen(Ed.), *Handbook of research methods in child development*. New York: Wiley, 1960: 517-557.

Berko, J. The child's learning of English morphology. *Word*, 1958, 14: 150-177.

Bialystok, E., & Viswanathan, M. Components of executive control with advantages for bilingual children in two cultures. *Cognition*, 2009, 112: 494-500.

Bialystok, E. *Bilingualism in development: Language, literacy, and cognition*. Cambridge: Cambridge University Press, 2001.

Bialystok, E. Effect of bilingualism and computer video game experience on the Simon task. *Canadian Journal of Experimental Psychology*, 2006, 60: 68-79.

Bialystok, E., Craik, F. I. M., Freedman, M. Bilingualism as a protection against the onset of symptoms of dementia. *Neuropsychologia*, 2007, 45: 459-464.

Bialystok, E., Craik, F. I. M., & Luk, G. Bilingualism: Consequences for mind and brain. *Trends in Cognitive Sciences*, 2012, 16: 240-250.

Bialystok, E., Majumder, S., & Martin, M. M. Developing phonological awareness: Is there a bilingual advantage? *Applied Psycholinguistics*, 2003, 24: 27-44.

Bickerton, D. *Roots of Language*. Ann Arbor, MI: Karoma, 1981.

Bickerton, D. Creole language. In WSY Wang (Ed.), *The emergence of language: Development and evolution*. New York: Freeman, 1983: 59-69.

Bickerton, D. The language bioprogram hypothesis. *Behavioral and Brain Sciences*, 1984, 7: 173-221.

Bickerton, D. How to acquire language without positive evidence: What acquisitionists can learn from Creoles? In M. Degraff(Ed.), *Language creation, and language change: Creolization, diachrony, and development*. Cambridge, MA: MIT Press, 1999: 49-74.

Birdsong, D., & Molis, M. On the evidence for maturational constraints in second language acquisition. *Journal of Memory and Language*, 2001, 44: 235-249.

Blom, E. , Küntay, A. C. , Messer, M. , Verhagen, J. , & Leseman, P. The benefits of being bilingual: Working memory in bilingual Turkish-Dutch children. *Journal of Experimental Child Psychology*, 2014, 128: 105-119.

Bochner, S. The learning strategies of bilingual versus monolingual students. *British Journal of Educational Psychology*, 1996, 66: 83-93.

Bornstein, M. H. , Cote, L. R. , Maital, S. , Painter, K. , Park, S. Y. , Pascual, L. , Vyt, A. Cross-linguistic analysis of vocabulary in young children: Spanish, Dutch, French, Hebrew, Italian, Korean, and American English. *Child Development*, 2004, 75: 1115-1139.

Boxtel, S. J. V. *Can the late bird catch the worm? Ultimate attainment in L2 syntax.* Utrecht: LOT, 2005.

Brown, R. *A first language: The early stages.* Cambridge, MA: Harvard University Press, 1973.

Brown, R. , & Berko, J. Word association and the acquisition of grammar. *Child Development*, 1960, 31: 1-14.

Carey, S. , & Bartlett, E. Acquiring a single new word. *Proceedings of the Stanford Child Language Conference*, 1978, 15: 17-29.

Caselli, M. C. , Bates, E. , Casadio, P. , Fenson, I. , Sanderl, I. , Weir, J. A cross-linguistic study of early lexical development. *Cognitive Development*, 1995, 10: 159-199.

Childers, J. B. , & Tomasello, M. Two-year-olds learn novel nouns, verbs, and conventional actions from massed or distributed exposures. *Developmental Psychology*, 2002, 38: 967-978.

Clark, E. V. Meaning and concepts. In J. H. Flavell, & E. M. Markman (Eds.), *Handbook of child psychology.* New York: Wiley, 1983: 787-840.

Clark, E. *The Lexicon in Acquisition.* Cambridge, UK: Cambridge University Press, 1993.

Cohen Sherman, J. , & Lust, B. Children are in control. *Cognition*,

1993, 46: 1-51.

Cook, V. J. Monolingual bias in second language acquisition research. *Revista Canaria de Estudios Ingleses*, 1997, 34: 35-50.

Corder, S. P. The significance of learners' errors. *International Review of Applied Linguistics*, 1967, 5: 161-169.

Costa, A. , & Sebastián-Gallés, N. How does the bilingual experience sculpt the brain? Nature Reviews Neurosciences, 2014, 15: 336-345.

Costa, A. , Strijkers, K. , Martin, C. Thierry, G. The time course of word retrieval by event-related brain potentials during overt speech. *Proceedings of the National Academy of Sciences of the United States of America*, 2009, 106: 21442-21446.

Craik, F. I. M. , Bialystok, E. , & Freeman, M. Delaying the onset of Alzheimer disease: Bilingualism as a form of cognitive reserve. *Neurology*, 2010, 75: 1726-1729.

Cronin, V. The syntagmatic-paradigmatic shift and reading development. *Journal of Child Language*, 2002, 29: 189-204.

Curtiss, S. *Genie: A psycholinguistic study of a modern-day "wild child."* New York: Academic Press, 1977.

DeCasper, A. , & Fifer, W. P. On human bonding: Newborns prefer their mothers' voices. *Science*, 1980, 208: 1174-1176.

DeKeyser, R. The robustness of critical period effects in second language acquisition. *Studies in Second Language Acquisition*, 2000, 22: 499-533.

Duncan, S. E. Child bilingualism and cognitive functioning: A study of four Hispanic groups. *Dissertation Abstract International. Section A: The Humanities and Social Sciences*, 2005, 65: 2895.

Eimas, P. D. , Siqueland, E. R. , Jusczyk, P. , Vigorito, J. Speech perception in infants. *Science*, 1971, 171: 303-306.

Feijoo, S. , Muñoz, C. , Serrat, E. Morphosyntactic cues to noun categorization in English child-directed speech. *Language and Communication*, 2015, 45: 1-11.

Fenson, I., Dale, P. S., Reznick, J. S, Bates, E., Thal, D. J., Pethick, S. J., & Stiles, J. Variety in early communicative development. *Monographs of the Society for Research in Child Development*, 1994, 59: 1-173.

Friederici, A. *Language in our brain: The origins of a uniquely capacity.* Cambridge: The MIT Press, 2017.

Gleitman, L. R., Newport, E. L., & Gleitman, H. The current status of the motherese hypothesis. *Journal of Child Language*, 1984, 11: 43-79.

Goddard, H. H. Mental tests and the immigrant. *Journal of Delinquency*, 1917, 2: 243-277.

Goldberg A. *Constructions: A construction grammar approach to argument structure.* University of Chicago Press, 1995.

Granena, G., & Long, M. H. Age of onset, length of residence, language aptitude, and ultimate L2 attainment in three linguistic domains. *Second Language Research*, 2013, 29: 311-343.

Graves, M. *The vocabulary book: Learning and instruction.* New York: Teachers College Press, 2006.

Greenfield, P. M., & Smith, J. H. *The structure of communication in early language development.* New York: Academic Press, 1976.

Grosjean, F. Spoken word recognition processes and the gating paradigm. *Perception Psychophysics*, 1980, 28: 267-283.

Grosjean, F. Bilingualism: A short introduction. In F. Grosjean, & P. Li (Eds.), *The psycholinguistics of bilingualism* (2nd ed.). Hoboken, NJ: Wiley-Blackwell, 2013: 5-25.

Hakuta, K., Bialystok, E., Wiley, E. Critical evidence: A test of the critical-period hypothesis for second-language acquisition. *Psychological Science*, 2003, 14: 31-38.

Hampson, J. , & Nelson K. The relation of maternal language to variation in rate and style of language acquisition. *Journal of Child Language*, 1993, 30: 313-342.

Heibeck, T. H. , & Markman, E. M. Word learning in children: An examination of fast mapping. *Child Development*, 1987, 58: 1021-1034.

Hernandez, A. E. , Martinez, A. , Kohnert, K. In search of the language switch: An fMRI study of picture naming in Spanish-English bilinguals. *Brain and Language*, 2000, 73: 421-431.

Hilchey, M. D. , & Klein, R. M. Are there bilingual advantages on monolinguistic interference tasks? Implications for the plasticity of executive control processes. *Psychonomic Bulletin Review*, 2011, 18: 625-658.

Hillenbrand, J. Speech perception by infants: Categorization based on nasal consonant place of articulation. *The Journal of the Acoustical Society of America*, 1984, 75: 1613-1622.

Hyltenstam, K. , & Abrahamsson, N. Age of onset and ultimate attainment in near-native speakers of Swedish as a second language. In Fraurud, K. , & K. Hyltenstam(Eds.), *Multilingualism in global and local perspectives*, *selected papers from the 8th Nordic Conference on Bilingualism*. Stockholm: Centre for Research on Bilingualism, 2003.

Jackendoff, R. *Semantics and cognition*. Cambridge, MA: MIT Press, 1983.

Johnson, J. S. , & Newport, E. L. Critical period effects in second language learning: The influence of maturational state on the acquisition of English as a second language. *Cognitive Psychology*, 1989, 21: 60-99.

Johnson, J. S. Critical period effects in second language acquisition: The effect of written versus auditory materials on the assessment of grammatical competence. *Language Learning*, 1992, 42: 217-248.

Lust, B. *Child language: Acquisition and growth*. Cambridge: Cambridge

University Press, 2006.

Klima, E. S. , & Bellugi, U. Syntactic regularities in the speech of children. In J. Lyone, & R. J. Wales (Eds.), *Psycholinguistics Papers*. Edinburgh: Edinburgh University Press, 1966.

Kovacs, A. , & Teglas, E. Integrating two languages, theories of minds, and executive functions. *Odense Working Papers in Language and Communications*, 2002, 3: 1-2.

Kuhl, P. K. Brain mechanisms in early language acquisition. *Neuron*, 2010, 67: 713-727.

Kurland, B. , & Snow, C. Longitudinal measurement of growth in definitional skill. *Journal of Child Language*, 1997, 24: 603-625.

Lado, R. *Linguistics across cultures*. Ann Arbor: University of Michigan Press, 1957.

Lane, H. *The wild boy of Aveyron*. Cambridge, MA: Harvard University Press, 1976.

Lenneberg, E. H. *The biological foundations of language*. New York: John Wiley & Sons, 1967.

Liberman. A. M. , Cooper, F. S. , Shankweiler, D. P. , Studdert-Kennedy, M. Perception of the speech code. *Psychological Review*, 1967, 74: 431-461.

Lorenz, K. Z. *King Solomon's ring*. New York: Crowell, 1952.

Luk, G. , Eric, D. S. , & Bialystok, E. Is there a relation between onset age of bilingualism and enhancement of cognitive control? *Bilingualism: Language and Cognition*, 2011, 14: 588-596.

Markson, L. , & Bloom, P. Evidence against a dedicated system for a word learning in children. Nature, 1997, 385: 813-815.

McNeill, D. Developmental Psycholinguistics. In F. Smith, & G. Miller (Eds.), *The genesis of language: A psycholinguistic approach*. Cambridge, MA: Massachusetts Institute of Technology Press, 1966.

Mechelli, A, Crinion, J. T. , Noppeney, U. , O'Doherty, J. , Ashburner, J. Frackowiak, R. S. , & Price, C. J. Neurolinguistics: Structural plasticity in the bilingual brain. *Nature*, 2004, 431(7010): 757.

Nakamura, K. , Honda, M. , Okada, T. , Hanakawa, T. , Toma, K. , Fukuyama, H, & Shibasaki, H. Participation of the left posterior inferior temporal cortex in writing and mental recall of kanji orthography. *Brain*, 2000, 123: 954-967.

Nelson, K. Structure and strategy in learning to talk. *Monographs of the Society for Research in Child Development*, 1973, 38: 1-135.

Odlin, T. *Language transfer: Cross-linguistic influence in language learning.* Shanghai: Shanghai Foreign Language Education Press, 2001.

O'grady, W. *How children learn language.* New York: Cambridge University Press, 2005.

Papandropoulou, I. , & Sinclair, H. What is a word? *Human Development*, 1974, 17: 241-258.

Liu, H M. , Tsao, F. M. , & Kuhl, P. K. Age-related changes in acoustic modifications of Mandarin maternal speech to preverbal infants and five-year-old children: A longitudinal study. *Journal of Child Language*, 2009, 36: 909-922.

Peal, E. , & Lambert, W. E. The relation of bilingualism to intelligence. *Psychological Monographs*, 1962, 76: 1-23.

Penfield, W. , & Milner, B. Memory deficit produced by bilateral lesions in the hippocampal zone. *Archives of Neurology and Psychiatry*, 1958, 79: 475-497.

Penfield, W. , & Roberts, L. *Speech and brain mechanisms.* Princeton: Princeton University Press, 1959.

Pliatsikas, C. , Johnstone, T. , & Marinis, T. Grey matter volume in the cerebellum is related to the processing of grammatical rules in a second language:

A structural voxel-based morphometry study. *The Cerebellum*, 2014, 13: 55-63.

Sachs, J. The development of speech. In E. C. Carterette, & M. P. Friedman (Eds.), *Handbook of perception: Language and speech.* New York: Academic Press, 1976: 145-172.

Sander, E. When are speech sounds learned? *Journal of Speech and Hearing Disorders*, 1972, 37: 55-63.

Saer, D. J. An inquiry into the effect of bilingualism upon the intelligence of young children. *Journal of Experimental Pedagogy*, 1922, 6: 232-240.

Saer, D. J. The effects of bilingualism on intelligence. *British Journal of Psychology*, 1923, 14: 25-38.

Schmitt, N. , & Rogers, M. P. H. *An introduction to applied linguistics.* New York: Routledge, 2020.

Scovel, T. A. *Time to speak: A psycholinguistic inquiry into the critical period for human speech.* New York: Newbury House Publishers, 1988.

Seliger, H. , Krashen, S. , Ladefoged, P. Maturational constraints in the acquisition of second languages. *Language Sciences*, 1975, 38: 20-22.

Skinner, B. F. *Verbal behavior.* Acton, MA: Copley Publishing Group, 1957.

Singleton, D. *Language acquisition: The age factor.* Clevedon: Multilingual Matters, 1989.

Slobin, D. I. Cognitive prerequisites for the development of grammar. In C. A. Ferguson, & D. I. Slobin (Eds.), *Studies of Child Language Development.* New York: Holt, Rinehart & Winston, 1973: 175-208.

Slobin, D. I. Crosslinguistic evidence for the language-making capacity. In D. I. Sobin(Ed.), *The crosslinguistic study of language acquisition*, Hillsdale, NJ: Earbaum, 1985: 1157-1249.

Snow, C. The development of conversation between mother and babies.

Journal of Child Language，1977，4：1-22.

Snow，C. The development of definitional skill. *Journal of Child Language*，1990，17：697-710.

Storkel，H. Do children acquire dense neighborhoods? An investigation of similarity neighborhoods in lexical acquisition. *Applied Psycholinguistics*，2004，25：201-222.

Vihman，M. M. *Phonological development：The origins of language in the child*. Oxford：Basil Blackwell，1996.

Vihman，M. M. *Phonological development：The first two years*. Chichester，UK：Wiley-Blackwell，2014.

Waxman，S. R. Linking language and conceptual development：Linguistic cues and the construction of conceptual hierarchies. *Journal of Experimental Child Psychology*，1989，33：324-346.

Wehren，A.，DeLisi，R.，& Arnold，M. The development of noun definition. *Journal of Child Language*，1981，8：165-175.

Woodward，A. I.，& Marman，E. M. Early word learning. In W. Damon，D. Kuhn，R. Siegler（Eds.），*Handbook of Child Psychology（Vol.2）*，New York：John Wiley and Sons，1998：371-420.

Woumans，E.，Santens，P.，Sieben，A.，Versijpt，J. A. N.，Stevens，M.，& Duyck，W. Bilingualism delays clinical manifestation of Alzheimer's disease. *Bilingualism：Language and Cognition*，2015，18：568-574.

曾洁，刘媛. 妈妈语的动态调整与儿童语言发展的关系. 学前教育研究，2017（3）：32-40.

何文广，陈宝国. 语言对认知的影响——基于双语认知"优势效应"的分析. 心理科学进展，2011（11）：1615-1624.

雷慧昱. 儿向语言及其对儿童英语教育的启示. 教育与教学研究，2012（2）：124-126.

李庆安．母亲特别语对幼儿英语教育的启示．学前教育研究，2002（1）：25-28.

倪传斌．双语的长期效应．外国语，2015（5）：53-62.

史有为．初始过渡语异想．语言教学与研究，2012（3）：1-9.

王娟，张积家．幼儿语言学习的机制及其对教育的启示．学前教育研究，2010（6）：30-36.

第五章 语言理解

我们生活在语言的世界里，每天都会听到大量的口头语，也会接触到很多的书面语。因而在语言交际中，我们不可避免地需要听辨语音，理解词汇、句子和语篇传递的意义，否则我们就无法进行有效的交际。语言有不同层面——语音、词汇、句子、语篇等，其中语篇分为书面语篇和会话。具体而言，语言理解可以分为言语听辨、词汇提取、句子理解、语篇理解和话语理解。我们如何辨析语音呢？语言中存在区分意义的语音，这些语音属于不同的音位，音位辨析的失误可能造成理解错误，从而导致交际失败。我们在理解他人话语的时候，如何提取相应的词汇呢？我们的心理词汇是如何在大脑中储存的，提取词汇遵循怎样的原则呢？句子的理解与句子结构和词汇构成有什么关系呢？我们怎样记忆一个句子呢？我们是如何理解语篇的，语篇理解受到哪些因素的影响呢？我们是如何记忆语篇的？在重复或复述一个故事时，我们的记忆策略是什么？我们在日常会话中如何理解说话人的意思呢？会话双方在认知上达成一致需要具备什么条件呢？诸如此类的问题我们将在本章得到解答。

第一节 言语感知

一、言语听辨

语言的感知包括书面语和口头语的辨认，但主要研究集中在言语听辨层面。言语听辨的前提条件是听话人具有一定的语音知识，或隐性（比如母语)或显性(比如外语)。在介绍语音知识的基础上,本节将阐释一些重要的言语听辨模型,分析影响言语听辨的因素。

(一)语音特征

以英语为例,语音主要由辅音和元音构成。辅音具有两个语音特征:发音方式和发音位置。前者指的是辅音产生过程中两个发声器官之间的关系。有时它们非常接近,但气流依然比较通畅,例如[j]、[w]、[l]等;有时它们紧挨着,气流就会受阻,因此会产生摩擦音,例如[f]、[v];有时它们会相互接触,暂时完全阻断口腔的气流,因此会听到塞音,例如[p]、[b]、[k]、[g]、[t]、[d]。发音位置关注的是语音在哪里产生的,或者说声道中气流受阻的位置。比如塞音[p]、[b]、[k]、[g]、[t]、[d]根据发音位置分属不同的类别:[p]和[b]被称为双唇音,因为气流在双唇之间受阻;[k]和[g]被称为软腭音,因为这些语音是通过将舌头后部抬高靠近软腭而产生的;[t]和[d]被称为齿龈音,因为它们是通过将舌尖或舌尖抬高靠近齿龈的后部而产生的。这两个语音特征是辅音分类的主要标准。

按照发音方式,辅音可分为以下几种(见表5.1):

(1)塞音/爆破音。塞音的产生一般要经过三个阶段:闭合阶段——发声器官完全闭合,声道中的气流暂时受阻;保持阶段——空气压力在闭合后积聚,但气流仍然无法通过;释放阶段——发声器官突然分离,气流似乎被强大的力从口腔推出,形成爆破音。例如"pot"中的[p]、"bin"中的[b]、"tin"中的[t]、"dim"中的[d]、"kite"中的[k]和"guy"中的[g]。

(2)鼻音。当软腭下降,口腔中形成完全闭合时,气流释放时从鼻腔通过,就会产生鼻音。例如"man"中的[m]、"name"中的[n]、"sing"中的[ŋ]。

(3)摩擦音。摩擦音是当两个发音器官亲密接触,气流经过时不太通畅,就伴有可听见的摩擦。例如"fine"中的[f]、"vine"中的[v]、"thank"中的[θ]、"these"中的[ð]、"fish"中的[ʃ]、"treasure"中的[ʒ]、 "some"中的[s]、"zero"中的[z]、"hair"中的[h]。

(4)近似音(中通音)。近似音是通过使两个发声器官彼此靠近但不足以产生摩擦而形成的。比如"weather"中的[w]、"yet"中的[j]和"ready"中的[r]。

(5)边通音。英语中只有一个边通音。这种语音是舌头的一侧或两侧与口腔顶部之间不完全闭合,通过阻碍口腔中心的气流产生的。比如"ball""all""tall"中的[l]。

(6)塞擦音。塞擦音实际上是由两个语音组成的——塞音和摩擦音。英语中只有两个塞擦音——"chair"中的[ʧ]和"ridge"的[ʤ]。

表5.1   英语辅音分类

发音方式	发 音 位 置							
	双唇音	唇齿音	齿音	齿龈音	后齿龈音	硬腭音	软腭音	声门音
爆破音	p b			t d			k g	
鼻音	m			n			ŋ	
摩擦音		f v	θ ð	s z	ʃ ʒ			h
中通音	w			r		j		
边通音				l				
塞擦音					ʧ ʤ			

根据发音位置,辅音可分为以下几种:

(1)双唇音。双唇音是气流在双唇之间受阻形成的,例如,"pat"中的[p]、"bat"中的[b]、"mat"中的[m]和"wax"中的[w]。

(2)唇齿音。唇齿音是气流在下唇和上齿之间受阻形成的,例如"four"中的[f]和"visa"中的[v]。

(3)齿音。齿音是气流在舌尖与上齿之间受阻形成的,例如"think"中的[θ]和"with"中的[ð]。

(4)齿龈音。齿龈音是舌尖或舌面紧贴齿龈产生的,例如"tie"中的

[t]、"dine"中的[d]、"night"中的[n]、"lie"中的[l]、"sigh"中的[s]、"zest"中的[z]和"rain"中的[r]。

（5）后齿龈音。后齿龈音是气流在舌尖与齿龈后部受阻形成的，例如"shirt"中的[ʃ]、"genre"中的[ʒ]、"church"中的[ʧ]、"measure"中的[ʤ]。

（7）硬腭音。硬腭音是气流在舌前和硬腭之间受阻形成的，例如"yeast"中的[j]。

（8）软腭音。软腭音是气流在舌后部和软腭之间受阻产生的，例如"cool"中的[k]、"give"中的[g]、"thing"中的[ŋ]。

（9）声门音。声门音是在喉部声门处形成阻碍发出的辅音。但实际上这种语音是听不见的。英语中有两个声门：how 中的[h]；fat[fæʔt]、pack[pæʔk]、button[bʌʔn]、beaten[biːʔn]和fatten[fæʔn]中的[ʔ]。

元音发音跟辅音发音明显的区别在于元音发声过程中气流通畅、不受阻。元音的语音特征为：（1）舌头向上翘起的部分——前部、中部或后部。根据这个特征，元音可以分为前元音、中元音和后元音。（2）舌头向硬腭方向上升的幅度——高、中(中高和中低)和低。根据这个特征，元音可分为高元音、中元音和低元音。（3）唇圆的程度——圆或扁。根据这个特征，元音可分为唇圆元音和唇扁元音。（4）元音的长度或紧度——紧或松。根据这个特征，元音可以分为紧元音和松元音。英语元音分类见表 5.2：

表5.2　　　　　　　　　　　　　英语元音分类

	前		中		后			
	唇扁				唇圆		唇扁	
	紧	松	紧	松	紧	松	紧	松
高	iː	ɪ			uː	u		
中	e		əː	ə	ɔː			ʌ
低		æ				ɒ	ɑː	

除了 12 个单元音(monophthong)之外,英语中还有 8 个双元音(diphthong)(见图5.1)。英语有时还有两个以上的元音同时出现,它们被认为是三元音(triphthong),比如在"tower"中的[aʊə]、"fire"中的[aɪə]。

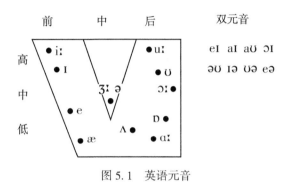

图 5.1 英语元音

(二)音位与音位变体

英语中有一些语音在发音方式上不同,但都属于同一个音位,即它们在发音上略有不同,但在交际中传递的意义没有区别。我们来看几组例子:

(1) *let* [let]   *play* [pl̥eɪ]   *tell* [tel]

(2) *top* [tʰɒp]   *stop* [st⁼ɒp]

(3) *pot* [pʰɒt]   *spot* [sp⁼ɒt]

(4) *fork* [fɔːk]   *pork* [pʰɔːk]

以上音标中,[l]、[e]、[t]、[tʰ]、[p⁼]、[l̥]、[eɪ]、[t⁼]、[ɒ]、[p]、[s]、[ɔː]、[pʰ]、[f] 和 [k]这些音都可以称为语音(phone)。但不是所有语音都能用来区分意义。例如,[pɔːk]和[fɔːk]中的[p]和[f]两个音的语音特征不同,在交际中传递的意义也不相同,由于这两个音的差异,[pɔːk]和[fɔːk]两个词的含义完全不同。但是[stʰɒp]中的[tʰ]和[st⁼ɒp]中的[t⁼]语音特征相似,不能将两个单词区分开来。[p]和[f]的语音区别才是音位学关注的。音位学中的基本单位叫作"音位"

(phoneme)。它是一个具有独特价值的单位，也是一个抽象的单位。确切地说，音位不是一个实际的语音，而是一个能够区分单词之间含义的独特特征单元。上面的例子中，[p]和[f]分别属于两个不同的音位，而[tʰ]和[t⁼]属于同一个音位。

那[tʰ]和[t⁼]存在什么关系呢？它们属于音位变体(allophone)。在英语音位学中，音位变体是同一个音位不同的语音实现形式，也就是同一个音位在不同语音环境中的具体发音。下面的例子中，[pʰ]和[p⁼]、[tʰ]和[t⁼]、[l]和[l̥]都属于音位变体。

(1)pin[pʰɪn] $spin$[sp⁼ɪn]

(2)top[tʰɒp] $stop$[st⁼ɒp]

(3)lot[lɒt] $plot$[pl̥ɒt]

如何说明两个语音能够区分意义呢？最小配对(minimal pair)就是最简单的测量方式。当两个意义不同的语音组合(即语言单位)仅仅在同一个部位的一个语音上显示出差异时，这两个语音组合便构成最小配对。最小配对通常作为语音听辨的练习。表5.3展示的是英语辅音音位最小配对的例子，表5.4则是英语元音音位最小配对的例子。

表5.3 **英语辅音音位最小配对**

Minimal Pairs	Examples	Minimal Pairs	Examples
/s/-/z/	sip/zip	/s/-/t/	sin/tin
/b/-/p/	$bull/pull$	/t/-/l/	tip/lip
/g/-/k/	$gold/cold$	/g/-/f/	$gold/fold$
/d/-/t/	die/tie	/w/-/l/	wet/let
/v/-/f/	$vine/fine$	/ʃ/-/t/	$shop/top$
/dʒ/-/tʃ/	$gin/chin$	/ʃ/-/tʃ/	$shop/chop$
/m/-/tʃ/	$measure/ treasure$	/dʒ/-/l/	$jump/lump$
/l/-/b/	$loom/boom$	/j/-/dʒ/	yet/jet
/m/-/b/	mat/bat	/r/-/l/	$right/light$

Minimal Pairs	Examples	Minimal Pairs	Examples
/m/-/f/	*mad/ fad*	/h/-/k/	*how/cow*
/ʧ/-/b/	*chat/bat*	/b/-/t/	*boy/toy*
/n/-/l/	*nice/lice*	/v/-/m/	*van/man*

表 5.4   **英语元音音位最小配对**

Minimal Pairs	Examples	Minimal Pairs	Examples
/iː/-/ɪ/	*sheep/ship*	/ɔː/-/əʊ/	*caught/coat*
/ɪ/-/e/	*tin/ten*	/ɔː/-/əː/	*caught/curt*
/e/-/æ/	*bet/bat*	/əʊ/-/ɒ/	*coat/cot*
/e/-/eɪ/	*bet/bait*	/əʊ/-/uː/	*coat/coot*
/æ/-/ʌ/	*cat/cut*	/ɑː/-/aɪə/	*darling/dialling*
/æ/-/ɑː/	*cat/cart*	/eə/-/eɪ/	*air/"A"*
/ɑː/-/ʌ/	*cart/cut*	/eɪ/-/ɔɪ/	*tail/toil*
/ʌ/-/əː/	*cut/curt*	/eɪ/-/e/	*tail/tell*
/ʊ/-/uː/	*look/loop*	/eɪ/-/aɪ/	*tail/tile*
/ɑː/-/ɔː/	*cart/caught*	/aɪ/-/ɔɪ/	*tile/toil*
/ɔː/-/ɒ/	*caught/cot*	/aʊə/-/ɑː/	*hour/are*
/eə/-/ʊə/	*pair/ poor*	/ʊə/-/iː/	*poor/pea*

(三)超音段特征

除了语音和音位,音位学还关注比音位更大的单位和特征,比如重音、节奏、语调等。

1. 重音

重音是"语言系统中某些音节相对于其他音节的整体突出程度的传统标签","代表音高、响度和持续时间等因素的总体影响"(Clark & Yallop,

2000：341）。从这个意义上说，我们很容易发现以下单词如"mother"
"pattern""factor"和"easy"在第一个音节上有重音，而"asleep""reaction"
"career"和"parade"在第二个音节上重读。

　　重音主要有两种：单词重音和句子重音。单词重音与一个单词被读出
来或说出来时的重音模式有关，而句子重音则与句子层面的重音模式相
关。一个单词在句子中可能会失去重音，或者其重音可能会落到同一个单
词不同的音节上。

　　一个单词可能有不同的重音，可以分为主重音（primary stress）、次重
音（secondary stress）和零重音（weak stress）。主重音是指音节受到由高音到
低音的移动所产生的重音，在发音中最强而有力。次重音比主重音弱，但
比零重音强。重音音节通常比非重音音节更响亮、更长、更清晰、音调更
高。比如单词"pronunciation"的发音中，第一个音节为非重音，第二个音
节为次重音，第三个音节亦为非重音，第四个音节为主重音，最后一个音
节为非重音。

　　重音是言语听辨理解意义的重要特征。某些单词的拼写相同，但是重
音不同，所表达的意义也不一样（见表5.5）。

表5.5　　　　　　　　　　　同一拼写的不同重音形式示例

Verb	Noun/Adjective
ab ˈstract	ˈabstract
com ˈpound	ˈcompound
de ˈsert	ˈdesert
fer ˈment	ˈferment
im ˈport	ˈimport
pre ˈsent	ˈpresent
re ˈtail	ˈretail
tran ˈsport	ˈtransport

我们在交际中，不仅使用单个的词，比如"OK""please""sure""certainly""exactly""great"等，我们更多地使用比单词更大的单位——句子。就重音而言，句子重音以单词重音为基础，但句子重音并不是所有单词重音的总和。一个句子有它自己的重音模式。请阅读以下句子：

'Honesty is the 'best 'policy.

He would 'die rather than 'yield.

It's 'better to be 'too 'early than to be too 'late.

'Better to 'do well than to 'say well.

'Better 'late than 'never.

'What's the 'use of 'crying?

一般来说，实词通常是重音词，包括名词、动词（不包括"be""have""do"）、形容词、副词（包括"not"）、指示代词（"this""that""this""that"）、疑问代词（"who""when""why"等），而虚词通常是非重音词，如冠词（"a""an""the"）、简单介词（"to""of""in"等）、人称代词（"I""me""he""him""it"等）、物主代词（"my""his""your"等）、关系代词（"who""that""which"等）、连词（"and""but""that""as""if"等）、动词（"be""have"）和助动词（"will""shall""should""can""may"和"must"等）。

然而，有时为了节奏、强调、对比、重复等效果，句子中的虚词可能会获得重音，而实词可能会失去重音。比如下面这首诗中，每句都有相似的主重音、次重音格式，使得诗歌读起来朗朗上口、节奏感强。根据给出的重音模式请试着朗读 Sara Coleridge 的诗——*The Golden Year*.

'January ˌbrings the snow，'makes our feet and fingers glow.

'February ˌbrings the rain，'thaws the frozen lake again.

'March brings breezes ˌloud and shrill，'stirs the dancing daffodil.

'April brings the primrose sweet，'scatters daisies ˌat our feet.

'May brings flocks ofˌpretty lambs 'skipping by their fleecy dams.

'June brings tulips，ˌlilies，roses，'fills the children's ˌhands with posies.

'Hot July brings ˌcooling showers，'apricots and gilly flowers.

'August brings the ˌsheaves of corn，'then the harvest ˌhome is borne.

'Warm September ˌbrings the fruit，'sportsmen then begin to shoot.

'Fresh Octoberˌ brings the pheasant，'then to gather ˌnuts is pleasant.

'Dull November ˌbrings the blast，'then the leaves are falling fast.

'Chill December ˌbrings the sleet，'blazing fire and ˌChristmas treat.

日常对话也是如此，某些词语可能用于传达意图，表示强调或对比、凸显新信息。以下会话中，B 的话语只有介词"under"有重音，因为在 B 的话语中，实词"found"和"desk"没有传递新的意义，是旧信息，但"under"与单词"on"形成了意义对比，是要传递的新信息。

A：Did you 'find it on your 'desk?

B：No. I found it 'under my desk.

2. 语调

语调是话语中的音乐元素，是话语的典型特征。它可用于表达说话人的态度或情感；可用于区分特殊疑问句、一般疑问句、陈述句和祈使句等各种句型；可用来强调或对比；可用于传递新信息。

一般来说，英语语调分为降升调、升调、降调、升降调、平调五种。它们的作用不同，意义也不同，概括如下(见表 5.6)：

表 5.6　　　　　　　　　　　　英 语 语 调

符　形	语篇语调码	语调形式	意　义
╲╱	r	降升调	共享信息、亲近
╱	r+	升调	共享信息 亲近 支配
╲	p	降调	新信息 疏远
╱╲	p+	升降调	新信息 疏远 支配

符 形	语篇语调码	语调形式	意 义
→	o	平调	惯例 服务

语调在语言交际中起着传递意义的重要作用，对话语的解释有着决定性的影响。想象一下，在演讲中，每个词都以相同的语调说出来，没有停顿，也没有速度和音量的变化，那一定很奇怪、很无聊。语调不仅使英语具有优美的旋律和节奏感，而且有助于说话人对其交际意图进行编码、听话人进行解码。语调的功能是通过语调形式的选择来产生意义。不同的语调可以表达不同的意思。一般来说，语调在语言交际中主要有四大功能：态度功能、强调功能、语法功能和语篇功能。

（1）态度功能

语调表达说话人的情绪、感受和态度。同一句话用不同的语调说出来，可能会传达"无聊""热情""讽刺"等不同含义。比如/What a gorgeous girl/ 这句话：(a)使用简单的降调，表达话语内容是事实，说话人没有注入太多的兴趣、注意力或感情。(b)使用升调，表明说话人是充满热情的。(c)使用升降语调，具有讽刺的意味。

（a）/WHAT a GORgeous ↘GIRL/

（b）/WHAT a GORgeous ↗GIRL/

（c）/WHAT a GORgeous ↗↘GIRL/

（2）强调功能

为了对比或强调，话语中的任何词都可以重读。在下面的每对句子中，句子(a)代表了调核重音的正常位置，而句子(b)在(A)中表示对比，在(B)和(C)中表示强调。

（A）

（a）/p I don't care what he does outside ↘CLASS/

（b）/p I don't care about what he does ↘OUTside class/p I want to know

191

what he does ↘*IN class*/

（B）

（a）/*p She was very res* ↘*PONsible*/

（b）/*p She was* ↘*VEry responsible*/

（C）

（a）/*p You can't stand* ↘*HERE*/

（b）/*p You* ↘*CAN'T stand here*/

（3）语法功能

语调可以传递语法信息：不同的语调形式可能表示不同的句子类型。根据不同的语调模式，下面的句子可以用作陈述句、疑问句或感叹句：

/*p She's studying in* ↘*SINgapore*/	（陈述句）
/*r She's studying in* ↗*SINgapore*/	（疑问句）
/*p She's* ↘*STUdying*/*p in* ↘*SINgapore*/	（感叹句）

（4）语篇功能

语调表明了话语中信息的分布。因此，调核重音的位置取决于"信息内容"。一般来说，降调用来表示新信息，而升调（包括降升调）用来表示"共享的"或"给定的"信息。请看下面的例子，第一句为通常的语调形式，其他三句同是降调，但各只有一个词有重音，而正是这个有重音的词传递了新信息。

/*p John was REAding a* ↘*NOvel*/	（约翰在读一本小说。）
/*p* ↘*JOHN was reading a novel*/	（是约翰，不是别人，在读一本小说。）
/*p John was* ↘*REAding a novel*/	（约翰在读小说，而不是写小说。）
/*p John was reading a* ↘ *NOvel*/	（约翰读的是小说，不是杂志。）

即使是一个简单的单音节单词，比如 yes，也可以用不同的方式表达不同的意思（Jones，1992：151）：

（a）/ ↘*yes*/	（就是这样的。）

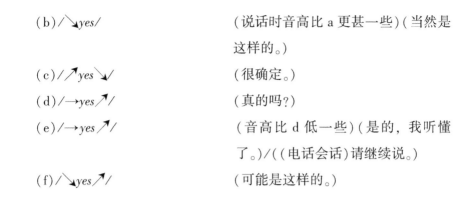

（b）/↘yes/　　　　　　（说话时音高比 a 更甚一些）（当然是这样的。）

（c）/↗yes↘/　　　　　（很确定。）

（d）/→yes↗/　　　　　（真的吗?）

（e）/→yes↗/　　　　　（音高比 d 低一些）（是的，我听懂了。）/（（电话会话）请继续说。）

（f）/↘yes↗/　　　　　（可能是这样的。）

（四）孤立语音感知

语音的听辨有三个阶段（Studdert-Kennedy，1976）：

（1）听觉阶段（auditory stage）。听话人接触到语流，并把听到的声音信号分析为声学提示（acoustic cues）。这些提示提供了某一个音素的部分信息，例如"清音""鼻音""双唇音"等。这些信息存放在听觉记忆里，供第二个阶段——语音阶段调用。

（2）语音阶段（phonetic stage）。在这个阶段里，听话人把声学提示集中起来，从而辨认一个个的音素（音位）。然后把它们放在语音记忆里，在语音记忆里再不保存声学提示。

（3）音位阶段（phonological stage）。在这个阶段里，听话人参照一种语言对音段系列的制约，对语音阶段的辨认进行调整。以英语为例，我们听到的可能是[fpin]，但在英语里不存在这种系列，于是就改为[spin]。

语言是线性的，在交际过程中，我们根据说话人的发音顺序来辨析一个个的语音或音素，比如"let""play""tell"中的/l/音位。但是事实上孤立语音的感知比较困难。在以上三个例子中，/l/音位在三个单词中的语音实现形式不同，存在语音差异，第一个为清晰的[l]，第二个为清音化的[l]，第三个为较重的[l]，这对听话人的语音感知造成了困扰。原因如下（桂诗春，2000）：话语是连续性的，听话人不大可能将其切成分离的单位，语音与语音之间的界限不明显；音段没有一成不变的性质，甚至不同单词中的同一个语音随着语音环境的不同会存在差异；音段和语流中的分段没有一对一的关系，比如"writer"和"rider"，在美音中它们的区别不在于辅音，而是第一个元音的长短；语流的速度和非视觉特性也有差异。

事实上，我们的语音总是受到其临近语音的影响，不仅辅音，元音亦如此。比如"tea"和"team"。单词"tea"中的[iː]音，我们可以感知是清晰的紧元音，但是"team"中[iː]受后面的鼻音[m]的影响，已经鼻音化了。这在音位学中称为同化现象(assimilation)。这种协同发音效应产生的变异性不是从语流中识别特定语音的唯一挑战；不同的说话人嘴巴和声道有不同的尺寸和形状，这导致了他们发同一个音时会有截然不同的发声方式；同时，不同的说话人可能会有不同口音(Sedivy，2020)。但是我们在交际过程中，不管说话人的语音有多么不同，我们总能识别其语音并将其归为某一个音位。我们是如何做到的？

语音的变化是一个声音信号的连续变化，我们在知觉语音时却把语音的连续体知觉为几个分离的音位类别。这种语音的范畴性知觉(categorical perception)一直是言语知觉研究的热点问题。我们在生活中感知物体、事件和事物特征的时候，能够准确地区分每一种物体，包括它们不同的颜色、不同的形状等特征。这种区分能力通常是连续性的，即我们通常可以感知刺激中发生的一系列量变，比如强度不同的音调。但是言语交际中的听话人在言语感知上的任务是不同的。要理解言语，我们必须对输入的语音信号进行绝对或分类识别而不是简单地对各种物理特性进行相对确定(Carroll，2008)。也即是说，听话人在言语交际中应该清楚地辨识语音的类别，比如某个音是属于哪一个音位。言语刺激在知觉上不连续，被分为不同的类别范畴，这种现象被称为范畴性知觉。一般来说，范畴性知觉需要满足两个条件：(1)连续体中的刺激在知觉上属于不同的范畴，范畴之间有明显的知觉边界。(2)属于不同范畴的一对刺激，比具有同等差异但属于同一个范畴的刺激更容易区分(杨玉芳，2015：83)。

辅音有比较明显的语音特征：发音方式和发音位置。声音成阻时间(voice onset time，简称VOT)用来指塞音除阻(release)到声带开始颤动之间的这段时间，其目的就是想看用浊音起始时间这个参数能否很好地区分几种语言的塞音范畴（Lisker & Abramson，1964）。研究结果表明，用 VOT 来区分音位范畴（phonemic category）是很有效的。VOT 通常很短，但对听话人来说是极其重要的声学提示（cue）。听话人对它很敏感，用它来把听到的塞音归为清音或浊音。

例如要区别清、浊塞音[p]和[b]时，VOT 是最主要的声学提示。在以塞音开始的辅音+元音的音节里，VOT 代表了邻近元音释放空气压力（爆破）和音带开始振动（浊音化）的时间（Lisker & Abramson，1964）。这在声谱仪上表示从一个能量宽带的突然开始（爆破）到产生共振峰过渡之间的时间。声谱研究发现：开始的辅音都是齿龈塞音加上元音[ɪ]，那么哪一个听起来是[d]，哪一个是[t]呢？在塞音爆破和产生下一个元音的第一个共振峰之间有 10 毫秒的间歇，这就是[dɪ]的形式；从塞音爆破到下一个元音的浊音化成阻之间延缓了 60 毫秒，这就是[tɪ]的形式（桂诗春，2000）。除了 VOT，帮助我们识别语音的声学提示还包括辅音之前的元音音长、发爆破音时双唇保持闭合状态的时长；双唇闭合前后发出的音高轮廓，以及其他一些声学特征（Sedivy，2020）。

正如元音的发音方式跟辅音有很大的不同，元音的感知亦不同，元音音位的感知跟非言语类的刺激一样，是连续性的、非范畴化的（Carroll，2008）。早期研究使用的方法是把元音的稳定状态延长作为刺激。例如一个实验（Delattre et al.，1952）（转引自桂诗春，2000：220）使用了 Cooper 等人的仪器合成语音，然后观察受试如何对一个或两个共振峰的稳定状态语音作出反应。受试可以辨认某些只有一个共振峰的元音：低频的单共振峰一般和后元音如[u]和[a]有关；高频的单共振峰则和前元音如[ɪ]和[e]有关。这个实验和其他的实验都说明元音的第一个和第二个共振峰的稳定状态部分是语音辨认所必需的，提供足够的声学提示。以共振峰（formant）为主要声学线索的元音感知是否为范畴感知呢？Studdert-Kennedy（1976）的研究表明，对"辅元辅"（CVC）音节结构中的单元音和相应的孤立单元音（V）音节分别作辨认和区分测试，发现 CVC 音节结构中的单元音感知的范畴性特点相对而言更为明显。当不同元音之间(单元音与单元音)内部的共振峰曲线在走向上处于相对稳态时，其感知的范畴化程度较低；相反，当不同元音之间(复合元音与单元音)内部的共振峰曲线在走向上存在着相对动态变化时，其感知的范畴化程度则会显著提高(陈飞等，2019)。

(五)连续语音感知

在言语交际中，孤立语音感知一般是不存在的，因为语音是连续性的。正常情况下的言语听辨中，我们听到的是一系列连续语音，关注的是传递的信息，而不是单个的语音，而且说话人的语音会受到这些语音所处的语音环境的影响，比如音节、重音、语调等超音段特征以及句法、语义等因素。"在实际的听辨中，人们要依靠句子中的各种语言制约来合成单词，并分析这些单词是否和所听的一致。各种语言制约可以帮助人们缩小他们所合成的词语的范围。它们还可以帮助人们去推测一些听不清楚的词语。"(桂诗春，2000：234)换句话说，连续性语音听辨并非一个接收声学信号的被动的心理过程，而是一个积极利用音韵、语义、句法特征进行分析合成构建意义的心理过程。

1. 音韵特征

"音韵特征"即"超音段特征"，是语言的一种音系结构，与句法和语篇结构、信息结构等其他语言学结构密切相关。音韵特征主要包括重音、语速、语调等。韵律是人类自然语言的一个典型特征，具有许多跨语言的共同特点，比如节奏、重读、停顿等都普遍存在于不同语言之中。

(1)重音(Stress)

正如前文所述，单词重音和句子重音是连续语音感知的重要音韵提示。重音一般指在词、短语乃至句子中某些成分的凸显。简言之，重音就是语音的强度。比如"There is a greenhouse"，说话人把重音放在"greenhouse"的第一个音节，意为"温室效应"；如果把重音放在该词的第二个音节，则意为"绿色的房子"。研究发现(Bolinger & Gerstman，1957，转引自Carroll，2000)，当说话人说"light house keeper"时，如果在[t]和

[h]之间没有停顿，听话人感知到"light"有主重音，"keeper"有次重音，"house"次之，意为"a keeper of light house"；如果说话人在语音[t]和[h]之间稍作停顿，听话人的感知就不同了："light"和"house"都有主重音，"keeper"有次重音，意为"a housekeeper who does light housekeeping"。

研究表明，汉语的重音从汉语词层面上讲，确实存在音节之间的轻重对比，一般将其划分为三个等级：重、中、轻(李雅等，2011)。与英语不同的是，汉语的词汇主要是双音节词，重音位置没有英语词重音那么严格，轻重音的作用没有那么明显，词重音的变化不会引起词义的变化(陈红，2019)。例如，"刻苦"的重音正常情况下应该落在第一个音节上，但如果有人把重音落在第二个音节上，完全不会影响听话人的理解。

(2)语速(Rate)

语速是我们表达意义的语言符号在单位时间内所呈现的词汇速度。我们可以通过改变话语中停顿的次数和时长来改变语速。语速有快慢之分，可以传递意义，比如"Take your time."和"We've got to get going!"(Bolinger，1975)前一句话可以是慢条斯理地说出来，后者则语速加快了，这样语速与表达的意义相得益彰。一个单词的发音速度可能因其在句法中的位置而不同，比如：

A：Mary likes to read but John prefers to dance.

A：Mary reads to the music.

第一句话中的"read"比第二句话中的"read"持续时间要长，因为第一句中的"read"在小句的末尾，而第二句中的"read"在句中。

再看一个例子(Carroll，2008：90)：

A：I want two leaves.

A：I want to leave.

这两句话中"to"和"two"是同音词(也就是说，它们的意思不同，但发音相同)。然而"two"是实词，而"to"是虚词。虚词往往持续时间比实词短，所以"to"比"two"时长要短。

(3)语调(Intonation)

语调在交际中传递意义方面的作用不容忽视。说话人往往使用不同的语调形式来表达自己的意图。比如以下 5 句话中，第一句中"Carey""write"和"paper"三个词有重音，构成重音-非重音这样的降调格式。这是听话人在正常语境中的听辨结果；但是第二句中，只有 Carey 这个词有重音，意为 Carey, not somebody else, was writing a paper；第三句中只有 was 有重音，意为 the action of Carey writing a paper was in progress, but not finished at a certain time in the past；第四句只有 writing 有重音，意为 what Carey was doing was writing, not reading a paper；第五句只有 paper 有重音，意为 what Carey was writing was a paper, not a letter。

（1）CArey was WRIting a PAper.

（2）CArey was writing a paper.

（3）Carey WAS writing a paper.

（4）Carey was WRIting a paper.

（5）Carey was writing a PAper.

2. 语义与句法特征

除了话语的音韵特征，语义与句法特征也有利于帮助听话人理解和构建言语意义，也就是言语听辨依赖于语境。语言中有些词语只是孤立地呈现，很难辨识出它们的意义，比如同形异义词（例如：flower-flour, leek-leak, fast-fast, bank-bank）、多义词等。词汇搭配和句法结构在语音听辨中起了重要作用。Miller 和 Isard(1963)的研究证实了语义和句法对连续语音听辨的影响。他们在实验中准备了 50 个语法正确、语义完整的句子，如(1)；50 个语法正确但语义异常的句子，如(2)；50 个语法错误的句子，如(3)。

（1）语法正确、语义完整的句子

Gadgets simplify work around the house.

Accidents kill motorists on the highways.

Trains carry passengers across the country.

Bears steal honey from the hive.

Hunters shoot elephants between the eyes.

（2）语法正确、语义异常的句子

Gadgets kill passengers from the eyes.

Accidents carry honey between the house.

Trains steal elephants around the highways.

Bears shoot work on the country.

Hunters simplify motorists across the hive.

（3）语法错误的句子

Around accidents country honey the shoot.

On trains hive elephants the simplify.

Across bears eyes work the kill.

From hunters house motorists the carry.

Between gadgets highways passengers the steal.

实验证明，第一组句子最容易被受试重复；最后一组句子最难被受试重复。以上三组句子重复的准确率分别为：88.6%、79.3%、56.1%。这说明语义和句法特征有助于听话人感知连续语音，语音听辨需要借助一定的语境。

事实上，听话人在交际中有时候并没有听清楚每一个语音，但是借助语境，听话人可以理解说话人的意思，而且听话人认为听到了那个语音，这就是"音位复原效果"（phonemic restoration effect）现象。"音位复原效果"是一种听觉错觉，单词中的某个音缺失了，由某个非言语的音取代，但受试报告说听到了这个缺失的音（Sedivy，2020）。比如，小组会议上，组长说：I * uggest we take a short break. 组长在说 *（[s]）的地方咳嗽了一下，组员一定可以理解组长说的是什么。但是这种幻觉是在有某些外部声音伴随正常发音的句子时才会产生。那么听话人怎么知道要填进什么音呢？Warren 和 Warren（1970；转引自 Carroll，2008：88）让受试人听下面四句话（*号是咳嗽声）：

（1）It was found that the *eel was on axle. ［发现 *eel 在车轴上。］

（2）It was found that the *eel was on shoe. ［发现 *eel 在鞋上。］

（3）It was found that the "eel was on orange. ［发现 * eel 在橘子上。］

（4）It was found that the "eel was on table. ［发现 * eel 在桌上。］

研究发现：虽然受试没有听到咳嗽位置的语音，依然能够辨识 * eel 的意思，这里音位复原的产生源于四句话中的 axle、shoe、orange、table 这四个词提供的语境。由于语境不同，受试就把四句话中的 * eel 分别听成了 wheel［车轮］、heel［脚后跟］、peel［果皮］、meal［饭菜］，把原本没有听到的语音复原了。

有时候说话人可能有意无意将某个语音说错了，但是由于句子语境的存在，听话人依然可以辨识出整个单词的意思。比如说话人说：It is zaid（said）that he has come back，听话人毫不费劲地听懂了说话人的意思。其实我们在交际中不可避免地受到环境的干扰，比如人们的喊叫声、车辆的鸣笛声、商店里面的背景音乐、旁边有人打电话的声音、猫狗的叫声等，有时候甚至是说话人的发音问题，但是我们似乎不受外界的影响，在特定的语境中，我们一般可以理解说话人的意思，并能够解析说话人的言外之意。

二、言语听辨模型

言语听辨的原理和机制是什么呢？本节将介绍以下四种模型：肌动模型、模糊逻辑模型、交股模型、TRACE 模型。

（一）肌动模型（Motor Theory）

肌动模型（Liberman & Mattingly，1985；Sedivy 2020）是针对声音信号和它的语音表征"缺乏不变式"的问题提出来的。该模型认为，听话人利用自身内隐的发音知识来分析和感知外来的语音信号：在言语听辨过程中，把言语感知过程与言语产生过程相联系，参照发音时的肌肉活动辨识言语信号。我们在进行言语听辨时，这个发音的肌肉活动在大脑中表征为"不变的肌动命令"（invariant motor commands），来帮助听话人进行言语听辨。语音感知不仅仅涉及将声学提示映射到抽象类别，还涉及重构用于产生语音的发音动作。

Pulvermuller 等人(2006)的实验证明了言语感知与发音动作具有一定的关联。该实验让受试听一些含有[p]和[t]语音的音节。这两个音都是清辅音，但它们的发音方式不同：[p]是通过双唇的闭开形成的，[t]是通过舌尖接触齿龈后部而发出的。本研究中的受试完成三个任务：(1)动作任务：受试被要求不停地动他们的双唇或舌尖。(2)发音任务：受试被要求发出含有[p]和[t]语音的音节。(3)语音感知任务：受试被要求听含有[p]和[t]语音的音节。研究结果显示：(1)考虑到大脑不同运动区域控制嘴唇和舌尖的动作，动作任务表明大脑活动模式略有不同，取决于受试身体的哪个部位在动。(2)发音任务组的大脑活动模式比较相似：嘴唇活动以产生[p]声音，舌尖活动发出[t]的动作。(3)语音感知任务，听[p]音节和[t]音节也导致了大脑运动区域的活动，尽管这项任务不涉及任何嘴唇或舌头的运动。这个活动模式跟动作任务和发音任务的模式相匹配：感知含有[p]的音节显示了双唇的活动，感知含有[t]的音节显示了舌尖的活动。

(二)模糊逻辑模型(Fuzzy Logical Model)

该模型是通过对不同信息源的整合构建起来的(Massaro，1989)。该模型把语音感知看成一个输入信息和记忆特征匹配的概率过程。该模型的理论基础是"原型"(prototype)理论。所谓原型，是指存在于人脑或记忆系统中的对感知过的语言单位的特征的概括性描述，它涵盖了语言单位的各种各样的特征，而且原型的特征都有一个与之相对应的理想值(ideal values)。该理论(Massaro，1989)从模式识别角度认为言语听辨有三个运作过程：特征评估(feature evaluation)、特征融合(feature integration)和决策(decision)。在言语听辨的过程中，不断输入的特征信息得到评估、融合，并和记忆中的原型描述相比较，听话人最终根据匹配程度作出决定。譬如，如果要辨认[ba]这个音节，听话人必须首先能够把听到的语音输入信息同记忆中有关[ba]的以原型形式贮存在记忆系统中的信息联系起来。匹配规则根据模糊真值(fuzzy truth values)来计算，模糊真值提供了匹配程度的自然表征。

模糊真值介于0和1之间，对应"完全错误"和"完全正确"。言语知觉是一个言语信息与原型的匹配过程。简言之，言语听辨就是将听到的语言信息同已储存在记忆中的语言信息按各种特征，如发音方式、发音部位、舌位高低、发音的舌头部位等，以最相似的原则进行匹配，从而辨认出听到的语言信息是哪个音位、音节或单词（汪福祥、蒋志森，2002：17）。

（三）交股模型（Cohort Model）

交股模型主要涉及词的感知和辨认（word recognition）（Marslen-Wilson，1987；转引自Carroll，2008）。该模型包括三个阶段：第一阶段，当我们听到一个词的时候，词的声学/语音信息激活记忆中和它相近的词，例如输入目标词"first"，记忆中所有以/f/开始的词，如"fast""feast""first""fish"等词都被激活。这些词的集合可以称为"词的起始交股"（word initial cohort）。第二阶段，各层面具有交互作用的信息资源起到排除作用，通过大脑中更多的语音信息进行筛选，剔除语音特征不相似的词，同时删除语义和语法不符合的词，选中其中一个最相似的词，进行快速辨认。第三阶段，听话人把选中的词整合到当前语义和句法情境中去进行辨认。交股模型采用了互动（interaction）和网络（network）的观点，即在第二阶段中所有可能的因素如音位因素以及其他更高层次的因素，如语义、句法等因素共同作用以除掉与目标词不相似的词（汪福祥、蒋志森，2002：17）。

（四）TRACE 模型（TRACE Model）

TRACE模型（McClelland & Elman，1986）是一个交互激活的神经网络模型。该模型认为信息处理是大量简单的信息处理单元通过兴奋和抑制性相互作用而进行的。这些简单的信息处理单元代表神经元或神经网络的功能特征。该模型包括三个水平的处理层面：区别性特征（feature）、音位（phoneme）和词（word）。该模型的特点在于其交互性。通过不同层面的激活，对输入信号的特征、音位及词性作出判断。区别性特征激活音位，音位激活词。每一个层面某些单元被激活的同时其他单元会被抑制；高层面的单元激活可以激活低层面的单元，比如，含有[b]音单词的激活可以激活音位/b/(Massaro，1989)。区别性特征、音位和词(word)属于不同层面的节点。层面间的连接存在兴奋和抑制两种作用：若有肯定证据(输入和节点相一致)，节点激活水平升高到阈值；若没有，激活水平退化至休眠水平；达到阈值的节点可提高其所连接的某些节点的激活水平，而降低别的节点的激活水平(桂诗春，2000)。节点间相互连接、彼此影响。连续的言语输入首先激活特征层的相应单元，激活通过联结扩散到相应的音位层和单词层，完成言语感知和词汇通达过程。

第二节 词汇提取

一、词汇知识

在大多数人看来，语言即词汇。正如 Stubbs(1986)所说，"当人们想到语言，总是首先想到词汇"。这种观念在日常英语交际中普遍存在。看下面一些例子(Singleton，1999)：

(1) I want a word with you.

(2) That child never says a word.

(3) I can't understand a word he says.

(4) A word in the right ear will do the trick.

(5) Her words are perfectly clear on this point.

(6) There are some words on the back of the packet.

(7) The wording is all wrong.

(8) You'd better reword that or you'll have a major dispute.

Wilkins(1972)认为，"没有语法，只能传递少量信息；没有词汇，任何信息都无法传递"。McCarthy(1990)也认为，"不管学习者第二语言的语法掌握得多好，不管他的发音多么标准，但如果缺乏足够的词汇，便不能用第二语言成功地进行交际"。总之，词汇是语言的建筑材料，而词汇学习是语言学习的关键。

　　但如何才叫"懂得一个词"呢？词汇知识存在广度和深度两个方面。广度主要指词汇数量，如 20 世纪三四十年代在英、美兴起的"词汇控制运动"（Vocabulary Control Movement），其中以 Ogden（1930）和 Richards（1943）的"基础英语"（Basic English）及 West（1953）的"通用英语词汇"（A General Service List of English Words）为代表，旨在探讨满足交际需要的最基本的词汇量。另外还有 Hindmarch（1980）的"剑桥英语词汇"（Cambridge English Lexicon）和 McArthur（1981）的"朗文当代英语词汇"（Longman Lexicon of Contemporary English）。这些词汇表为英语教师提供了某些指导，但所提供的词汇信息有限。而深度指词汇知识不同层面的研究，即有关单词的各种信息。Schmitt 和 McCarthy（1997）指出词汇知识应包括以下六个方面：(1)形式——发音和拼写。(2)单词结构——基本自由词素或黏合词根词素。(3)该词在短语或句子中的词法行为。(4)词义——指称意义（包括意义的多重性和隐喻外延）、情感意义及语用意义。(5)词汇关系，如同义、反义和上下义等。(6)通常搭配。Ellis（1997）也持有同样的观点，认为学习一个词就应该掌握其发音和拼写、语法行为、语义特征、概念意义等。而 Taylor（1992）则指出词汇知识的十几个方面，即母语对等词、发音和拼写、概念意义、语法行为、搭配、多义性、频率、联想意义、语域、书面词汇、口头词汇等。总之，完整的词汇知识至少应包括两个方面：形式（发音和拼写）及语义（主要包括一单词与相关词项的横向和纵向的意义关系，如搭配行为、近义词和反义词等）。对于词汇知识的语义方面，Carroll（1999）、Singleton（1999）、Cook（2000）和 Hedge（2000）都曾作过详细的阐述，其中以 Hedge 的阐释最为全面。他指出，语义层面包括两个方面，第一个方面表达词汇与物质世界的关系，即词的概念意义和联想意义；第二个方面表达词汇之间的关系，即词汇的意义关系。而词的意义关系又包括横组合和纵聚合两个层面。前者指句子中各成分的组合关系，其中以搭配关系为典型代表；后者则指整个词汇系统中各词项之间的复杂关系，其中以近义关系、反义关系及上下义关系最为常见。

同时，词汇语义学也认为，一个词的完整语义由其横组合和纵聚合关系共同决定。最初的语义场理论(Lehrer，1974)只侧重词汇的纵聚合关系，而忽略横组合这一重要方面。Firth被认为是将搭配纳入词汇研究的先驱。Firth(1957)认为，"意义可在不同水平上进行操作，其中之一便是搭配；搭配是在横组合水平上的意义抽象，并不直接与该词的概念意义相关"，因而搭配意义是Firth词汇意义理论中的核心部分。Firth这一理念在McIntoch(1961)那里得到进一步发展。McIntoch认为重复同现的词汇形式跟句法形式同等重要，这些词汇形式便是Firth所说的搭配。为此，Halliday(1966)试图寻找词型及一种与"现存的语法理论互补的词汇理论"，Halliday的研究重点是搭配。Nattinger和DeCarrico(1992)在其所著的《词汇短语与语言教学》(*Lexical Phrases and Language Teaching*)一书中提出词汇短语的教学方法，而Lewis(1993)则明确提出词汇教学法(The Lexical Approach)。在他们看来，词汇搭配可以是成语，或半成语，或非成语。

总之，词汇语义学中，语义场理论及可搭配性研究都充分说明，一个词的完整语义由其横组合和纵聚合关系共同决定。因此，要掌握一个词，学习者应该分析该词项的内部结构，即横组合和纵聚合关系。正如Donley(1974)所说，学习者应该探讨词汇的意义和发音两方面，而且应该在语境中学习词汇。Brown(1974)也认为搭配应该成为教学的凸显重点，以增强学习者的语境意识。Nilsen(1976)则认为词汇学习纵聚合法(即将词汇进行非语境化分析比较)是词汇学习横组合法(即在语境中学习词汇)的先决条件。

总的来说，词汇知识包括形式(发音和拼写)和语义(主要表现为横组合和纵聚合关系)。不仅如此，学习者的词汇知识也是一个不断发展的过程，并非所有词汇都要求(也不可能)掌握到同等程度。传统两分法认为，词汇可分为接受性(消极)词汇和产生性(积极)词汇两种；语言习得研究者认为，词汇知识可分成理解和产出两个水平(Channell，1988；Nunan，1991；Melka，1997；Lewis & Hill，1999；Littlewood，2000)。Channell(1988)提出外语词汇习得的标准：(1)当学习者对其意义(依赖语境或脱离语境)能够辨认和理解，而非猜测时。(2)当学习者能够自然得体地将该词运用到具体语境中时，可以说学习者已经掌握了该词。Melka(1997)认为懂得一个词并非绝对的有无现象，有些方面可以达到产出性水平，而其他方面只能停留在接受性水平。Lewis 和 Hill(1999)持有相似观点，"懂得一个词并非一个简单的过程——它意味着不仅仅记住这个词。从消极的观点来看，它意味着识别在特定语境中该词的意思(一个相对简单的过程)；从积极的观点来看，它意味着该词的联想意义，懂得运用该词的合适语境，与该词的可能和不可能的搭配"。

二、词汇能力

词汇能力基于词汇知识但超越词汇知识。综观文献研究，有关词汇能力的界定通常有以下两种。

第一种定义是陈述性的。词汇能力包括各种词汇知识，以便得体地使用该词。Richards(1985)曾提出以下七个标准：(1)知道该词在对话和阅读语篇中的存在。(2)懂得根据不同的功能和语境来改变该词的使用限制。(3)懂得该词的句法关系。(4)懂得该词及其可能的变化形式。(5)懂得该词与其他同一语言体系中的词构成的网络。(6)懂得该词的语义价值。(7)懂得与该词相关的许多不同意义。同样，Nation(1990)提出词汇能力的四个层面，即形式(口头和书面)、位置(语法和搭配)、功能(频率和得体性)及意义(概念意义和联想意义)。Bogaards(2000)总结出词汇能力的以下几个方面：形式(口头和书面)、意义(概念意义和意义关系)、词形(派生和复合)、句法、搭配和语篇(风格、语域及得体性)。从以上三个有关词汇能力的定义可以看出，要获得词汇能力，学习者要掌握各种词汇知识，其中重要的是掌握词汇的横组合和纵聚合关系，即词汇的语境限制和该词在词汇系统中的语义价值。

第二种定义是程序性的。根据 Marconi(1997)的观点，词汇能力即运用词汇的能力，一方面意味着能够提取一个词与其他相关词构成的关系网络，另一方面意味着能够将该词项与真实世界相匹配，亦即能够命名(对已知的物体或环境选择正确的词项反应)和运用(对已知的词项选择正确的物体或环境反应)。前者也可称为推理能力,即操纵词汇关系网络的能力,如语义推理、下定义、由定义提取词项、寻找近义词等;后者则为指称能力,即将词项与客观世界相匹配的能力。因此,Marconi认为只有掌握了以上两种词汇能力才算具有真正的词汇能力。Johnson-Laird(1983)也有类似的观点,认为语义关系知识并非词汇能力的全部,"一种意义理论如果不将语言与客观世界相联系,就不是一个完整的意义理论"(转引自 Marconi,1997)。但是,Marconi词汇能力的两方面在学习具体名词时体现突出,而对于较高水平的外语学习者来说(如大学生外语学习者),他们接触到抽象词汇的机会要大得多,词汇推理能力往往占优势。

Robinson(1989)和 Chappelle(1994)发展了更为全面和完整的词汇能力的定义。Robinson认为词汇分两大类:专业词汇和核心词汇。懂得一个词包括懂得该词有一个特定意义,并懂得该词怎样能够和正在被使用。懂得专业词汇只需具有陈述性知识即懂得该词有一个固定的意义,而懂得核心词汇则需要懂得该词在不同语境中运用时潜在的特殊意义。Robinson的这一观点基于 Canale提出的交际能力。Canale(1983)将交际能力描述为交际所需要的知识和能力的内在体系,并提出四种交际能力:语法能力,即掌握语码、词汇和语义;社会语言能力,即在具体语境中得体地使用语言;语篇能力,即能够在交际中构建和保持连贯的话语和篇章;策略能力,即在交际受阻时采取补救措施或提高信息的传递率。其中语法能力属于陈述性知识,后三者属于程序性知识,因而 Robinson的词汇能力包含陈述性和程序性两个层面。由此看来,对词汇能力的界定应该解释程序性能力的发展,而且应该解释在实际交际中词汇知识的提取。Chappelle(1994)表达了类似的观点,其词汇能力的概念建立在 Bachman(1990)的交际语言模式之上,认为词汇能力包括三要素,即语言使用的语境、词汇知识及其过程、语境中使用词汇的元认知策略。由此可见,词汇能力不仅包括词汇知识还必须包括在具体语境中运用语言的能力,而且 Robinson和 Chappelle将词汇能力置于交际能力的框架之中。这意味着词汇能力是交际能力的重要组成部分。为获得语法能力，学习者必须懂得一个词的语法即词法和句法行为；为获得社会语言能力，学习者必须学会辨别语义相关词汇的细微差别及其相应的搭配行为，以便得体地使用语言；为获得语篇能力，学习者必须懂得一个词的语体风格、语域限制等；为获得策略能力，学习者必须懂得一个词与其他词的意义关系，如近义、反义和上下义关系等，以便在交际受阻时灵活采取补救措施。实际上，有关交际策略的研究主要集中在词汇策略上的研究，如释义、下定义、描述、造词仿词等（Tyrone，1988）。

但由于过多地强调交际的顺利进行即交际的流利性，交际的准确性受到一定程度的损害，而流利性和准确性是交际能力中密不可分的两个要素。如上所述，词汇是口头和书面交际的轴心，因而词汇能力也应追求流利性和准确性，二者同等重要。词汇能力的准确性主要包括各种词汇知识，流利性则涉及运用词汇知识的能力，而且交际的目的在于传递信息，意义理解是关键。那么词汇的选择及其相应的合适的语境便成为交际的焦点。词的意义是由其意义关系即横组合和纵聚合关系共同决定的。因而，懂得词汇的意义关系和搭配行为是成功传递信息及达到相互理解沟通的前提条件。交际能力，特别是词汇能力，不仅要求地道的流利性，也要求地道的选择（Pawley & Syder，1983；Skehan，1998）。要做到说得、写得地道，学习者要学会使用经常出现的熟悉的搭配。"这些搭配可以用来表达不同的概念和言语行为；说话者可以将其以整体或自动链的形式从长时记忆中提取。这样，说话者可以节省句内编码工作，而将注意力转向其他方面如话题转换、策划较大的语篇，以保证交际的顺利进行。"（Pawley & Syder，1983）

三、词汇表征

要实现词汇知识向词汇能力的转化，学习者必须将词汇知识内化到心理词汇中去。心理词汇通常被喻为仓库，或图书馆，或百科全书，或电脑。一个词条通常包括语义、句法、词法和形式（语音和书写）信息。不同的信息分别表征于词条中的不同项目，即词目（lemma）和词位（lexeme）。

前者包括一个词的语义和句法信息，如词义和词类；后者包括词法和形式信息，如一个词不同的词形变体、拼写和发音等（Levelt，1989）。研究表明第一语言词汇表征的一个显著特征为这四种不同信息在同一词条中的高度融合，即该词条一旦提取，与之相关的各种信息都会被自动激活。这样，同一词条中的不同信息的共存及其自动激活保证了在日常交际中有效得体地运用这些词汇知识。然而，对于第二语言学习者来说，言语输入贫乏，而且他们已经通过习得母语掌握了特定的语义和概念系统，词汇表征的发展也许异于第一语言词汇表征的发展，但在交际中实现流利和地道的选择是外语学习的最终目标。因此，词汇表征的最高目标应与第一语言的词汇表征相似，即同一词条中语义、句法、词法、形式等各种具体信息得到内化和融合。此外，跨语言研究表明，并非所有的第二语言词汇都与第一语言词汇具有同等程度的语义匹配。正如Lado（1957）所说，"如果认为意义在所有语言中都是相同的，所有的语言只存在表达意思的形式不同而已，这便是一种错觉"。不同语言以不同的方式赋予词汇不同的意义。Swan（1987）曾对不同语言中的词汇关系做过以下系统的分析，认为有十种典型的关系形式：不同语言的词汇具有相同的概念意义；相同的概念意义由不同的词汇来表达；词汇的范畴相异；无对应的词汇；具有语篇差异的词汇；不同词类的词汇；似是而非的同源词；不同语法或搭配行为的词汇；不同语体风格的词汇；词的概念相异。可见，第二语言词汇能力的终极目标应与第一语言词汇相似，即同一词条的所有相关信息都应表征于心理词汇之中。

然而，心理词汇中的各种相关信息是怎样相互关联的呢？这一问题可以从不同的心理学研究中得到启示：反应时实验、命名或词汇检索，以及言语错误分析。在反应时实验中，Rubenstein等（1970）曾使用词汇判断作业。受试在实验里看到显示在荧光屏上的真词和非词，然后通过按键来指出它们是真词还是非词。结果发现，受试处理常见词的时间要短于罕见词，而处理真词的时间又短于非词的时间。此外，Meyer和Schvaneveldt（1971）所做的语义启动实验具有典型意义。他们对受试显示真词和真词、非词和非词、真词和非词的对子，要求他们对两个字符串是否为真词作出反应。结果表明，有意义联系的对子的反应时显著地快于没有意义联系的对子。该实验同时表明，心理词汇是按语义相关组织起来的。在命名/词汇检索实验中，词汇提取实验在探讨心理词汇组织方面具有代表性。实验者给受试呈现一组词，让其自由联想由该词所想到的词。结果有三个发现（桂诗春，2000）：第一，受试最容易联想到语义相似词，如"needle""pin""sew"，而不是"nail""poker""wheedle""nettle"。第二，如果目标词是对子的一个成员，受试容易联想起另一个成员，如由"king"引起"queen"。第三，成人（而不是儿童）容易联想起与目标词的语法分类相同的词，如名词"hammer"引起名词"nail"，动词"run"引起动词"jump"。这表明心理词汇的组织遵循两大原则：意义和语法。

然而，词汇是怎样围绕意义组织起来的呢？Anglin(1970)提出词汇习得过程的三个方面（转引自 Singleton，1999）。首要的一点便是心理词汇中词汇意义关系从横组合向纵聚合的转变。Anglin 认为从横组合向纵聚合的转变发生在 5 岁和 10 岁之间，并认为这是一个可靠的发现：在自由联想实验中，儿童的反应词汇与刺激词汇属于不同的词类，即二者为横组合的关系；成年人的反应词汇与刺激词汇来自同一词类，即二者为纵聚合的关系。为证明这一点，他引用了来自 Woodworth(1938)的一些例子，当给出刺激词汇"table"，儿童的反应为"eat"，而成人的反应为"chair"；当刺激词汇为"dark"，儿童的反应为"night"，而成人的反应为"light"。成人纵聚合反应的增多可以说反映了语义标志的增强及心理词汇转向以句法类型为中心组织。同时，Anglin(1970)本人也做实验表明，在自由联想时，成人比儿童更倾向于根据词的句法类型进行组合，即成人比儿童更易于根据词汇的纵聚合关系来联想。由此可见，心理词汇也是一个由词的横组合关系和纵聚合关系组成的网络。这一点在 Fay 和 Cutler(1977)的第二语言言语错误的发现中得到证实。他们发现，99%的言语错误与目标词处于同一句法结构。这充分证明，心理词汇中句法是一个强有力的可靠的组织者。同时，大量关于操双语者心理词汇的研究也为此提供了有力的证据，即在较高层次，心理词汇按照句法范畴来组织。在以操双语者为受试的词汇自由联想实验中，刺激词汇与反应词汇属于同一句法范畴。若刺激词汇为名词，反应词汇为名词；刺激词汇为形容词，反应词汇为形容词。即使在跨语言研究中也如此，受试较少采用横组合联想（Albert & Obler，1978）。以上研究表明，对心理词汇来说，横组合联想和纵聚合联想是同等重要的，而且语言水平愈高，纵聚合联系愈占优势。最后 Cook（2000）进行的自由联想测试中也有类似的发现。受试的反应结果分为以下三类：（1）横组合反应，如 blue-sky 或 blue-jeans。（2）纵聚合反应，如 blue-red 或 blue-black。（3）押韵反应，如 blue-new 或 blue-true。因而 Cook 认为无论是第一语言学习者还是第二语言学习者，他们的心理词汇都是按词汇之间的横组合关系和纵聚合关系来组织的，只不过对第二语言学习者来说，纵聚合关系占优势。

　　多数研究认为第一语言学习者的心理词汇是以意义为中心组织的，而第二语言学习者的心理词汇主要是以形式为中心的。Laufer（1989）认为，操母语者心理词汇之间存在较强的语义联接，而母语之外的语言学习者的心理词汇则以语音联接为主。但 Birkbeck 词汇工程（Birkbeck Vocabulary Project）所进行的以第二语言学习者为受试的词汇自由联想测试表明，第二语言学习者心理词汇除了语音联接，同样存在语义联接（Singleton，1997）。其他类似的词汇自由联想研究（O'Gorman，1996；Singleton，1994）也证实了这一点：反应词与目标词不仅语音相似，而且很大部分存在语义联接。此外，研究表明，操第一语言者的心理词汇同样存在语音联接，但随着年龄的增长和语言水平的提高，语义联接逐步加强。事实证明，不断提高的语言能力使第二语言学习者的心理词汇结构发生变化（Singleton，1997）。在探讨第二语言学习者如何在短时记忆中储存词汇的研究中，Henning 发现在词汇学习初级阶段，学习者按语音联接（如将发音相似的词汇储存在一起）来储存词汇，但随着语言水平的提高，词汇储存以语义为基础。因而他认为，"在记忆中词汇编码策略似乎随着语言水平的变化而变化。对于语言水平较低的学习者来说（尽管他们已经懂得了刺激词汇的意义），似乎以语音和书写相似为基础进行词汇编码，而不采用语义联接……但对于语言水平较高的学习者来说，他们主要以意义为基础进行词汇编码"（Henning，1973）。

四、心理词汇的组织

心理词汇组织的具体形式是怎样的？许多研究提出了有关心理词汇组织的模型，本节主要介绍等级网络模型、扩展激活模型、特征比较模型、双语心理词汇表征模型和心理词汇通达模型。

（一）等级网络模型

等级网络模型（Hierarchical Network Model）（Collins & Quillian，1969，1970）用于解释各种语义关系。该模型认为词汇知识通过等级语义网络来表征。网络以概念为节点，每个节点涉及类属成员的特征或属性。词汇根据语义形成上下义关系，上下义关系就是逻辑学上的属种关系：包含性最强的概念处于模型的顶部，同级别的概念处于网络的同一层面，在模型底部则为具体的概念。比如"动物""鸟""金丝雀"三个概念，"动物"概括性最强，处于顶端，"鸟"属于中间层的概念，"金丝雀"相对最具体（如图5.2所示）。每一个下义概念具有上义概念包含的属性或特征。这样同一个网络中的概念按逻辑的上下级关系组织起来，构成一个有层次的网络系统。概念之间的链接既包括从属关系，也包括概念和特征的关系（指各级概念分别具有的特征）。该模型对概念的特征实行分级储存。在每一级概念的水平上，只储存该级概念独有的特征，而同一级的各概念所具有的共同特征则储存在上一级概念的水平上。每个概念和特征都处于网络中特定的位置，一个概念的意义或内涵要由该概念与其他概念和特征的关系来决定，并且上义概念特征只出现一次，无需在所有的下义概念中重复储存，因而符合了认知经济原则（cognitive economy）。这些概念之间、概念和特征之间的连线模式已经预先在网络中建立。当需要从记忆中提取信息时，就可以沿连线进行搜索。所以同一概念只储存在一个节点，但是其他节点也能通过网络与之相连，从而在必要的时候激活。

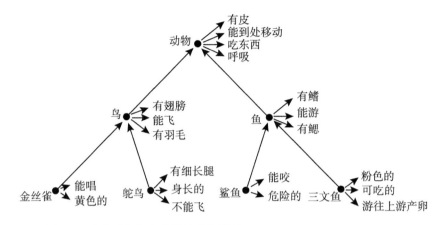

图 5.2　有关动物信息的等级网络模型（Collins & Quillian，1969：241）

为了验证这个模型，Collins 和 Quillian 让受试完成语义验证任务。如果呈现句子"A bird is an animal"，该句子将激活两个节点："bird"和"animal"。该研究让受试判断句子的正误是基于交叉搜索机制：一旦两个节点被激活，搜索就会很快从一个节点到另一个节点。受试会继续搜索相关信息，直到句子中的两个词相交。最后，受试将进行检查以确保句子中描述的关系符合心理词汇中的关系。再比如句子 An animal is a bird，搜索也会产生交叉点，但受试会意识到句子中两个概念的关系与心理词汇的关系相矛盾。

给受试呈现句子 A bird is an animal/A bird can breathe 或者 An animal is an animal/An animal can breathe 来判断，前两个句子所用时间较长，因为前两个句子涉及两个概念之间关系的判断，而后者没有。这就是范畴大小效应（Carroll，2008：113）：当谓语的范畴变大，判断句子所需要的时间就越长；同一水平上，特征随概念而储存，搜索一个特征比搜索相应的概念需要更多时间。在如下的句子判断中：An A is a B or An A has a B，B 在等级网络中的位置越高，反应时越长。

还有一个问题，受试对同一层级概念的反应是否相同。比如呈现以下句子给受试，反应时是不一样的：（1）比（2）所需时间要短；（3）比（4）所需时间要长。这是语义验证的典型性效应（typicality effect）（Carroll，2008：114）。典型性效应是指对一个范畴或概念的典型成员的判断要快于对非典型成员的判断；对判断同一范畴的两个词比判断不同范畴的两个词需要花费更长的时间。

(1) A robin is a bird.

(2) An ostrich is a bird.

(3) A whale is a fish.

(4) A horse is a fish.

(二) 扩展激活模型

扩展激活模型（Spreading Activation Model）（Collins & Loftus，1975）认为心理词汇的组织更像一个相互连接的网（见图 5.3），以语义联系或相似性将概念组织起来。网中的节点代表词的概念。节点间的连线表示概念之间的语义联系；连线的长度表示语义联系的强度。连线越短，两个概念之间的联系就越紧密。概念之间通过共同的特征数量形成联系，互相之间共同特征越多，两个概念之间的关系就越紧密。词汇提取是通过不断扩散的激活来进行的。

扩展激活模型中，以 Bock 和 Levelt（1994）提出的模型最具有可行性。该模型认为词汇知识存在三个不同的水平。第一水平为概念水平（conceptual level），在这一水平上存在一些节点，代表着特定的概念，并且这些节点之间存在普遍而复杂的联接。第二水平为词目水平（lemma level），即词汇知识的句法层面。第三水平为词位水平（lexeme or sound level），即词汇知识的语音层面。该模型有助于了解在理解和产生言语的过程中词汇知识的提取过程，而且该模型包含了词汇知识的诸多方面，如意义关系、句法、语音及概念层面。虽然该模型并非最完美和最全面的模型，但却是迄今为止最现实地反映心理词汇组织的模式。它不仅说明了单个词的各种信息的组织，还描述了词汇之间的语义联接。扩展激活模型相

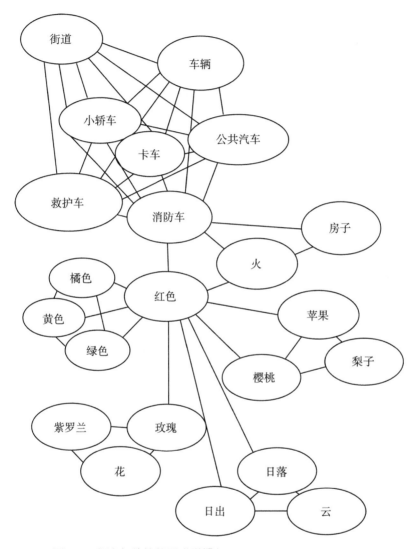

图 5.3 概念相关性的图式表征(Collins & Loftus,1975:412)

对于等级网络模型更加灵活。"它能够解释各种词汇和概念研究中的试验效果;能够解释提取概念和它们的特征的多重路径。"(桂诗春,2000:337)

(三)特征比较模型

特征比较模型(Attribute Comparison Model)(Smith, Shoben & Rips, 1974)的主要观点是:概念在语义记忆中由两类属性或特征进行表征,对命题的判断通过对特征的比较来实现。该模型将特征分为两类:定义性特征(Defining Features)和特异性特征(Characteristic Features)。前者指的是一个概念所必需、所有成员共同具有的本质特征。而特异性特征不是一个概念所必需的,但具有一定描述功能的、偶然的、非本质的特征。在这个特征模型里(见表5.7),"robin"和"bird"由它们的定义性特征区分开来。"A robin is a bird"这个命题的成立基于二者特征的比较:"bird"的每一个特征也是"robin"所具有的,也就是"bird"的特征是界定它所有范畴成员的充分必要标准。有些特征,比如"Birds can fly"就不是"bird"的定义性特征,因为这个不符合"A penguin is a bird"的命题。在这个模型中,一个概念越抽象,它的定义性特征就越少。

表5.7 定义性特征和特异性特征示例(**Smith, Shoben & Rips, 1974**)

	robin	bird
defining features	is animate is an animal has wings is a biped has a red breast …	is animate is an animal has wings …
characteristic features	can fly is undomesticated …	can fly …

该模型提出判断句子真伪的两阶段加工过程。阶段一:比较句子中的

主语和谓语(比如 A sparrow is a bird 中,主语和谓语分别为"a sparrow"和"a bird"),对两个概念的所有特征进行总体比较,确定总体特征的相似性。如果属于高类似性(比如"a sparrow"和"a bird"),句子直接判断为真;如果属于低类似性,比如"a stone"和"a bird",句子 A stone is a bird 直接判断为假。含有中等类似性的两个概念进入下一个阶段。阶段二:对主语和谓语的所有定义性特征进行比较。如果相匹配,句子判断为真,反之为假。该模型可解释多种现象,强调加工过程而不是信息的组织结构。

(四)双语心理词汇表征模型

双语心理词典实验研究的理论基础就是记忆系统中自动扩散的激活过程(automatic spreading activation)和语义网络的理论(semantic network)(董燕萍,1998)。不同类型的单词是以不同的形式存储在双语者的大脑中的:复合词和派生词是以词素的形式存储的,而屈折词则以整词的形式存储;在英汉双语心理词典中既有以词素的形式存储的单词,又有以整词的形式存储的单词;英语词汇在汉语学习者的双语心理词典中是混合存储的(陈士法等,2007)。对于双语心理词汇知识表征,研究者先后提出了多种模型。

(1)并列模型(coordinate)、复合模型(compound)和从属模型(subordinate)(Weinreich,1953)(转引自 Grosjean & Li,2013)。并列模型即两种语言各有各的概念系统;复合模型即两种语言共享一个概念系统;从属模型即二语词(L2 words)的意义是通过其一语(L1)的翻译对等词(translation equivalents)来建立的。

(2)共同存储模型(shared storage)和独立存储模型(independent storage/representations)(Kolers,1963)。前者认为双语者的语言知识是以某种抽象的概念形式储存的,两个语言通道输入的词汇信息在大脑中形成一个共享的语义认知表征;后者认为两种语言被分别加以存储,双语者的头脑中有两个相应的语言存储系统。

(3)概念调节模型(concept mediation)和词汇连接模型(word-association)(Potter et al.，1984)。概念调节模型即双语词汇通过共享的概念而连接；词汇连接模型即双语词汇在词名层直接连接，二语词和概念的连接则要通过一语词。概念调节模型假设第一语言和第二语言的词汇表征都同概念表征直接联系，而词汇表征层之间没有直接的联系，在进行跨语言加工的时候，两种语言的词汇表征都要通过概念为中介进行转换。词汇连接模型假设两种语言的词汇表征和共有的概念表征之间的联系是不一样的，第一语言中的词汇表征直接与概念表征相联系，而第二语言的词汇表征不直接同概念表征相联系，它必须通过第一语言的词汇表征间接地同概念表征相联系。

(4)混合模型(the mixed model)和非对称模型(the asymmetrical model)(Kroll & Stewart，1994)。前者认为两种语言既在词汇层直接连接，也同时和概念层直接连接。后者认为不同节点间的连接强度(link strength)或同一对节点间的不同方向的连接强度有所不同，比如 L2-L1 的翻译要比 L1-L2 的翻译要快。

(5)分布式模型(distributed model)(De Groot，1992)，即不同类型的词共享的概念节点数不同，比如说，具体词和同源词在两种语言中的翻译对等词比抽象词和非同源词的翻译对等词共享更多的概念节点，即语言间的具体词和同源词的语义可能共同表征，但抽象词和非同源词的语义更可能是独立表征。

(6)共享(分布式)非对称模型(董燕萍，1998)：对于翻译对等词所共有的概念元素来说概念表征在大脑中是共享的，但一语词名和共享概念的联系要强于二语词名和共享概念的联系；对于翻译对等词所不共有的概念元素来说，这种不共有的差异一方面表现出一种被"调和"的趋势，另一方面又表现出一种"独立"的趋势。

(7)语义元通达模型(黎明，2019：75-76)。该模型将双语者两种心理词汇的语义表征切分为"语言特异元"(Language-Specific Semantic Primitive)和"语言共享元"(Language-Common Semantic Primitive)。前者指双语者两种不同语言中翻译对等词各自的独特语义元；后者指翻译对等词的共有语

义元。图 5.4 中"L1w"表示一语词"w"(如汉英双语者的一语词"红色")的
词汇表征。"L2w"表示一语词"w"的二语翻译对等词(如"red")的词汇表
征。"L1w"和"L2w"均分别与语义表征层的四类语义元直接相连。其中,
深黑色小椭圆表示 CCSP,浅黑色小椭圆表示 ICSP,粗线白色小椭圆表示
"L1w"的 ISSP,细线白色小椭圆表示"L1w"的 CSSP,粗线白色小圆表示
"L2w"的 ISSP,细线白色小圆表示"L2w"的 CSSP。本模型假设双语者仅掌
握了 L1 和 L2,且 L1 熟练,L2 不熟练,因此与一语词直接相连的各类语
义元数量更多、强度更大(词汇表征与语义元连接的直线更粗);与二语词
直接相连的各类语义元数量相对较少、强度更小(词汇表征与语义元连接
的直线更细)。

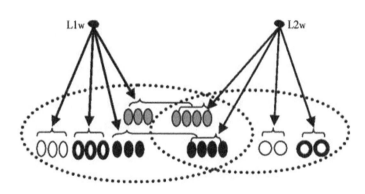

图 5.4 语义元通达模型(黎明,2019:77)

(五)心理词汇通达模型

"词汇通达是指在识别我们听到(在口语处理过程中)或看到(在视觉文
字处理过程中)特定单词时的心理表征或过程。"(Lexical access refers to the
set of mental representations and processes that are involved in identifying which
specific words we are hearing(during spoken word processing)or seeing(during
visual word processing).)(Thaxler,2012:97)。识别单词会激活相关的词
汇语义信息。在母语日常交际和阅读中,词汇识别似乎是快速地自动化的

过程，其实心理词汇识别是一个复杂的过程。本节介绍两种心理词汇通达模型：串行搜索模型和并行提取模型。前者的主要代表是自动搜索模型（Autonomous Search Model），后者主要包括词汇发生模型（Logogen Model）、交股模型（Cohort Model）、交互激活模型（Interactive Activation Model）、简单循环网络模型（Simple Recurrent Network Model）。

1. 串行搜索模型

串行搜索模型的代表是自动搜索模型（Forster，1989；Taft & Forster，1975）。词汇通达涉及我们使用听觉（或视觉）线索来搜索长时记忆以获得匹配的刺激。在每次搜索一个单词时，不需要搜索整个心理词典。在该模型里，词汇通达目录叫作提取档（access files），也就是主档，共有三个分档——供辨认书面文字的书写提取档（orthographic access file）、供辨认口语的语音提取档（phonological access file）、供辨认意义的语义/句法提取档（semantic/syntactic file）。有了这三个提取档，词项就能在阅读、听辨和说话时搜索出来。该模型在主档里，词的表征系统（主档）由几个不同的"箱子"（bins）组成，每个箱子按照频率的高低递减组织排列（Thaxler，2012）。也就是高频词排列在前，先被搜索到；低频词排列在后，继高频词之后才会被搜索到。当我们检索到跟刺激相匹配的词项时，这个搜索就自动停止；而且具有相同词根的心理词汇排列在一起。该模型认为，词汇系统独立于语言信息处理中的其他系统，心理词汇中词的激活不直接受句法或语义因素的影响，虽然这些因素会影响一般的认知系统（Carroll，2008）。但当我们提取心理词汇时，只能按照一次使用一条固定路线的方式依次进行辨认。因此，虽然这一模型较好地解释了频率和词汇性效应，但它不能很好地解释启动和语境效应。

2. 并行提取模型

并行提取模型有四个代表：词汇发生模型（Logogen Model）、交股模型（Cohort Model）、交互激活模型（Interactive Activation Model）、简单循环网络模型（Simple Recurrent Network Model）。

（1）词汇发生模型

词汇发生模型(Morton,1969,转引自 Thaxler,2012)是一个自下而上的信息处理系统,接收口头或视觉输入之后,用它来激活以前存储的单词形式表征。该模型的核心是一套接收口头或书面形式输入的处理单元,当兴奋性输入超过某个标准水平或阈值时它们就会被激发。

每个人心理词汇表中的每个单词都由一个词汇发生器(logogen)表示,因此当单词相应的词汇发生器激活水平超过某个阈值时,单词是可以识别的。那激活是怎样发生的呢?该模型中词汇发生器可以接收来自口语的输入(通过听觉分析)(auditory analysis)、书面文字(通过视觉分析)(visual analysis)或上下文(context system)(基于语义属性激活词汇发生器)。这个词汇发生系统通过以上三种输入来运行,当单个词汇发生器在高于阈值水平上被激活,它们将信号发送到输出缓冲器(output buffer)。词汇发生器通过两种方式激活:感觉信息或语境信息(Carroll,2008)。感觉信息主要表现为输入的书写或语音特征。当这些信息被感知时,它们就会与词汇发生器相匹配。词汇发生器具有记分板或计数器的功能;当计数器上升到预先指定的阈值以上,则该词项就被识别。通常,输入来自听觉或视觉系统,而不是两种输入同时呈现,但有可能听觉和视觉信息同时出现(如阅读时说话)。语义输入机制允许上下文影响识别一个单词所需的时间,甚至听话人还没有足够证据说明该词就在输入信息中时,语义上与词汇发生器相关联的某语境中的词可以提高词汇发生器的激活度。作为语境信息,一个句子的语义和句法结构可能会影响一个词汇发生器的激活。

(2)交股模型

交股模型(Marslen-Wilson,1987)是专门解释口语中单词识别的。口语中词汇识别需要建立一个模型,因为听话人识别单词的速度非常快,另外,听话人对单词的识别点很敏感,而且不同词汇的识别点不同。该模型认为,口语中单词识别分为三种阶段。第一阶段为激活阶段(activation)或关联阶段(contact),在对输入进行声学和语音分析的基础上,所有的相关候补词会被激活。这个集合被称为"词的起始交股"(word-initial cohort)。第二阶段为选择阶段(selection),从"词的起始交股"选择与听觉输入中最匹配的一个词项进行进一步分析。选择阶段对多种信息来源很敏感，包括视觉输入、单词变量（如词频）和话语语境。该阶段的排除或选择是通过两种方式进行的：话语的语境和更多的视觉信息输入。这样不合适的候补词就会被排除。最后阶段为整合阶段（integration），选择的词项被整合到正在进行的语义和句法结构中去。比如，当听话人听到"I met her in an old h..."，听话人心理词汇中词的起始交股包括以这个音开头的所有候补词，比如"house""hut""hub""heart"……随着更多的语音输入，这些候补词就会不断缩小范围，最终选择一个跟语音和上下文信息最匹配的词比如"house"，最后将"house"整合到句子中，语法与语义都很吻合。

（3）交互激活模型

交互激活模型（McClelland & Rumelhart，1981）可以接收视觉或听觉输入。最基本的分析单元是视觉特征（不同方向的短线、曲线等，角度）和声学特征（语流中的语音成分）。系统的输入是视觉或听觉特征，这些特征跟字母或音位联接起来。特征与字母或音位的联接是兴奋性的。该模型中的激活是级联激活（cascaded activation），与阈值激活（threshold activation）不同。在词汇发生模型中，阈值激活意味着处理单元安静地等待输入超过某个阈值导致其激活。在交互激活模型中，只要其他单位发出任何激活信号，接收输入的单元开始发送输出。由于该模型使用级联激活，视觉或听觉特征一开始被识别就开始发送激活，也就是视觉或音位特征一旦活跃起来，字母或音位这一级的处理单元开始变得活跃起来。在字母或音素的单元层中，所有的联接都是抑制性的。这意味着当字母或音位处理单元开始被自下而上的特征输入激活，它将尽力减少与之相连的其他字母的激活。这种连接模式导致单边抑制（lateral inhibition）——网络中同一级的处理单元试图减少或抑制彼此的激活水平。被激活的字母或音位又激活共享这些字母或音位的词。字母或音位对它们所组成的单词有兴奋性的联接，与它们不是组成部分的单词有抑制性联接。字母或音位层级可以收到来自单词层级的兴奋性和抑制性反馈联接，这意味着一旦一个单词开始被激活后，它将把激励或抑制反馈到字母或音位层级。如果单词"able"从字母"A"开始被激活，它将通过自上而下的兴奋性反馈联接开始激活它的其他成分字母"B""L"和"E"，而这些成分这时可能还没有被自下而上的输入激活；同时"able"这个单词的活动也会抑制单词中不存在的字母的激活（Thaxler，2012：107）。在这个模型中，自下而上、自上而下的激活交互进行。该模型跟词汇发生模型一样对待词频效应——单词使用频率越多，就越容易被激活（桂诗春，2000）。

（4）简单循环网络模型

简单循环网络模型（Elman，2004）将单词看作跨多层网络的神经活动形式。这是一个三级网络模型。输入单元（input units）是听觉信息，隐藏单元（hidden units）是词的内部表征，输出单元（output units）是单词识别结果。这里还有一个语境单元（context units），是单词出现的句法和语义语境。

但在这个网络中没有通常意义上的词汇，词汇知识隐含在单词对内部状态的影响中。对单词的反应所产生的心理状态不是任意的，这个心理状态同时反映了单词的语法属性和语义属性。这就是我们说的一个词的特征是通过它对内部状态的影响体现出来的。重要的是，这些影响总是且不可避免地受到语境的调节。因此，单词只是内部状态部分（但显然非常重要）的决定因素。在该模型中，类型（type）和标志（token）的区别不存在了。比如句子 The big boy led the little boy up the mountain 中，出现的两个单词"boy"导致两种不同的内部状态，跟其他语境中的"boy"造成的心理状态相似，但不相同。因为内部状态受先前语境的影响，不同的标记会产生不同的内部状态。每个"boy"的状态都在这个词位（lexeme）状态空间中占有一个有限区域。只要"boy"这个词出现一次，就会在这个有限区域产生一个状态。由于语境不同，产生的状态也不同，但由于都是属于同一个词位，它们紧紧聚拢在一起。每个有限区域只包含相同类型的标记。由于语境不同，同一类型的不同标记产生的不同状态不是任意的。同样的机制也可以扩展到来解释各范畴（categories）和其成员之间的区别。名词和动词是两个范畴。所有名词都占据在状态空间的同一区域，动词占据在另一个区域。在每个范畴中，单词表征进一步细分为子类，意义相近的词具有相似的表

223

征。该模型进一步细分了某一类型的表征，即在不同语境中出现的同一类型的标志聚拢在一起。

五、影响词汇提取的因素

在交际中，我们有时候会很快地检索到某个词并作出反应，但有时候比较迟缓。从记忆中提取或检索词汇信息的过程受到诸多因素的影响。比如在亚运会或奥运会等体育赛事举办期间，我们对体育竞赛方面的词汇变得敏感和活跃，提取的速度要比没有赛事的期间要快。这可能是近期效应。影响词汇提取的因素有很多，这些因素包括词频、词的音韵特征、句法范畴、形态复杂性、语义性以及歧义词等（Carroll，2008）。词的音韵和语法特征已经在连续语音听辨中涉及了，本节主要介绍以下因素：词频、语境和语义性。

（一）词频效应

我们在口头交际或阅读过程中，对高频词的理解是快速的，几乎是自动化的过程。但是当说话人或作者使用一个不常用的词时，我们的反应显然会慢下来。这是我们在日常生活中口头交际或阅读中的体会，虽然没有精密地计算反应时。这可能是词频效应。我们来看一些研究发现。Forster和 Chambers（1973）比较了真词、非词和不熟悉词的命名时长和词汇决策时长。研究发现，真词的命名时间比非词短，高频词的命名时间也比低频词短，这表明单词命名是词汇搜索过程的结果，而不是在词汇搜索之前发生的；真词的命名时间与词汇决策时间呈正相关，而非词的命名时间与词汇决策时间不呈正相关。Rayner 和 Duffy（1986）让受试阅读句子，每个句子都包含一个目标词，同时监测他们的眼球运动。结果发现：受试对低频词的平均注视时间比对高频词的平均注视时间长 80 毫秒。张慢慢等（2022）通过记录快速读者与慢速读者在阅读含有高频或低频目标词句子时的眼动轨迹，结果发现，在第一遍注视时间、回视路径时间和总注视时间上，快速读者对高频词与低频词的注视时间无显著差异，但都短于慢速读者；而慢速读者对低频词的注视时间显著长于高频词。即快速读者的早期词汇识别和后期词汇整合效率都较高，不受词频影响；而慢速读者的整个词汇加工效率较低，受词频影响较大。

(二)语境效应

语言中很多词汇是一词多义，我们如何提取该词相应的词义呢？根据排他性通达假设(exclusive access hypothesis)，我们可以使用语境线索立即选择像"bank"这样模棱两可的单词的正确含义(Thaxler，2012)。当我们听到或看到"bank"这个词的时候，最终的词义选择依赖于上下文提供的线索。比如，当听到或读到的语篇是关于"deposit money"方面的信息，我们就会提取"银行"这个词义；如果我们听到或读到的语篇是关于"river"的，我们会提取"河岸"这个词义。虽然在特定的语境中只有一个词义是合适的，也有可能一个单词的多层含义全部同时被激活，该假说被称为穷举性通达假设(exhaustive access hypothesis)(Thaxler，2012)。比如我们听到或读到"bank"这个词的时候，它的全部词义都活跃起来，但是语境可以帮助我们决定哪一种词义最恰当。有研究(Thaxler，2012)将下面两句话呈现给受试(展示"bug"的两个含义：listening device 和 insect)，听完一句话后，用电脑屏幕呈现"bug"的一个含义。

The spy swept the room looking for concealed bugs.

The cook picked up a bag of flour in the kitchen and saw the bugs.

结果显示：受试对与"bugs"任何一种含义相关的目标词都比其他不相关的词汇反应更快，跟"bug"在上下文中的具体含义没有关系。

同样以"bug"为目标词，Swinney(1979)让受试听下面的句子：

Rumor had it that, for years, the government building had been plagued with problems. The man was not surprised when he found several spiders, roaches, and other bugs in the corner of his room.

整句话的语境是导向"insect"的意思。在听到"bugs"时，受试看到三种不同的显示："ant"(和语境有关的词：[蚂蚁])，"spy"(和语境无关的词：

[间谍])和"sew"(无关的词:[缝])。研究发现,和"bugs"意思有关的两个意义都比无关的意义的反应时要短。这说明,尽管有语境引导,受试一看到"bugs"时,两个意思都被激活了。

以上研究证实了穷举性通达假设。受试似乎不会只选择正确的含义,一个词的多重意义都可以被激活。尽管一词多义,但是词的各种含义并不同等重要。有些歧义词有一个频繁的(主要的)含义(dominant meaning)和其他不太频繁的(次要的)(subordinate meaning)含义,这种歧义词称为偏向型歧义词(biased ambiguous word)。其他歧义词有两个大致同等重要的常用含义,这种词称为平衡型歧义词(balanced ambiguous word)。当平衡型歧义词在中性语境中出现时,它们的不同含义就会被同时激活,比如以上关于"bug"的实验。偏向型语境导致平衡型歧义词处理速度与匹配的无歧义单词一样快。偏向型语境对偏向型歧义词的影响取决于主要意义或次要意义是否符合语境。如果语境指向主要含义,歧义词的处理速度与匹配的控制词一样快;如果语境指向次要意义,歧义词的处理速度就会慢下来(Thaxler,2012)。Rayner 和 Duffy(1986)对歧义名词的进一步分析表明,它们的不同含义会影响注视时间。受试注视具有两个同等重要含义的歧义词的时间比注视具有一个主要意义的歧义词的时间长。句子语境中汉语歧义词的意义激活(示例句子——主要意义:她为买这件衣服花了很多钱,不值得;示例句子——次要意义:她买的这件衣服太花了,不好看)研究显示:与语境意义有关的目标词反应时较短,表明语境在歧义词加工早期促进合适意义的激活,同时限制不合适意义的激活(武宁宁、舒华,2002)。汉语同形歧义词(homographs)和同音歧义词(homophones)多个意义的加工过程的研究发现:语境词可以提高汉语同形歧义词与语境一致的次要意义的激活水平;在汉语同音歧义词多个意义的加工过程中,语境词既可以抑制同音歧义词的不适当意义,即阻止其激活,也可以促进同音歧义词适当意义的激活(周治金、陈永明,2006)。

(三)语义性效应

词与词之间的语义联系是最主要的联系,因而辨认有语义联系的词比无意义联系的词要快（桂诗春，2000：279）。语义启动可以说明这一点。语义启动是个体对一个词或刺激的加工，对随后加工与先前词在语义上存在相关的其他词或刺激产生了促进作用的现象（Carroll，2008）。启动任务包括两个阶段：第一阶段呈现启动刺激，无需要求或记录对启动词的反应。第二阶段呈现第二个刺激（目标词），受试对此做出了反应，反应时被记录下来。反应可以采取多种形式，但最常用的任务是让受试说出单词或决定呈现的字符串是否为单词，然后对启动条件下的目标词作出反应的时间与没有启动刺激或不同的启动刺激条件下的反应时进行比较。比如，成对呈现的两个词，如"goose-duck""horse-duck"。结果发现，受试在词对"goose-duck"中判定"goose"为合法词的速度较快，而在词对"horse-duck"中判定"duck"为合法词的速度较慢。这是由于"goose"与"duck"两个词之间有紧密的意义联系，对前者的加工使受试为加工后者进入准备和启动状态，从而易化了对后者的加工。

语义网络理论的扩展激活模式可以解释这一现象（Thaxler，2012）。因为鸭和鹅有很多共同的属性，属于同一个语义网络，激活"goose"这一概念的理解必然会导致具有相同属性的激活，同时激活另一个相关概念。所以，如果我们听到"goose"，就会激活"water fowl""bird""feature""can fly"等概念和特征。当随后听到"duck"时，那些预先激活的概念和特征加快了命名或词汇决策反应。当我们听到"horse"这个词时，激活相关属性，这些属性与"duck"的属性相差甚远，所以当听到目标词"duck"时，其相关属性的激活需要时间，因而需要更多的反应时。

第三节　句子理解

在连续语音听辨中，句子是基本单位，语音辨析、词汇理解都是为句子理解做准备的。在阅读过程中，如果没有时间限制，读者有足够的时间理解句子，反复斟酌句中的字和词，重复阅读上下文，最终理解句子的意思或字里行间的意义。但是口头交际不一样，听话人需要在线及时处理句子信息，这对听话人的理解增加了困难。如果错过了一个语音或单词，很可能导致整句话的理解失败。因为语言理解的过程是通过理解语言形式从而理解语言形式表达的意义。有时候句子的意义并不是组成句子的单词意义的集合。所以有时候听懂了每个音和每个词，句子的意义却不知所云。比如"It's raining cats and dogs"，这句话不能按照字面意思来理解，实际意为"It is raining heavily"。同时一句话的语义是由语境决定的。比如"Look at you!"这句话在不同语境中传递不同意义，可以是"惊喜"，也可以是"生气"。因此我们在交际中关注的是句子意义，而不是句子结构或形式。我们在记忆句子的时候亦是如此。我们通常不会将句子原封不动地重复出来，多半使用与原句结构不同但传递相同意思的句子。

一、句法结构特点

(一)句法结构的心理现实性

书面语篇中，标点符号有助于读者理解句法结构。口头交际中句子处理仅仅基于听话人的语言知识来恢复抽象的心理结构，因为信号本身不携带语法信息，大多数情况下，口头语没有主语、谓语等句法结构的标记，但是听话人在处理话语时会系统地计算句法结构（Fernández & Cairns，2011）。

早期研究句子理解的实验测量了句子处理如何影响其他认知任务的表现，如记忆和感知。一项实验（Miller & Selfridge，1950）比较了受试对以下单词表的记忆程度：

（1）Hammer neatly unearned ill-treat earldom turkey that valve outpost broaden isolation solemnity lurk far-sighted Britain latitude task pub excessively chafe competence doubtless tether backward query exponent prose resourcefulness intermittently auburn Hawaii uninhabit topsail nestle raisin liner communist Canada debauchery engulf appraise mirage loop referendum dowager absolutely towering aqueous lunatic problem

（2）the old professor's seventieth birthday was made a great occasion for public honors and a gathering of his disciples and former pupils from all over Europe thereafter he lectured publicly less and less often and for ten years received a few of his students at his house near the university

研究发现：非结构化的单词集（如（1）中的 50 个单词），比结构化的单词集（如（2）中的 50 个单词）更难回忆（Miller & Selfridge，1950）。这个研究可能还涉及词与词之间的语义关系。另一项实验（Friederici，Meyer & Cramon，2000：292）使用功能性磁共振成像（MRI）来检查听语音输入时人的大脑活动，语音刺激分为以下几类：既有语义也有句法结构，如（1）；无语义但有句法结构，如（2）；有语义但无句法结构，如（3）；无语义也无句法结构，如（4）。该研究发现，当处理包含句法关系的句子（（1）和（2））时，大脑左下额叶皮层的某些区域就会比处理其他句子（（3）和（4））更加活跃。

（1）Normal prose（+Semantics+Syntax）

Die hungrige Katze jagt die flinke Maus.

The hungry cat chased the fast mouse.

（2）Syntactic prose（−Semantics+Syntax）

Das mumpfige Fölöfel föngert dasapoldige Trekon.

The mumphy folofel fonged the apole trecon.

（3）Real-word lists（+Semantics−Syntax）

Der Koch stumm Kater Geschwindigkeit doch Ehre.

The cook silent cat velocity yet honor.

（4）Pseudoword lists（−Semantics−Syntax）

Der Norp Burch Orlont Kinker DefteiGlauch Leigerei

The norp burch orlont kinker deftey glaunch legery.

该实验允分证明：句法结构具有心理现实性（Fernández & Cairns，2011）。小句是信息处理的基本单位，每个小句都对应着一个完整的意义表达和一个完整的结构，因此小句是处理单元的合理候选者，而且从句对应于信息处理过程中存储在工作记忆中的可管理单元。

理解句子时，如果句子中不止一个小句，而且没有小句标识（如连接代词或副词、标点符号、语调或停顿等），句子信息的处理需要更多的认知资源（Fernández & Cairns，2011：209-210）。听话人对以下三个句子进行信息处理：第一句是简单句，容易处理；第二句是复杂句，没有小句标识，比有小句标识的第三句更难处理。

a. Mirabelle knows the boys next door.

b. Mirabelle knows the boys are rowdy.

c. Mirabelle knows that the boys are rowdy.

（二）句法结构的模糊性

不是所有句子的结构都那么清晰明了。句子结构的模糊性增加了句子理解的难度。比如句子"The man saw the boy with the binoculars"（Fernández & Cairns，2011：211）中，介词短语"with the binoculars"可以用于修饰主语"the man"，也可以用来修饰宾语"the boy"。这种结构模糊被称作"整体模糊"（global ambiguity）。一般情况下，听话人会倾向于某一种解释。

还有一种结构模糊被称作"局部模糊"（local ambiguity），这种模糊性随着信息的增加而消失了。比如之前提到的句子"Mirabelle knows the boys are rowdy"。开始的时候，听话人感知的句法结构是"Mirabelle knows the boys"，但听到"are"的时候，这种句法处理就会放弃，选择"the boys are…"的结构。

句法模糊可能导致"花园路径"（garden path）现象。"花园路径"现象最早由 Bever（1970）提出，其认为："对一个句子按常规方式理解，直到句子后面才发现理解有误，然后回到分叉点对输入的语言重新进行处理，采用非常规的方式才能达到理解的目的。"这种现象被很形象地称为"花园路径"现象，就像在花园中走错了道，折回头再寻路径（Bever，1970）。比如"The horse raced past the barn fell"。当听到"fell"之前的部分，听话人已经将句子理解为"The horse raced past the barn"，但是当听到"fell"的时候，发现之前的理解有误，"raced past the barn"其实是一个关系句，应理解为"which was raced past the barn"，用于修饰"the horse"；主句要表达的意思是"The horse fell"，如图5.5(2)。为什么图5.5(1)的理解有误？因为当听话人将句子信息理解为"The horse raced past the barn"时，动词"fell"就无依无靠了。

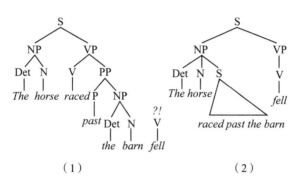

（1） （2）

图 5.5 "花园路径"现象句法分析(Fernández & Cairns，2011：213)

二、句法分析策略

由于句法结构存在模糊性，听话人需要在语言交际过程中重构小句结构，快速高效地理清句子中的层级关系，构建小句的结构。理解句子的第一步是将其表层结构的成分分成不同的语言范畴，比如名词短语和动词短语。这一过程被称为解析(parsing)(Carroll，2008)。解析过程的结果就是句子中语言关系的内部表征，通常以树型结构或短语标记的形式，如图5.6所示。

听话人一般采用如下策略来理解句子：迟关闭策略、最少节点挂靠策略、空缺填补策略。

(一)迟关闭策略

"迟关闭策略"(late closure)规定只要符合语法，句法处理机制就应该

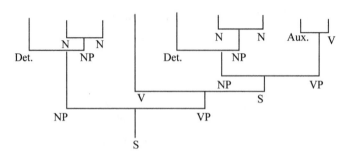

图 5.6　直接成分分析

允许新进入的语言成分成为正在处理的句子结构的组成部分。比如 Tom said that Bill had taken the cleaning out yesterday（Frazier & Fodor, 1978：295）这句话，时间副词"yesterday"可以用于修饰"Tom said"，也可以用于修饰"Bill had taken the cleaning out"，但听话人易于将其理解为后者。同样地，句子"Joe called the friend who had smashed his new car up"中，听话人将小品词"up"与"smashed"联系起来，而不是将其与"called"结合起来；句子"John read the note, the memo and the letter to Mary"中，听话人将名词"letter"与"Mary"联系起来，而不是将其与"the note"和"the memo"并列起来（Frazier & Fodor, 1978：297）。

（二）最少节点挂靠策略

"最少节点挂靠策略"（minimal attachment）规定当新进入的语言成分可以挂靠两个或两个以上节点时，应该选择已经确定的节点作为挂靠对象，并使树型结构保持最少数量的节点（Frazier & Fodor, 1978）。比如以下例子（Frazier & Rayner, 1982：181）中，句子（a）与最少节点挂靠策略一致，因为副词"forcefully"挂靠在当前成分 VP（argued the mayor's position）上。相反，句子（b）是一个补语结构，需要构建一个新的成分。Frazier 和 Rayner

发现(a)所需的阅读时间比(b)要短。

The city council argued the mayor's position...

(a) The city council argued the mayor's position forcefully.

(b) The city council argued the mayor's position was incorrect.

(三) 空缺填补策略

空缺填补策略(gap-filling strategy)(Fernández & Cairns，2011)认为句子中某些成分在遵守移位的普遍限制和语言的特定规则前提下是可以移动的。被移动的成分被称为填充词(filler)，它在原始位置留下了一个空缺(gap)。听话人为了创建句子意义，采用积极的空缺填补策略(active filler strategy)，需要把填充词还原到空缺的位置。比如当听话人听到以下句子时，需要把填充词"what"还原到句子中去。这几个句子的理解相对比较简单，"what"原始的位置分别在"read""put"和"buy"之后。

What did Jane read?

What did Jane put on the table?

What did Jane buy for her mother?

但有时候一个填充词可能对应多个空缺，就会增加听话人的理解难度。比如：

Which car did Mike force Mary to buy?（Fernández & Cairns，2011：221）

在这个句子中，听话人想到"Which car"第一个的空缺应该在"force"之后，但是这个空缺被"Mary"占领了，所以继续寻找，直到"buy"之后的位置。下面的句子对听话人米说更加困难：

We didn't know which book the teacher read to the children from.（Fodor，1978）

在这句话中，动词"read"可以是带直接宾语的及物动词或不带直接宾语的及物动词。听话人最初填补了直接宾语的空白，认为填充词"which book"空缺在"read"之后，但是听到介词"from"时，就不知所措了。Fodor

(1978)认为听话人采用最后填补策略(last resort strategy for gap filling)，与主动填补策略相互作用，遇到第一个缺口就想填补。

三、句子理解模型

句子理解涉及语音、词汇和语法信息。语音的感知、词汇通达和提取、句法分析之间存在什么关系呢？本节主要介绍句子理解的五种模型：模块化模型、基于制约的模型、串行模型、并行模型和竞争模型。

(一)模块化模型(Modular Model)

模块(module)在语言习得中指的是语言习得跟其他认知技能的获得不完全一样，需要大脑中特殊的语言习得机制，即 LAD(Language Acquisition Device)。同样地，语言理解的模块化理论认为大脑的认知加工由一些模块组成，每个模块负责特定的加工过程(Fodor，1983)。信息输入系统是分属特定领域的。(Input systems are domain specific.)比如，视觉信息的感知可能包括颜色感知、形状分析和三维空间关系分析的机制，还可能包括专门针对特定任务的更高层次的系统，涉及身体运动的视觉引导或识别；听觉信息的感知可能包括对话语进行语法描述的计算系统、检测语音的旋律或节奏结构的机制等。这些加工过程在信息上是胶囊包裹式的。(Input systems are informationally encapsulated.)其意思就是，只有在当前模块内表征的信息才被使用。该模型认为，在句子理解过程中，句法加工是独立于语义和语境等加工过程的。语言理解(comprehension)作为一个整体是许多不同模块作用的结果，每个模块都致力于某个特定方面。根据这种观点，语法分析最初是由一个语法模块执行的，该模块不受语境变量(如句子的意思)或一般世界知识的影响(Carroll，2008)。

(二)基于制约的模型(Constraint-based Model)

与模块化模型相对应，相互作用模型认为语法和语义在语言理解过程中相互作用。基于制约的模型是其中一种。基于制约的模型同时解析多种结构的可能性，通常采用并行分布式信息处理或神经网络架构。该模型具有以下特征(Traxler，2012)：(1)当激活模式分布在大量互连的处理单元时，该模型可以同时表征句子的不同方面，包括句法结构。这些处理单元及其之间的联接旨在模拟大脑神经网络的功能。(2)可以利用更多的线索来决定构建什么样的结构以及重点构建什么结构。(3)该模型可以说是一阶段模型，因为句子理解过程中词汇、句法、语篇、语义以及非言语等信息同时被激活。

基于制约的理论认为，在句子加工中，句法结构的建构是各种信息相互作用、相互制约与满足的结果(杨玉芳，2015：193)。所有子系统(如句法信息、语义信息和语境信息)都在不断地吸收其他子系统提供的信息，并不断地向其他系统提供信息。它假定词汇的可供选择的句法表征并行通达，但是相对的可通达性受到频率和语境等因素的影响。因此，语义和话语信息能阻止不合适句法表征的产生。这类模型把句法歧义消解看成一个制约满足的问题。不同的制约提供证据支持部分被激活的结构。

(三)串行模型(Serial Processing Model)

语法分析和词汇通达(lexical access)在句子理解中存在怎样的相互关系呢？二者是先后进行还是同时进行？串行模型有两种可能：语法分析先于词汇通达或词汇通达先于语法分析。通常情况下，第一种可能是不存在的，因为我们接触的句子通常有熟悉的单词，这些单词会自动触发(trigger)快速的词汇辨认；但是在一些特殊情况下，比如，句子中含有陌生单词，那么在处理这些句子时要先进行语法分析，而后再考虑词汇提取(李志雪，2003：19)。

串行模型得到了进一步发展，Frazier和Fodor(1978)提出了灌肠机模型(the Sausage Machine Model)。该模型中表层结构的短语标记历经两个阶段。第一个阶段为初步短语包装器(the Preliminary Phrase Packager，简称PPP)，亦即灌肠机(the Sausage Machine)，可以把词汇和短语节点赋到大约6个词语组成的子串中。第二个阶段是句子结构监视器(the Sentence

Structure Supervisor，简称 SSS）。它把 PPP 所产生的包装组合成句子统一的短语标记，但不破坏 PPP 所做过的工作。由于短时记忆的局限，Frazier 和 Fodor 限制了在任何时间内所能处理的词语数。他们认为 PPP 和 SSS 都受到起码连接原则（the Principle of Minimal Attachment）的管辖。句子解析机制的这两个阶段具有非常不同的特征，为某些类型的英语句子处理的相对复杂性提供了解释。初步短语包装器（PPP）是一种"目光短浅"的设备，它通过一个狭窄的窗口来查看即将到来的句子，这个窗口一次只包含几个单词。它在某些方面也对语言语法规则不敏感。句子结构监视器（SSS）可以在解析句子时监视句子的整个短语标记（Frazier & Fodor，1978：292）。

包装器如何决定一个句子有多少个短语包装呢？我们来看下面的例子：

The woman the man the girl loved met died.（Frazier & Fodor，1978：307）

要理解这个句子，以下短语包装都有可能（见图5.7）。如果是 a 为最大字符串，则整个句子分为 5 个短语包装器，对 PPP 来说，有点大材小用；如果 b 为最大字符串，那么整个句子分为 4 个短语包装，这是最佳选择。还有 c、d、e 结构，这个包装看似更好，但是可能超出了 PPP 的容量，导致句子不可理解。

（四）并行模型（Parallel Processing Model）

并行模型认为在句子理解过程中，语法结构分析与词汇提取同步进行，句法和语义在理解过程中交互起作用。Marslen-Wilson、Tyler 和 Seidenberg（1978）提出了主动积极直接通达模型（Active Direct Access Model）。该模型认为，句子理解是一个自下而上和自上而下相互作用的过程。前者是一个数据驱动（data-driven）的过程，后者是较高水平的制约（higher-level constraints），属于听话人的知识层面。这些较高水平的制约包括听话人的词汇知识、语法知识和语义知识。自下而上的过程中，听话人首先利用感官发现和分析语言信号，根据听到的语音信息感知语流中的语音和词汇。同时听话人充分利用已有的词汇知识、语义知识、句子语境和

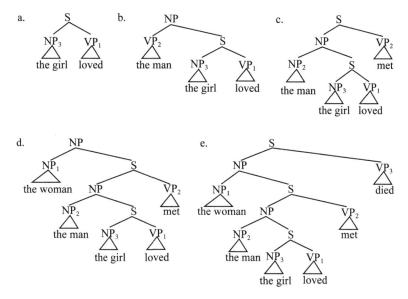

图 5.7　短语包装(Frazier & Fodor, 1978: 308)

句法知识来理解所听到的句子中的词汇, 从而正确地理解句子。语言处理过程都是内在互动的。这种语言理解系统意味着听到一个词语时, 尽量进行句法和语义处理。只要激活了一个词, 就能决定它的句法范畴, 然后生成关于另一句法成分的假设；话语意义随着句法分析同时展开, 以前的语义操作可促进后面句法分析的决策, 这些相互作用使句子处理非常迅速(桂诗春, 2000: 368)。

(五)竞争模型(Competition Model)

竞争模型(Bates & MacWhinney, 1987)认为语言交流是两个层面(形式层与功能层)相互映现(mapping)的结果, 即语言产出是说话人把功能层的功能映射到形式层, 而语言的理解表现为听话人把形式层的词语投射到功能层(给每个词语指派一个功能)。功能层指的是词语的意思和言语的交际意图, 如施事(agent)、主题(topic)、受事(patient)等属于功能层。形式层指的是语言的表层形式(如词语的词形)和表达形式(如主动、被动结构)。

两层面间的投射则通过提示(cues)来引导。语言理解是基于对一系列提示的检测,这些提示的可靠性和可用性决定了提示理解的强度(MacWhinney,2001)。该模型认识到表层短语结构的重要性,但将所有句子处理与提示检测和解释联系起来。那些可靠性和可用性最高的提示是最有力地控制理解的提示。这些提示包括名词格标记、语序模式、重音模式、名词—动词一致性标记、代词、动词语态标记、词语的生命性等。以映射"施事"功能的形式提示为例,英语中有以下 7 个提示(MacWhinney,2001):

(1)动词前定位(preverbal positioning)(名词或代词在动词的前面)

(2)名词—动词一致性(noun-verb agreement)(名词和动词在数量上保持一致)

(3)句首定位(sentence initial positioning)(名词或代词在句首)

(4)代词主格(nominative case marking by pronouns)(代词主格是主语的标记)

(5)定冠词(the)

(6)介词(by)(by+名词,表示名词是施事者)

(7)被动形态(动词的被动形式)

比如,当听话人听到"The boy is annoying the parrots"这句话时,输入信息就激活了动词前定位、名词—动词一致性、句首定位、定冠词等提示,其他提示不会被激活。对句子的理解就是听话人依照提示把形式层上的词语投射到功能层上。表层提示(cues)和深层意义之间的映现(mapping)是提示的合作(collaborations)和竞争控制相互作用的过程。在上句话中,听话人认为"boys"(人)比"parrots"(动物)更具有"施事"的功能,因而"boys"在这个竞争中赢得了"施事者"的角色。根据竞争模型,表层提示的相对强度(strength,即在句子理解过程中听话人赋予不同提示之间的权重(weights))可以根据它们的相对有效性(validity,即哪些提示经常出现并促成理解的正确性)来预测。

当然语言输入的变化将导致表层提示的变化,从而导致深层意义(功能)的变化。例如,如果听话人听到的是"He was chased by the dog",那么输入信息将激活有关"狗"的线索：介词"by"、动词前定位、名词—动词一致性、定冠词。听话人通过介词"by"、动词的被动形式判断"the dog"，而不是"he"，是句子的"主语"和"受事"。

在竞争模型中，各种不同提示在句子理解中相互作用：合作（cooperation）和竞争（competition）。前者指各种提示指向同样的语言功能或语言形式，后者指各种提示指向不同的解释。在合作状态下，句子理解相对容易；在竞争状态下，句子理解较为困难。比如，当听话人听到"I returned that book"，输入信息就会激活动词前定位、句首定位、代词主格、语序、生命性等提示，所有提示都指向同一个"施事"，很快断定"I"是"施事"，发出的动作是"returned"。但是当听话人听到"That book I returned"，输入信息激活的提示指向不同的形式和功能：从语序、句首定位来看，"that book"是"施事"，但是从代词主格、生命性等提示来看，"I"是"施事"。

四、句子记忆

Atkinson 和 Shiffrin（1968）第一次提出系统全面的信息加工模式，即记忆信息三级加工模型。他们认为，信息贮存有三种：（1）感觉登记，外部信息以图像和声像的形式进入感觉登记，但可能很快消失。（2）短时记忆，感觉登记中的一部分信息进入短时记忆，进行转换或编码，信息也可能很快消失。短时记忆有两个功能：第一，作为感觉登记和长时记忆之间的缓冲器，从感觉登记出来的信息在短时记忆中随着复述而保持；第二，作为信息进入长时记忆的加工器，信息在短时记忆中借助复述而进入长时记忆，而复述的时间愈长，记忆保持愈好。（3）长时记忆，信息能够较长时间得到保持。该模型认为复述是决定进入长时记忆信息量的唯一变量。复述时间与记忆效果成正比。因而，该理论将学习者看成被动的接受器，他们在学习过程的投入是机械的、肤浅的。然而，大量研究证明记忆效果不在于复述时间的长短，而在于加工方式。对此，Craik 和 Lockhart（1972）提出加工层次理论。该理论认为，只有当信息经过深层次的有意义的复述，才能提高记忆效果。信息可以以多种方式进行加工：可以利用感觉过程进行加工，获得刺激的物理特征，同时也可利用认知过程对某个发声或语义特征进行编码。这一理论亦适用于句子的记忆，但是在口头交际中，句子转瞬即逝，听话人可以准确记忆整个句子吗？

(一)句子形式与意义的记忆

当句子被储存在长时记忆中时，会发生三件重要事情(Fernández & Cairns，2011：240-241)：第一，关于结构甚至是单个词项的信息丢失了，而意义却保留了下来；第二，许多句子的含义是组合的，所以单个句子不再有独立的表征；第三，推理被添加到意义表征中来了。

一项句子记忆的实验表明，句子形式(结构)的信息不会被保留，保留的是关于内容(含义)的信息(Sachs，1967：439)。该实验要求受试听一个包含(1)中句子的叙述，然后让他们听(2)中的任何一个试探性句子，受试要判断他们是否听到了叙述中的句子。(2)中的第一个试探性句子跟原句一模一样；第二个试探性句子的结构变了，但是意义保留了；第三个试探性句子的结构和意义都变了。研究结果表明：当受试在听到段落中的句子后立即接受测试时，他们非常准确地识别出只有(2a)在段落中听到过；然而，经过短暂的时间间隔(不到一分钟)后接受测试的受试报告他们同时听到了(2a)和(2b)，这表明他们在记忆中没有保留句子的确切形式，但却记住了意义。

(1) He sent a letter about it to Galileo, the great Italian scientist.

(2) a. He sent a letter about it to Galileo, the great Italian scientist.

　　b. He sent Galileo, the great Italian scientist, a letter about it.

　　c. Galileo, the great Italian scientist, sent him a letter about it.

为什么很难准确记住含有多个句子的信息内容呢？因为多个句子的含义被整合在一起，形成了更全面的意义表征。研究表明，大脑的存储系统非常善于整合和合成信息，但不善于保持单个信息与其他信息的区别。Bransford 和 Franks(1971)向受试展示了一些句子，这些句子通常只表示一个完整意义的部分含义,后来又询问受试是否听到了传达一个完整意义的句子。例如,受试接受了包含一个(a)、两个(b)或三个(c)命题的句子训练。每个受试都听了三种类型的几个句子。研究结果表明:像(d)这样的句子(没有听过)获得了最高的识别率,而像(a)这样的句子(都听过)获得了最低的识别率。这个实验很好地证明了:句子不是单独存储在记忆中的,相关句子的信息组合在一起,形成一个连贯的表达。

a. The ants were in the kitchen.

The jelly was on the table.

The jelly was sweet.

The ants ate the jelly.

b. The ants ate the sweet jelly.

The sweet jelly was on the table.

c. The ants ate the jelly which was on the table.

The ants in the kitchen ate the sweet jelly.

d. The ants in the kitchen ate the sweet jelly which was on the table.

(二)推理与句子记忆

精加工是将新信息与已经存储在长时记忆中的旧信息联系起来,比如对记忆的材料补充细节、举出例子、作出推论,或使之与其他观念形成联想,从而丰富新材料的记忆,以达到长期保持的目的。简言之,精加工就是为了更好地理解和记忆正在学习的新信息而作的深度加工。精加工的一种特殊形式是推理的生成。Bransford、Barclay 和 Franks(1972)认为,我们在理解新事件的过程中经常进行推埋,这些推理被纳入我们对事件的记忆表征中。随着时间的推移,越来越难以区分呈现的内容和推断的内容。该研究探讨了空间推理(spatial inference)。受试听到了如下的一个句子:

a. Three turtles rested on a floating log and a fish swam beneath them.

b. Three turtles rested beside a floating log and a fish swam beneath them.

我们对空间关系的知识告诉我们,如果乌龟停在原木上,如(a)所示,而一条鱼在乌龟下面游泳，那么鱼也在原木下面游泳；但如果乌龟在原木旁休息，则情况并非如此，如(b)所示。听到(a)的受试无法报告他们是否听到了那个句子或不同的句子，如(c)所示，但是听到了(b)的受试可以轻易地报告说他们没有听到(d)。

c. Three turtles rested on a floating log and a fish swam beneath it.

d. Three turtles rested beside a floating log and a fish swam beneath it.

Johnson，Bransford 和 Solomon（1973）的一项研究探讨了工具推理（instrumental inference）。该研究让受试理解并记忆以下的句子：

John was trying to fix the birdhouse. He was looking for the nail when his father came out to watch him and to help him do the work.

句子本身没有陈述"John used a hammer"，这个信息是作为背景知识储存在长时记忆中的，所以听到以上句子的受试错误地认为他们听到了如下的句子：

John was using the hammer to fix the birdhouse when his father came out to watch him and to help him do the work.

(三) 命题与句子记忆

Anderson（1974）通过两个实验来验证即时记忆与长时记忆中句子的表征。第一个实验让受试学习嵌入段落上下文中的主动句或被动句（如下所示），实验二让受试学习孤立的句子。研究表明记忆中存在两种句子表征模式：逐字表征（verbatim representation）和命题表征（propositional representation）。即时记忆中储存的是句子的逐字图像，长时记忆中既有逐字图像又有命题表征，而且这些命题表征类似于 Chomsky（1965）的主动式深层结构，比如 PAINTER VISIT MISSIONARY。

A painter, a missionary, a cannibal, and a sailor were all on the same island together. The painter wanted to borrow the missionary's jeep to visit his friend the sailor. *The painter visited the missionary*. The painter asked to borrow the jeep. *The painter was refused by the missionary.* However, the painter stole the jeep anyway. The missionary was infuriated. *The painter was chased by the missionary.* The painter drove to see the sailor. He went into the sailor's house. He told the sailor that he had just stolen the jeep. Just then the missionary arrived. He wanted to be let in the sailor's house so he could get even with the painter. *The sailor protected the painter.* The sailor stopped the missionary at the door and refused to let him in. The missionary was not to be stopped and he had a gun. *The sailor was shot by the missionary.* The painter escaped by the back door. The sailor died in the doorway. The cannibal was a great friend of the sailor. When he heard of the murder, he searched out the painter. *The cannibal questioned the painter. The missionary was accused by the painter.* The cannibal believed the painter and swore to kill the missionary. The cannibal was a very dangerous man. *The missionary feared the cannibal.* Therefore, the missionary fled the island.

研究表明一个句子可以表征为由两个或两个以上的概念以及它们之间某种形式的关系构成的命题。以下句子都传递了相同的命题（Carroll, 2008:155）：Hit(George, Harry)。

George hit Harry.

Harry was hit by George.

It was Harry who was hit by George.

The one who hit Harry was George.

复杂的句子则会在记忆中有多个不同的命题表征，比如以下句子（Carroll, 2008:156）：George got into an argument with Harry, hit him, and then left the bar, 在记忆中会有以下命题表征：

Initiated(George, Harry, argument)

Hit(George, Harry)

Left(George, bar)

第四节 语篇理解

语言即语篇（language as discourse），McCarthy 和 Carter（1994）把语言作为语篇来组织教学，将语篇能力作为外语教学的新目标。从结构来看，"语篇"是大于句子的语言单位（Discourse is a unit above the sentence）；从功能来看，"语篇"是使用中的语言（Discourse is language in use）（黄国文，2001）。

"在语言学中，语篇是指任何一个篇章，口头或书面的，无论长短，确实构成一个统一的整体。""文本可以是任何东西，从一句谚语到一出戏剧，从短暂的呼救到委员会的全天讨论。""文本最好被视为一个语义单位：一个不是形式的单位，而是意义的单位。"（"A text is used in linguistics to refer to any passage, spoken and written, of whatever length, that does form a unified whole." "A text may be anything from a single proverb to a whole play, from a momentary cry for help to an all-day discussion on a committee." "A text is best regarded as a semantic unit: a unit not of form but of meaning."）（Halliday & Hasan，2001：1-2）

语篇是任何有意义的语言使用，可以是一句话、一次对话、一段独白、一篇文章、一本小说等。语篇可以是口头的，也可以是书面的。我们日常口头和书面语的交际中离不开语篇的使用。我们在使用语言的过程中，需要运用语音、词汇、语法、语用、语篇结构、社会文化等方面的知识将语言组织为意义连贯的篇章。语篇类型多种多样，既包括连续性文本，如对话、访谈、描写文、记叙文、说明文、应用文、议论文、歌曲、歌谣、散文、诗词等，也包括非连续性文本。非连续性文本是由逻辑、语感不严密的段落层次构成的阅读文本形式，一般包括图表、目录、地图、清单、时刻表、索引等形式。语篇类型也可分为口语与书面语等形式，还可分为文字、音频、视频、数码等模态。

一、语篇结构

语篇的结构分为局部结构（local structure）和全局结构（global structure）（Carroll，2008）：局部结构指的是语篇中句子与句子之间的关系，全局结构则是理解语篇的相关背景知识。这些背景知识称为图式，有助于听话人理解和记忆语篇。Bartlett（1932：201）在其专著《记忆：一个试验的与社会的心理学研究》中将图式定义为围绕某一主题组织起来的知识表征和记忆贮存方式，是"各种过去反应、过去经历的动态组合体，它在任何生物反应中都起着作用"。他认为：图式是人们赖以观察世界、理解世界的一种认知手段，可以用来解释人类的心理认知过程。Rumelhart（1980：41）提出："图式代表一种相互作用的知识结构，各个具体的图式是图式网络中不同的结点，在信息处理过程中，这些结点对新输入的信息起着组织、匹配的作用。"皮亚杰和英海尔德（1980：5）认为："图式（Scheme/Schema）是指动作的结构或组织，这些动作在同样或类似的环境中由于重复而引起迁移或概括。"

图式可以分为语言图式、内容图式和形式图式。语言图式指语音、词汇和语法等方面的知识。语篇以语言信息为主，没有相应的语言图式，就不可能有文本的理解，因而语言知识图式是语篇理解的基础。内容图式是指对语篇所讨论的主体或内容的了解程度。一般来说，没有相应的内容图式，语篇的理解变得尤为困难。有时候可能读懂了每一个词，但是语篇的内容依然不知所云。如果内容图式清晰了，加之有较好的语言基础，语篇中表达的信息便会跃然纸上。形式图式是有关篇章结构的知识，即对语篇文章体裁、篇章结构的熟悉程度。体裁不同，文章结构不同，写作方法不同。图式是在已有的经验、对世界的感知、学过的知识的基础上建立起来的。图式是认知的基础，是认知发展的基石。随着个体经验的丰富、知识的积累，图式也会不断地变化和完善，旧的图式也会遭到淘汰。听话人在接受文本中的新信息前，头脑中已经储存了无数的图式，形成图式网络，有组织地储存在大脑之中。在语篇理解过程中，听话人从各类图式结构中会迅速地提取相应的图式,对文本信息进行理解、推理,对已有的假设进行验证或摒弃。

二、语篇衔接与连贯

语篇的局部结构和全局结构都有助于语篇的连贯(coherence),因为语篇的词、句和段都不同程度地相互连接,同时语篇要在语场、语旨、语式等方面保持一致性。任何一段能成为语篇的话语必须具有语篇性;语篇性包括两方面的特征:结构性特征和非结构性特征(Halliday & Hasan,1976:4)。前者指的是主位结构和信息结构,后者则是话语内部的上下衔接——"一个成分的解释取决于另一个成分的解释"。结构性特征侧重句内不同成分之间的语义联系;非结构性特征则关注句间不同成分之间的语义联系(朱永生等,2001)。语篇衔接是实现语篇连贯的重要手段。衔接与连贯对听话人理解语篇会产生重要影响。

(一) 语篇衔接

衔接是一个语义学概念,它指"语篇内部意义之间的关系"(Halliday & Hasan,1976:4)。衔接可以分为语法衔接和词汇衔接。其中,语法衔接指的是照应(reference)、省略(ellipsis)、替代(substitution)和连接(conjunction)等手段;词汇衔接是指语篇运用的词汇重述(reiteration)、同义(synonymy)/反义(antonymy)、上下义(hyponymy)/局部—整体关系(part-whole)和词汇搭配(collocation)等手段。"衔接指的是语篇中语言成分之间的语义联系,或者说是语篇中一个成分与另一个可以与之相互解释的成分之间的关系。当语篇中一个成分的含义依赖于另一个成分的解释时,便产生衔接关系。"(胡壮麟等,2008:179)

(1)照应。在如下语篇中,第二句话中的"them"指的是第一句话中的"six cooking apples"。这是代词"them"的前指照应功能,这个功能让两句话连成一个整体,共同构成一个有意义的语篇。

Wash and core six cooking apples. Put them into a fireproof dish. (Halliday

& Hasan，1976：2）

（2）省略。在如下语篇中，the Mock Turtle 回答的话语"Ten hours the first day""nine the next"是语篇中的省略用法，省略的内容是 Alice 的问题中提到的"do lessons"这个行为。

"And how many hours a day did you do lessons?"said Alice，in a hurry to change the subject.

"**Ten hours the first day**,"said the Mock Turtle："**nine the next**，and so on."

"What a curious plan!"exclaimed Alice.

"That's the reason they're called lessons,"the Gryphon remarked："because they lessen from day to day."

（Lewis Carroll，*Alice's Adventures in Wonderland*，1965）

（3）替代。在如下语篇中，"that"代替前面提到的"she had not told him"这个事实，而"did"代替"told him"这个行为。

"I don't know your name,"he said. She realized then that she had not told him and felt dumb about **that**. When she **did**，he nodded and said，"I caught the smallest trace of an accent. Italian?"

（Robert James Waller，*The Bridges of Madison County*，1992）

（4）连接。如下语篇有较多的连接词，比如"but""for""because""that""and that""if"等，有助于语篇中句子之间逻辑关系的理解。

It was all very well to say"Drink me"，**but** the wise little Alice was not going to do that in a hurry. "No，I'll look first,"she said，"and see whether it's marked 'poison' or not"；**for** she had read several nice little histories about children who had got burnt，and eaten up by wild beasts and other unpleasant things，all **because** they would not remember the simple rules their friends had taught them：such as，**that** a red-hot poker will burn you if you hold it too long；**and that if** you cut your finger very deeply with a knife，it usually bleeds；and she had never forgotten **that**，**if** you drink much from a bottle marked"poison"，

247

it is almost certain to disagree with you, sooner or later.

(Lewis Carroll, *Alice's Adventures in Wonderland*, 1865)

（5）重述。在如下语篇中"there were children"重复了四次，表示"很多"，加强语气。

There were children everywhere. **There were children** on the swing. **There were children** on the slides. **There were children** on the merry-go-round.

(Halliday & Hasan, 1985: 81)

（6）同义/反义。在如下语篇中，"warmth""heated"属于近义词的呼应，"cold"和"warm"则形成了对比。

Frequently, as we emerge from the shelter of a cove or inlet, I am suddenly conscious of the spaciousness of the air about me. A luminous **warmth** seems to enfold me. Whether it comes from the trees which have been **heated** by the sun, or from the water, I can never discover. I have had the same strange sensation even in the heart of the city. I have felt it on **cold**, stormy days and at night. It is like the kiss of **warm** lips on my face.

(Helen Keller, *The Story of My Life*, 1903)

（7）上下义。在如下语篇中，第一句话中是总体概括，接下来的每个句子分述不同的身体部位，也就是说"the numbat"与"the body""the forelimbs""the tail"是上下义关系。

The numbat is a marsupial belonging to the mammal family. The body resembles to that of a squirrel with the same pointed snout and upright ears. The forelimbs are very powerful and claws are extraordinarily heavy. The tail is long, covered with thick and long hair.

(https://www.australiananimallearningzone.com/numbat.htm)

（8）搭配。在如下语篇中，有名词和动词的搭配（"the moon climb"），有介词与名词的搭配（"across the heavens"），有动词与名词的搭配（"making a shining path"），有名词与名词的搭配（"the shimmer of her garments"），都恰到好处。

I also enjoy canoeing, and I suppose you will smile when I say that I especially like it on moonlight nights. I cannot, it is true, see **the moon climb** up the sky behind the pines and **steal softly across the heavens, making a shining path** for us to follow; but I know she is there, and as I **lie back** among the pillows and put my hand in the water, I fancy that I feel **the shimmer of her garments** as she passes. Sometimes **a daring little fish slips** between my fingers, and often **a pond-lily presses** shyly against my hand.

（Helen Keller, *The Story of My Life*, 1903）

（二）语篇连贯

语篇中彼此独立的句子在结构上是如何连接在一起构成语篇的，以及它们之间有什么样的连接关系，这便是连贯（coherence）要研究的内容（孙晓乐，1996）。衔接手段本身并不是确保语篇连贯的唯一条件，但是衔接方式是实现语篇连贯的重要手段；除了衔接手段，听话人还利用语境、世界知识，甚至想象来构建语篇的连贯性。举个简单的例子：

We ended up going for a drink and then a meal in a Bernie's Inn. Returned chez Jane for coffee and talk. Bed about midnight. (Brown & Yule, 1983: 192)

尽管这些事件的先后顺序只在"going for a drink"和"a meal in a Bernie's Inn"之间用了一个时间副词"then"，之后的两句话中也没有明示，但也得到了明确的暗示。因为"这是潜在的具有黏合力的语义关系（Halliday & Hasan, 1976: 229）。

衔接的特点通常是明显的（overt），它体现在语篇表层结构上，是语篇形式上的连接；连贯特点既明显又暗含是因为它的实现手段可部分通过语法、词语等衔接手段实现，亦可部分通过语境推理、想象、运用世界知识等手段实现（孙晓乐，1996）。衔接手段是语言表层的、形式上的连接；连贯手段是语言深层的、意义上的连接。但是表面上的衔接形式并不能保证语篇的连贯性。我们来看下面的例子：

I bought a Ford. A car in which President Wilson rode down the Champs Elysees was black. Black English has been widely discussed. The discussions between the presidents ended last week. A week has seven days. Every day I feed my cat. Cats have four legs. The cat is on the mat. Meat has three letters.

(Enkvist，1978：110，转引自 Brown & Yule，1983：197)

在以上这些句子组合中，看似有表面上的词汇衔接，比如 a Ford-a car、black-black English、discussed-discussions、week-a week、my cat-cats，但是这些相似成分之间并没有何语义关系。因而这些句子的组合并不连贯。语境、知识、个体经验等因素在语篇理解中起重要作用。

（1）语境。语境对于语篇意义的理解是必不可少的。Firth（1957：182）提出了语境（context of situation）的概念："一种适用于语言事件的合适的图式结构，一组与语法范畴不同但具有相同抽象性质的相关范畴。"语境又分为情境语境（situational context）和语言语境（linguistic context）。情境语境包括语篇发生的整个文化、社会、历史和物理环境，以及参与者的个人经历和个性；语言语境是指一个词与另一个词共现或搭配的可能性，也就是上下文。比较下面的对话语篇，语境不同，话语"Look at you!"的理解也不同。会话（1）的语境为两个好友多年后相见，惊喜万分，发现彼此依然美丽，"Look at you!"可以理解为"你一点都没有变!"。会话（2）的语境为孩子不小心把妈妈的手机摔坏了，妈妈很生气，"Look at you!"可以理解为"看你干的好事!"

①

A：Long time no see!

B：Look at you!

②

A：Look at you!

B：Sorry!

（2）知识。在语篇理解过程中，读者从他们的知识库中提取一些特定的知识包，为他们正在阅读的文本提供框架，即使用来自语义记忆的信息来组织他们阅读的文本，以形成一个新的情节记忆轨迹（van Dijk & Kintsch，1983）。这些知识主要包括关于物理世界中因果关系的知识，以及人类施动者的目标、计划和行动者意图的知识和图式。

没有背景知识，没有相关图式，语篇中的词汇和语法也不能帮助我们理解语篇内容。在以下这个语篇中，词汇和语法结构比较简单，理解起来并不困难，但是读完之后可能不知所云，但是如果给出一个题目：Instructions for Washing Clothes，这样对多数听话人来说就非常容易理解了。这说明图式对于语篇理解的重要性。

The procedure is actually quite simple. First, you arrange things into two different groups. Of course, one pile may be sufficient depending on how much there is to do. If you have to go somewhere else due to lack of facilities, that is the next step; otherwise you are pretty well set. It is important not to overdo things. That is, it is better to do fewer things at once than too many. In the short run this might not seem important, but complications can easily arise. A mistake can be expensive as well. At first the whole procedure will seem complicated. Soon, however, it will become just another facet of life. It is difficult to foresee an end to the necessity for this task in the immediate future, but then one can never tell. After the procedure is completed, one arranges the material into different groups again. Then they can be put into their appropriate places. Eventually they will be used once more, and the whole cycle will have to be repeated. However, that is part of life.

（Bransford & Johnson，1972：722）

（3）个体经验。下面这个语篇的理解因个体经验的不同而不同（Anderson et al.，1977）。爱好音乐的女性受试认为该语篇描述的是音乐晚会；爱好举重的男性受试认为该语篇描述的是人们在玩扑克。所以个体经验、兴趣爱好，甚至性别等个体差异都会影响语篇的理解。

Every Saturday night, four good friends get together. When Jerry, Mike, and Pat arrived, Karen was sitting in her living room writing some notes. She quickly gathered the cards and stood up to greet her friends at the door. They followed her into the living room but as usual they couldn't agree on exactly what to play. Jerry eventually took a stand and set things up. Finally, they began to play. Karen's recorder filled the room with soft and pleasant music. Early in the evening, Mike noticed Pat's hand and the manydiamonds…

(Anderson et al., 1977: 372)

三、语篇理解模型

语篇理解的模型很多, 本节主要介绍五种模型: 语篇处理模型、策略模型、构建与结合模型、风景模型、浸入式体验框架。

(一)语篇处理模型

语篇处理模型(Discourse-processing Model)(Kitsch & van Dijk, 1978: 365-366)认为我们从语篇中获得一系列的命题, 并把它们组成一个连贯的语义表征。语篇的表层结构被解释为一组命题。这个集合是由命题之间的各种语义关系排序的。其中一些关系在语篇的表层结构中得到了明确的表达, 另一些是在解释过程中借助于各种特定语境或一般知识推断出来的。语篇的语义结构分为两个层次, 即微观结构和宏观结构。

微观结构(microstructure of discourse)是语篇的局部层次, 即个体命题的结构及其关系。在理解语篇的过程中, 我们可以构建一系列的等级语义命题, 比如以下语篇:

The numbat is a marsupial belonging to the mammal family. The body resembles to that of a squirrel with the same pointed snout and upright ears. The forelimbs are very powerful and claws are extraordinarily heavy. The tail is long, covered with thick and long hair.

(https://www. australiananimallearningzone. com/numbat. htm)

我们可以构建以下系列命题: The marsupial belongs to the mammal family. The numbat is a marsupial. The body is like that of a squirrel. The snout is pointed. The ears are upright. The forelimbs are very powerful. The claws are extraordinarily heavy. The tails is long. The tails has thick and long hair. 可以看出该语篇的第一个和第二个命题可以成为上义命题，其他的是下义命题。其他体裁的语篇亦如此，比如总的观点是上义命题，分论点是下义命题等。

推理(inference)在语篇理解中是必不可少的。自然语言的话语可能是连接的，说话人所表达的命题之间也可能不是直接连接的。这种可能性是由于说话人或作者认为听话人或读者可以根据他们自己已有的一般知识或上下文，能够补充缺失的信息，让看似不连贯的语篇变得连贯。也就是听话人或读者通过推理理解说话人或作者的意图。比如：

Λ：What happened to the ice cream I bought yesterday?

B：The kids had a party last night.

这个对话中 B 的回答看似答非所问，但是 A 可以根据已有知识进行推断，B 的回答具有隐含的连贯性。

The kids had a party last night.

They like ice cream.

They ate the ice cream I bought.

宏观结构(macrostructure of discourse)将语篇作为一个整体来解释，通过一组特定的语义映射规则(宏观规则)进行关联。只有语篇的各个句子和命题是相关的，并且这些命题在宏观结构上是全局组织的，语篇才是连贯的，即语篇的命题跟语篇或会话的话题相关，与语篇表达的主题相关。语篇话题通过宏观语义结构来体现。这里需要由语义映射规则将微观结构信息和宏观结构信息匹配起来，比如通过删除(deletion)、概括(generalization)、构建(construction)等规则。这些宏观规则受到图式的控制。

语篇传统图式结构的典型例子是故事图式、论点图式或心理报告图式等。这些图式结构是由一组特征类别和一组(有时是递归的)形成规则和转换规则体现的。图式结构在处理模型中很重要，比如语篇中规约性和非规

253

约性信息处理，以及宏观结构规则的使用都受到语篇图式的制约。

(二) 策略模型

策略模型(Strategy Model)(van Dijk & Kintsch, 1983)由语篇处理模型(Processing Model)(Kintsch & van Dijk, 1978)发展而来。该模型(van Dijk & Kintsch, 1983: 11-16)认为，语篇理解是一个以策略为基础的过程。在理解过程中，我们总是使用各种各样的策略去处理语篇。这些策略就像关于语篇片段的正确结构和含义的有效工作假设，这些假设可能会由于进一步信息处理而被推翻。此外，策略分析不仅取决于语篇特征，还取决于语言使用者的特征，比如使用者的语篇目的或世界知识。这可能意味着听话人或读者可能根据给出的上下文或语境构建说话人或作者意图，也可能构建与自己的兴趣或目的相关的意义。

策略代表了我们对理解语篇的程序性知识。策略是开放式的。有些策略，如单词和句子理解，是在相对较早的时候获得的；而另一些策略，如要点推断，则是在较晚的时候获得的；一些策略，如理解心理学文章结构的图式策略，只有经过专门的训练才能获得。

与语篇理解特别有关的几个主要策略有命题策略、局部连贯策略、宏观策略等。

(1)命题策略。语篇理解过程的第一步就是根据语言输入建立语义单位或基本命题。在该模型中，命题的构建基于从语义记忆中激活的单词意义，以及小句的句法结构。语篇命题的构建部分地取决于听话人或读者的知识结构，部分地取决于语篇中语义单位的表达形式。理论上一个小句对应一个命题，但事实上命题很复杂，一个小句可能有很多的原子命题(atomic propositions)。

(2)局部连贯策略。语篇理解的主要任务就是构建局部连贯性。局部连贯主要指语篇中毗邻的句子之间有意义的连接。一般说来，小句或句子表达的复杂命题所指的事实在可能世界里是有关系的，局部连贯性就存在了。局部连贯性的建立要求听话人或读者尽可能有效地搜索命题所表达的事实之间的潜在联系。这样相关的事实往往具有相同的指称，即物体或人。

（3）宏观策略。宏观策略就是语言使用者用来推断宏观结构的策略，可分为语境宏观策略与语篇宏观策略。语境宏观策略（contextual macrostructures）包括一般文化知识、社会文化语境以及交际语境。

A. 一般文化知识

    a. 文化群体的一般活动、目标（如农业）

    b. 特定事件或行动（如气候、景观、动物、植物）

    c. 特定物体（如人造仪器）

B. 社会文化语境

    a. 情境类型（如早餐、乘车、探访、庭审、婚姻）

    b. 参与者类别

        （Ⅰ）功能（公交车司机、法官、医生）

        （Ⅱ）角色（母亲、朋友）

        （Ⅲ）社会属性（性别、年龄等）

        （Ⅳ）个人属性（性格、兴趣、目标）

    c. 典型事件和互动（帮助、咨询、付费）

    d. 惯例（法律、规则、习惯）

C. 交际语境

    a. 交际互动的总体目标

    b. 全球和本地言语行为

    c. 实际参照语境（人或物体的存在）

（Kintsch & van Dijk，1983：199）

语篇宏观策略（textual macrostructures）也有多种，主要包括句法策略、话题转换标识语、语义策略、图式策略等。句法策略主要用于凸显局部焦点，比如使用话题化、分裂句、被动语态、从属句等结构。话题转换标识语是语篇出现的话题转换的信号，比如段落缩进、停顿、时间和地点的变化、新参与者的加入、视角转换等。语义策略指的是单词、短语和句子的含义为话题推理提供主要提示。图式策略对于我们理解语篇非常重要。图式都有一个正常或规范的顺序，比如叙事的图式结构，而且图式范畴具有全局性的语义约束，是我们理解一个会话结构、一个故事情节的参考框架。

(三)构建与结合模型

构建与结合模型(Construction-integration Model)(Kintsch，1988：164-167)将构建过程与结合过程连接起来：听话人或读者基于语言输入和知识基础构建语篇基础；然后将语篇基础整合成一个连贯的整体。语篇表征的构建主要依赖知识基础。知识基础概念化为一个连接网络，网络上的节点代表概念或命题。这些节点都是相互联系在一起的，节点之间的联系有一个强度值，有正负之分(从1到-1)。节点是由词头和一些代表谓项的空格构成的。这样知识网络的节点就相当于表征语篇的命题。空格说明词头和谓项的关系，可以表示特征等信息。在这个模型里，长时记忆的结构(知识基础)并不严密，是由正面和负面联系连接在一起的一些概念和命题，而且长时记忆结构也不把结构直接地强加在语篇表征上，语篇的一套互有联系的概念和命题与长时记忆组成一个网络，这个网络起初是和语篇的意义松散地相对应(构建阶段)，然后激活传递过程对网络因素的各个激活层面进行调整；这种相互的激活就会产生前后一致的意念，而那些孤立的命题和概念就会失去激活，从表征中消失(结合阶段)。

其中构建过程包括以下步骤：(1)形成与语言输入直接对应的概念和命题。比如当听话人听到句子"Mary bakes a cake"，根据语言输入"Mary""bake""cake"形成命题BAKE(MARY，CAKE)("Mary bake cake")，其中MARY和CAKE被赋予施事和谓项的角色。(2)从通用知识网中选择少量与其最密切相关的临近概念或命题来阐述。(3)生成概念或命题。BAKE(MARY，CAKE)这个命题就会激活通用知识网络中与之密切相关的命题，即"Mary""bake""cake"就会激活与其相关的词汇知识节点，比如LIKE〔MARY，EAT〔MARY，CAKE〕〕、PUT〔MARY，CAKE，IN-OVEN〕、

HOT［CAKE］、PREPARE［MARY，DINNER］等命题。这些知识网络里面的命题是潜在推理。(4)推断某些语篇中隐含的附加命题。这些命题是语言输入中没有显性呈现但对语篇连贯性很重要的信息。(5)将连接强度分配给已经创建的所有连接。一般来说，基于语篇输入的命题与通用知识网络之间的强度值为正，通过推理得到的附加命题与通用知识网络之间的强度值正负皆有。当构建过程完成之后，结合过程就是删除那些不相关的概念和命题，形成语篇表征。

(四)风景模型

风景模型(Landscape Model)(van den Broek et al.，1999；Linderholm et al.，2004)认为，语篇理解是一个概念动态激活的过程(转引自陈黎静、杨玉芳，2010；李莹等，2008)。读者在处理语篇信息时会激活语篇中提及的主要概念以及这些概念间的关系。这种即时加工引起概念和命题不断激活、衰退，其概念结点在工作记忆中时隐时现、此起彼伏、动态变化，构成一个网络。阅读完成时，没有新的激活与波动，网络趋于稳定，由此形成一个记忆表征，储存于长时记忆之中。

读者阅读语篇的过程是周期性的，每一个句子或小句就是一个阅读周期。在每一个阅读周期中都会有四个潜在的来源影响概念激活：第一个是当前正在加工的语篇内容；第二个是前一个阅读周期，当读者进入新的阅读周期时前一周期的信息至少有部分会延续下去并能够被激活；第三个是读者可能会再次激活之前更早的阅读周期中已经加工过的信息；最后一个就是读者有可能通达和激活的背景知识(Linderholm et al.，2004，转引自李莹等，2008)。

读者通过两种概念激活方式最终形成记忆表征网络：其一是群组激活，经常同时出现、得到共同激活的概念形成了更为紧密的联结；其二是连贯性推理，推理引起了相关概念的激活，从而使相关概念之间的联系更紧密；最后所有的概念结点间或强或弱的联系构成了记忆表征网络(陈黎静、杨玉芳，2010)。

(五)浸入式体验框架

我们身体的活动方式、身体的感觉和运动体验决定了我们怎样认识和看待世界，我们的认知是被身体及其活动方式塑造出来的，这就是具身认知的基本观点。浸入式体验框架(the Immersed Experiencer Framework)(IEF)就是在具身认知的影响下提出来的(Zwaan，2004)，其基本思想是词汇激活了它们所指的实物的体验。简言之，我们在看到或听到一个单词会激活单词的体验表征(词汇、语法、语音、运动、触觉)，以及它们所指对象的体验表征——运动、感知和情感表征，通常是这些表征的结合。比如以下两个句子中，第一个句子激活了鹰在天空中的视觉体验：鹰的翅膀展开了；第二个句子激活了在巢穴中看到鹰的视觉体验。

The ranger saw the eagle in the sky.

The ranger saw the eagle in the nest.

IEF 区分了语言理解的三个组成过程：激活、识解、整合。激活在词的层面操作，识解在小句层面操作，整合发生在语篇层面。

激活。新进入的单词激活了体验它所指实物时所激活的功能网络。功能网络广泛分布于整个皮层，可能涉及初级感觉区域。对于每个实体我们有不同的体验(例如我们从不同的视角看实体)，词汇最初激活的是多个功能网络重叠的离散模式。比如"鹰"的例子中，这个词激活的有飞行中的鹰，也有栖息的鹰。功能网络的离散程度取决于我们实体体验的频率分布、首要性和近期性。如果某一类型的体验，比如对一个特定的实体某一种特定的视觉体验比较频繁，那这种最频繁的体验轨迹将是最活跃的。

识解。识解是在特定事件心理模拟中功能网的整合。识解所依据的语法单元是语调单元。语音可以被分割成多个单元，称为音调单元，可以看成注意框架。这些单元可以根据停顿、音高和音质变化等提示进行识别。它们经常与小句重合，但不一定如此。一个小句可能包括多个语调单元。在识解过程中，最初激活的功能网被整合在一起，从而产生一个事件的表征。识解所属的指称单位是一个事件。在识解过程中，最初被广泛激活的功能网通过约束满足机制被联接起来。在识解过程中，实体形成了明确的、图式的、体验的表征。如果相应的体验痕迹是动态的，这些表征可能是动态的。

整合。一旦一个事件表征被识解，理解就会进入下一个识解。先前识解的相关组成部分，连同当前词激活的功能网络，将成为工作记忆的一部分，因此将影响当前的识解。整合是指从一种识解到下一个识解的转移过程。这些转移过程是基于体验的。在静态场景的描述中，体验者通常会调节注意力，相关的转移本质上是感性的，主要是视觉的。场景描述中的典型转移是放大、平移、扫描和注视。每一个识解都会模拟一个实体，或实体的一部分，或实体特征视觉体验。在对动态场景或动作序列的描述中，体验者是观察者，场景中吸引注意力的变化会调节转移。

四、语篇记忆

在语篇理解的基础上，我们如何记忆语篇呢？我们可以记住每个单词和句子吗？或者我们只记住了语篇大意吗？语篇记忆表现在三个不同的层面（van Dijk & Kintsch，1983；Carroll，2008）：（1）表层表征（surface representation），即我们可以确切地记住语篇中的单词。（2）命题表征（propositional representation），即我们记住的不是构成语篇原有的具体词汇，而是语篇的意义。（3）情景模式（situational model），即我们构建了一个语篇中描述的事态，再现语篇内容的真实情景。

(一) 表层表征

准确地记住语篇中的每个词和句子是一个挑战。我们在学习语篇，通过在短时记忆中不断地重复语篇中的词句，可以将词句暂时保存在短时记忆中，但是这种表层表征的长时记忆是一个问题。在英语学习过程中，学习者背诵语篇，通过对语篇的反复诵读、分散练习等方式最终将语篇内化到长时记忆中。

如果语篇具有某些与众不同的特征，表层表征是比较容易形成的。例如，Kintsch 和 Bates（1977）在一项关于课堂材料回忆的研究中发现，他们的学生经常记得诸如公告、笑话和旁白等无关评论的确切措辞。

(二) 命题表征

掌握语篇内容的意义是核心，语篇是由多个命题构成的复杂命题网络。因此，一门学科的知识，乃至不同学科的知识通常是以命题网络的形式贮存于长时记忆之中。命题及命题网络被认为是知识表征的最主要形式。实验研究证明，被理解了的语篇以命题网络的形式存储在记忆中（Mckoon & Ratcliff，1980：371），该研究让学生阅读以下语篇，获得 14 个命题。

Early French settlements in North America were strung so thinly along the major waterways that landownership was not a problem. The Frenchmen were fur traders, and, by necessity, the fur traders were nomads. Towns were few, forts and trading posts were many. Little wonder that the successful fur trader learned to live, act, and think like an Indian. Circulation among the Indians was vital to the economic survival of the traders.

这个语篇有以下命题：

1 = (FRENCH SETTLEMENTS)

2 = (STRING, 1)

3 = (SO THAT, 2, 4)

4 = (IS PROBLEM, OWNERSHIP)

5 = (NOT, 4)

6 = (LAND, OWNERSHIP)

7 = (FRENCH, MEN)

8 = (ARE TRADERS, 7)

9 = (FUR, TRADERS)

10 = (ARE NOMADS, 9)

11 = (CIRCULATE AMONG, 9, INDIANS)

12 =（VITAL TO，11，13）

13 =（HAVE，9，SURVIVAL）

14 =（ECONOMIC，SURVIVAL）

以上的命题中，"The fur traders were nomads"与"Circulation among the Indians was vital"联系紧密，因为命题9嵌入命题11中，但命题"The fur traders were nomads"与命题"Land ownership was not a problem"相距比较远，因为命题9和命题10通过命题8、7、1、2、3与命题4、5、6相联系。所以在启动效应中，"the fur traders"的句子更多地会受到"Circulation"句子的启动而不是"Land ownership"的句子。命题以网络结构储存，命题在网络中彼此相连，即长时记忆中的信息是经过组织分类后形成的，也需经过组织分类后才会在需要时从记忆中提取。与图式关系紧密的命题记忆深刻，关系不紧密的则容易遗忘。

（三）情景模式

除了表层表征和命题表征，语篇记忆还表现为情景模式（van Dijk & Kintsch，1983；Carroll，2008）。语篇的措辞可以促成命题表征或情景模式的构建。Perrig 和 Kintsch（1985）为大学生们提供了一篇关于虚构城镇空间布局的两个信息等效版本。一个版本（调查语篇）使用了地理术语，而另一个（路线语篇）则根据在城镇中行驶时使用的方向来表述。例如，North of the highway just east of the river is a gas station 为调查语篇；On your left just after you cross the river you see a gas station 为路线语篇。在一次自由回忆测试中，路线组回忆了更多的命题。相比之下，当被要求绘制城镇地图时，调查组的错误更少。究其原因，调查语篇需要构建空间情景模式，而路线语篇则简化了构建连贯命题表征的任务。

第五节　话语理解

在会话中，说话人准确把握听话人的认知状态至关重要。同时，说话人应该结合客观语境，遵守社会文化制约条件产生合适的话语；而听话人可以根据语言语境和非语言语境知晓或推断出发话人的语用前提，作为理解话语的出发点，从而选择认知语境中最可及、最相关的假设或事实来理解话语，推导出发话人的言外之意、弦外之音。

一、语用前提

语言交际中，说话人往往以各种明示的手段表达自己的信息意图和交际意图（Sperber & Wilson，1986），而听话人要充分理解话语意义和辨识说话人意图。否则，交际就会受挫。话语理解如何实现呢？传统的语用学强调语境决定话语意义。这种话语理解未涉及交际者的认知状态，认为语言符号加上客观语境自动提供意义。Grice（1975）的会话含义理论认为，听话人要正确推断会话含义，必须与说话人共享以下知识：所说话语的规约性内容、合作原则及其准则、说话的语境、说话人和听话人共有的某些背景知识（何兆熊，2000）。会话双方合作的基础不是共享知识，而是建立在相互显现性基础上的共有认知环境。交际双方拥有交际预设的前提，如语境知识、背景知识和常规关系，即交际双方相同或相似的认知环境（Sperber & Wilson，1986）。交际成功虽不完全依赖绝对共享知识，但一定的共有知识是交际顺利进行的必要条件。而语用前提（又可称预设、先设）对话语理解有制约和引导作用。

语言交际中可以进入话语信息流的事实或事态是非常多的，但说话人不可能也没有必要将所有信息都以断言的方式编排到信息流中。否则，话语就会烦冗不堪。为了话语的简洁性和表达的经济性，说话人必须对听话人的知识状态作出假设，以决定哪些是断言信息，哪些是背景信息。这种假设不一定具有真实性，也不一定是双方在交际之前就知道的，但它必须是说话人的一种信息，并且至少是交际双方没有异议的，或能为双方所接受的，即语用前提。它是说话人的预设，是说话前所作的一系列设想（何兆熊，2000）。预设是交际双方预先设定的先知信息（徐盛桓，1993）。语用前提具有共知性、合适性、主观性和动态性。正因为这些特性，语用前提成为话语理解的先决条件及推导会话含义的基本依据，具体体现在它对话语理解的制约和引导作用上。

二、语用前提与话语理解

语用前提对话语理解的制约作用主要表现在以下三个方面：

首先，语用前提是说话人对听话人认知状态的主观假设。这种假设事实上并不一定正确，即并非为听话人共知。听话人要求提供或澄清必要的前提，但结果并未达成共识。此观点可由下例来说明。

Mr. Bennet：I hope, my dear, that you have ordered a good dinner today because I have reason to expect an addition to our family party.

Mrs. Bennet：What do you mean, my dear? I know of nobody that is coming I am sure, unless Charlotte Lucas should appear to call in, and I hope my dinners are good enough for her. I do not believe she often sees such at home.

Mr. Bennet：The person of whom I speak is a gentleman and a stranger.

Mrs. Bennet：A gentleman and a stranger! It is Mr. Bingley I am sure. Why Jane you never drop a word of this, you sly thing! Well, I am sure I shall be extremely glad to see Mr. Bingley-But-Good Lord! How unlucky! There is not a bit of fish to be got today. Lydia, my love, ring the bell I must speak to Hill this moment.

Mr. Bennet：It is not Mr. Bingley! It is a person whom I never saw in the whole course of my life.

(Jane Austin, *Pride and Prejudice*, 1996：53)

这是 Bennet 夫妇早餐前的对话。Bennet 先生宣告有客人要来，客人是谁，Bennet 先生心中有数。他说话时设想其夫人知道，而实际上不为 Bennet 夫人共知。她首先猜测是常来串门的 Charlotte Lucas，遭到否定；又

263

认为是 Bingley 先生，那位她梦想成为未来女婿的有钱的年轻绅士，这一设想又遭否定。Bennet 先生仍未告之，所以 Bennet 夫人心有疑惑，悬而未决。

其次，语用前提涉及说话人的态度和意图(何自然，1998)。在语言交际中，由于双方在生活经验、知识结构、立场观点等方面有差异，对同一事物会得出不同的印象或看法，因而说话人前提中所体现的自己的态度或信念并不一定为听话人所赞同或接受。这会使听话人对话语理解产生困难，从不完全理解到产生歧义到完全误解，甚至会导致交际中断。看下面一例。

Jordan：And you found he was an Oxfordman.

Tom：An Oxfordman! Like hell he is! He wears a pink suit.

Jordan：Nevertheless, he's an Oxfordman.

Tom：Oxford, New Mexico, or something like that.

(Francis Scott Fitzgerald, The Great Gatsby, 1925：81)

此对话语篇是 Jordan 和 Tom 对 Gatsby 的评价。Jordan 曾去过 Gatsby 的舞会，认为他是一位有教养的绅士。Oxford 是培养人才的摇篮，所以说 Gatsby 是一位"牛津人"。Tom 却否认这一评价。他认为 Gatsby 穿着怪异，而真正有教养的绅士应该是打扮得体而高雅的，这一点又不为 Jordan 所赞同，所以双方始终各持己见，不肯妥协。

最后，语用前提涉及说话人强调的信息焦点，从而制约听话人的认知方向。语言交际中，说话人在组织信息时总是保证信息传递的高效率，引起听话人的注意，从而激活听话人认知语境中最可及的信息对话语进行理解，达到交际目的。为此，说话人往往对话语中某一成分采取语音重读，以传递其信息意图，把听话人的注意力和认知取向限制在一定范围之内。看下面一例。

Darcy：It must be very agreeable for her to be settled within so easy a distance of her own family and friends.

Elizabeth：An easy distance do you call it? It is nearly fifty miles.

Darcy：And what is fifty miles of good road? Little more than half a day's journey. Yes, I call it a very easy distance.

Elizabeth：I should never have considered that distance as one of the advantages of the match. I should never have said Mrs. Collins was settled near her family.

Darcy：It is a proof of your own attachment to Hertfordshire. Anything beyond the very neighborhood of Longhown, I suppose, would appear far.

（Jane Austen, *Pride and Prejudice*, 1996：159）

此对话语篇中，Darcy 和 Elizabeth 评论 Collins 夫人的婚姻。Darcy 认为 Collins 夫人的婚嫁有一便利条件，即距离父母和朋友很近。他有一个前提，即五十英里的距离很近。话语重音落在"very"之上，修饰"easy distance"，表明他强调的是非常之"近"。Elizabeth 却意见相左，她的前提为五十英里路途遥远。语语重音落在"advantages"和"near"之上，由于这两个词用在否定句中，强调的是"not an advantage"和"not near"，表明距离相当之"远"。语用前提不同，强调的信息焦点不同，从而制约听话人理解话语的认知方面。从 Elizabeth 的话中，Darcy 推断出，她是一个不愿远嫁的女子，从而对自己(一个外地来的)能否赢得她的芳心产生了怀疑。

语用前提对话语理解的引导作用主要表现在以下两个方面。

任何话语都具有两重意义：词典意义和交际意义。交际意义又可分为本体意义和言外之意(向明友，1993)。语用前提是能够确保话语交际的本体意义，达到沟通所必备的先决条件。前提的重点是对方的信息状态，并相信这种信息状态是真实可信的，成为双方共享的言语共同体。前提也是恰当处理言外之意的依据。而这都源于语用前提的共知性和合适性，其中共知性包含动态性。

首先，语用前提是交际双方共知的，或者是说话人自己知道，听话人不知道，但听话人可以根据说话人的话语推断出来的；或听话人提出异议，要求对方澄清或提供解释；或通过双方磋商而达成共识的。语用前提的共知性对话语理解的引导作用表现在以下两个方面。

从静态的角度看，交际双方在语言交际之前就已共知某种信息，说话人以断言形式传递信息，听话人仅付出较少的认知努力，便可理解话语。看下面一例。

Tom：We've got enough to get us to town.

Jordan：But there is a garage right here. I don't want to get stalled in this baking heat.

（Francis Scott Fitzgerald，The Great Gatsby，1925：87）

此对话语中，Jordan 对 Tom 的话是理解的，"enough"指的是足够的汽油，因为他们当时正驱车去镇上。Tom 对 Jordan 的话也是理解的，"garage"不仅可以是"汽车(修理)库"，还可理解为"兼事修理与售油的加油站"。此例说明前提是对话语交际本体意义理解的前提，由此可推断出其言外之意：最好现在加油，以免路上出故障。

从动态的角度来看，语用前提在语言交际之前并非为双方所共知(仅由说话人所知)。为了减轻听话人理解的认知负荷，说话人在话语过程中提供或暗示某种前提的存在，成为双方继续交际的信息结构的起点；或者说话人相信听话人知道，但这种假设不免失真，听话人在交际过程中提出异议，双方磋商共有知识，实现信息的传递和话语的理解。再看以下一例。

Bernard：Where is he? If he doesn't study!

Willy：You'll give him the answers!

Bernard：I do, but I can't on a Regents! That's a state exam! They're liable to arrest me!

Willy：Where is he? I'll whip him！I'll whip him!

（Arthur Miller，The Death of A Salesman，1961：9）

这是 Bernard(Biff 的同学)与 Willy(Biff 的父亲)的一段对话。Biff 是一位很受欢迎的校园球星，但学习成绩每况愈下。Bernard 成绩优秀，他要求给 Biff 补习功课。Willy 则要他在考试中"照顾"Biff，但这一次 Bernard 无论如何也帮不了，因为这次考试是"Regents"。恐怕 Willy 不理解，便进一步解释：Regents 是州级考试，作弊的话可能会进警察局。这时，Willy 可能还是不懂 Regents 考试，但由于 Bernard 暗示了前提，他认识到了问题的严重性，即刻便咒骂起 Biff 来。

最后，话语不仅用来表达思想，还可用来进行某一个言语行为。话语所实施的言外行为是否具有言外之力，是否具有言后效果，要考虑听话人的能力、认知环境、交际双方的亲疏关系、权力地位关系等。否则，话语缺乏必要的社会合适性条件，就实现不了预期的交际目的。语用前提的社会合适性是交际成功的又一切入点。看下面一例。

Daisy：Did we interrupt your exercises?

Klipspringer：I was asleep. That is, I'd been asleep. Then I got up.

Gatsby：Klipspringer plays the piano, don't you, Ewing, old sport?

Klipsringer：I don't play well, I don't—I hardly play at all, I'm all out of practice.

Gatsby：Well, go downstairs.

（Francis Scott Fitzgerald, *The Great Gatsby*, 1925：63）

此对话语篇中，Daisy 和 Gatsby 对 Klipspringer 采用不同的说话方式，正是由他们各自与 Klipspringer 之间的亲疏权力关系决定的。Daisy 第一次来 Gatsby 的寓所，第一次遇到 Klipspringer。与人初次见面打招呼应该比较客气，这是常识。因此 Daisy 很客气地对 Klipspringer 表示抱歉。而 Gatsby 是主人，Klipspringer 是寄宿的，Gatsby 对他具有绝对的权威，这是 Gatsby 说话时的前提。所以他毫不客气地直呼其名，还用谑称"old sport"，并强求他弹钢琴。尽管 Klipspringer 一再否认，最后还是不得不屈从。

参 考 文 献

Albert, M., & Obler, L. K. *The bilingual brain*. New York：Academic Press, 1978.

Anderson, R. C. The Notion of schemata and the educational enterprise. In R. C. Anderson, R. J. Spiro, & W. E. Montague (Eds.), *Schooling and the acquisition of knowledge*. Hillsdale, N. J. : Lawrence Erlbaum, 1977.

Anderson, J. R. Verbatim and propositional representation of sentences in immediate and long-term memory. *Journal of Verbal Learning and Verbal Behavior*, 1974, 13(2): 149-162.

Austin, J. *Pride and prejudice*. Beijing: Foreign Language Teaching and Research Press, 1996.

Atkinson, R. C. , & Shiffrin, R. M. Human memory: A proposed system and its control process. In W. K. Spence, & J. T. Spence (Eds.), *The psychology of learning and motivation: Advances in research and theory 1*. New York: Academic Press, 1968: 89-195.

Bachman, L. F. *Fundamental considerations in language testing*. Oxford: OUP, 1990.

Bartlett, F. *Remembering: A study in experimental and social psychology*. London: Cambridge University Press, 1932.

Bates, E. , & MacWhinney, B. Competition, variation and language learning. In B. MacWhinney (Ed.), *Mechanisms of language acquisition*. Hillsdale, NJ: Erlbaum, 1987: 157-194.

Bever, T. G. The cognitive basis for linguistic structures. In J. R. Hayes (Ed.), *Cognition and the development of language*. New York: Wiley, 1970: 279-362.

Bock, K. , & Levelt, W. Language production: Grammatical encoding. In Gernsbacher, M. A. (Ed.), *Handbook of psycholinguistics*. San Diego: Academic Press, 1994: 945-984.

Bogaards, P. Testing L2 vocabulary knowledge at a high level: The case of the Euralex French tests. *Applied Linguistics*, 2000, 21(4): 490-516.

Bolinger, D. Aspects of language (2nd ed.). New York: Harcourt Brace

Jovanovich, 1975.

Bransford, J. D. , & Franks, J. J. The abstraction of linguistic ideas. *Cognitive Psychology*, 1971, 2(4): 331-350.

Bransford, J. D. , Barclay, J. R. , & Franks, J. J. Sentence memory: A constructive versus interpretive approach. *Cognitive Psychology*, 1972, 3: 193-209.

Bransford, J. D. , & Johnson, M. K. Contextual prerequisites for understanding: Some investigation of comprehension and recall. *Journal of Verbal Learning and Verbal Behavior*, 1972, 11: 717-726.

Brown, G. , & Yule, G. *Discourse analysis*. Cambridge: Cambridge University Press, 1983.

Brown, D. F. Advanced vocabulary teaching: The problem of collocation. *REIC Journal*, 1974, 5(2): 1-11.

Canale, M. On some dimensions of language proficiency. In J. W. Oller (Ed.), *Issues in language testing research*. Rowley, Mass: Newbury House, 1983: 333-342.

Carroll, D. W. *Psychology of language*. US: Brooks/Cole Publishing Company, 1999.

Carroll, D. W. *Psychology of language*(5th ed.). Belmont, CA: Thomson Wadsworth, 2008.

Carroll, L. *Alice's adventures in wonderland*. London: MacMillan Publishing Co. , 1865.

Channell, J. Psycholinguistic considerations in the study of L2 vocabulary acquisition. In R. Carter, & M. McCarthy (Eds.), *Vocabulary and language teaching*. London: Longman. 1988: 83-96.

Chapelle, C. A. Are C-tests valid measures for L2 vocabulary research? *Second Language Research*, 1994, 10(2): 157-187.

Chomsky, N. *Aspects of the theory of syntax*. MIT Press, Cambridge, 1965.

Clark, J. , & Yallop, C. *An introduction to phonetics and phonology.* Beijing: Foreign Language Teaching and Research Press, 2000.

Collins, A. M. , & Loftus, E. F. A spreading activation theory of semantic processing. *Psychological Review*, 1975, 82: 407-428.

Collins, A. M. , & Quillian, M. R. Retrieval time from semantic memory. *Journal of Verbal Learning and Verbal Behavior*, 1969, 8: 240-247.

Collins, A. M. , & Quillian, M. R. Does category size affect categorization time? *Journal of Verbal Learning and Verbal Behavior*, 1970, 9: 432-438.

Cook, V. *Second language learning and language teaching.* Beijing: Foreign Language Teaching and Research Press, 2000.

Craik, F. I. M. , & Lockhart. R. S. Levels of processing: A framework for memory research. *Journal of Verbal Learning and Verbal Behavior*, 1972, 11: 671-684.

De Groot, A. M. B. *Language and cognition in bilinguals and multilinguals: An introduction.* New York: Psychology Press, 2011.

De Groot, A. Bilingual lexical representation: A closer look at conceptual representations. In R. Frost, & L. Katz (Eds.), *Orthography, Phonology, Morphology, and Meaning.* Amsterdam: Elsevier, 1992: 389-412.

Dong, Yanping, Gui, Shichun, & MacWhinney, B. Shared and separate meanings in the bilingual mental lexicon. *Bilingualism: Language and Cognition*, 2005(8): 221-238.

Donley, M. The role of structural semantics in explaining and activating the vocabulary of the advanced learner: The example of the homophone. *Audio-Visual Language Journal*, 1974, 12(2): 81-89.

Ellis, N. C. Vocabulary acquisition: Word structure, collocation, word-class, and meaning. In N. Schmitt, & M. McCarthy (Eds.), *Vocabulary: Description, acquisition and pedagogy.* Cambridge: CUP, 1997: 122-139.

Elman, J. L. An alternative view of the mental lexicon. *Trends in Cognitive*

Sciences, 2004, 8(7): 301-306.

Fay, D. , & Cutler, A. Malapropisms and the structure of the mental lexicon. *Linguistic Inquiry*, 1977, 8(3): 505-520.

Fernández, E. M. , & Cairns, H. S. *Fundamentals of psycholinguistics*. Oxford: Wiley-Blackwell, 2011.

Firth, J. K. Models of meaning. In*Papers in linguistics*. Oxford: OUP, 1951, 1957.

Fitzgerald, F. Scott. *The great gatsby*. New York: Charles Scribners Sons, 1925.

Fodor, J. A. , & Bever, T. G. The psychological reality of linguistic segments. *Journal of Verbal Learning and Verbal Behavior*, 1965(4): 414-420.

Fodor, J. D. Parsing strategies and constraints on transformations. *Linguistic Inquiry*, 1978, 9(3): 427-473.

Fodor, J. A. *The language of thought*. New York: Crowell, 1975.

Fodor, J. A. *The modularity of mind: An essay on faculty psychology*. Cambridge, MA: MIT Press, 1983.

Forster, K. I. Basic issues in lexical processing. In W. Marslen-Wilson (Ed.), *Lexical representation and process*. Cambridge, MA: MIT Press, 1989: 75-107.

Forster, K. I. , & Chambers, S. Lexical access and naming time. *Journal of Verbal Learning and Verbal Behavior*, 1973, 12(6): 627-635.

Frazier, L. , & Fodor, J. D. The sausage machine: A new two-stage parsing model. *Cognition*, 1978, 6(4): 291-325.

Frazier, L. , & Rayner, K. Making and correcting errors during sentence comprehension: Eye movements in the analysis of structurally ambiguous sentences. *Cognitive Psychology*, 1982, 14(2): 178-210.

Friederici, A. D. , Meyer, M. , & Cramon, D. Y. Auditory language comprehension: An event-related fMRI study on the processing of syntactic and lexical information. *Brain and Language*, 2000, 74: 289-300.

Grice, H. P. Logic and conversation. In P. Cole, & J. Morgan (Eds.), *Syntax and Semantics 3: Speech Acts.* New York: Academic Press, 1975: 26-40.

Grosjean, F. , & Li Ping. *The psycholinguistics of bilingualism.* Oxford: Wiley-Blackwell, 2013.

Halliday, M. A. K. Lexis as a linguistic level. In C. E. Bazell, J. C. Catford, M. A. K. Halliday, & R. H. Robins(Eds.), *In memory of J. R. Firth.* London: Longman, 1966: 148-162.

Halliday, M. A. K. , & Hasan, R. *Language, context and text: Aspects of language in a social-semiotic perspective.* Geelong: Deakin University Press, 1985.

Halliday, M. A. K. , & Hasan, R. *Cohesion in English.* Beijing: Foreign Language Teaching and Research Press, 2001.

Halliday, M. A. K. , & R. Hasan. *Cohesion in English.* London: Longman Group Ltd. , 1976.

Hedge, T. *Teaching and learning in the language classroom.* Oxford: OUP, 2000.

Hindmarch, R. *Cambridge English lexicon.* Cambridge: CUP, 1980.

Hogaboam, T. W. , & Perfetti, C. A. Lexical ambiguity and sentence comprehension. *Journal of Verbal Learning and Verbal Behavior*, 1975, 14: 265-274.

Johnson, M. K. , Bransford, J. D. , & Solomon, S. K. Memory for tacit implications of sentences. *Journal of Experimental Psychology*, 1973, 98: 203-205.

Johnson-Laird, P. The mental representation of the meaning of words. *Cognition*, 1987, 25(1-2): 189-211.

Jones, D. *The pronunciation of English.* New York: Cambridge University

Press, 1992.

Keller, H. *The story of my life*. New York: The Century Company, 1903.

Kintsch, G. The role of knowledge in discourse comprehension: A construction-integration model. *Psychological Review*, 1988, 95: 163-182.

Kintsch, W., & Bates, E. Recognition memory for statements from a classroom lecture. *Journal of Experimental Psychology: Human Learning and Memory*, 1977, 3: 150-159.

Kintsch, G., & van Dijk, T. A. Toward a model of text comprehension and production. *Psychological Review*, 1978(85): 363-394.

Kolers, P. A. Interlingual word associations. *Journal of Verbal Learning and Verbal Behavior*, 1963(2): 291-300.

Kroll, J. F., & Stewart, E. Category interference in translation and picture naming: Evidence for asymmetric connections between bilingual memory representations. *Journal of Memory & Language*, 1994(2): 149-174.

Lado, R. *Linguistics across cultures*. Ann Arbor: University of Michigan Press, 1957.

Laufer, B. What percentage of text-texis is essential for comprehension? In C. Lauren, & M. Nordman(Eds.), *Special language: From human thinking to thinking machines*. Clevedon: Multilingual Matters, 1989: 316-323.

Lehrer, A. *Semantic fields and lexical structure*. Amsterdam: North Holland Publishing Company, 1974.

Levelt, W. *Speaking: From intention to articulation*. Cambridge, Mass: MIT Press, 1989.

Lewis, M., & Hill, J. *Practical techniques for language teaching*. London: Language Teaching Publications, 1999.

Lewis, M. *The lexical approach—the state of ELT and a way forward*. London: Commercial Color Press, 1993.

Liberman, A. M., & Mattingly, I. G. The motor theory of speech perception revised. *Cognition*, 1985, 21: 1-36.

Linderholm, T. , Virtue, S. , Tzeng, Y. , & van den Broek, P. Fluctuations in the availability of information during reading: Capturing cognitive processes using the landscape model. *Discourse Processes*, 2004, 37: 165-186.

Littlewood, W. *Foreign and second language learning.* Shanghai: Shanghai Foreign Language Teaching Press, 2000.

Lisker, L. , & Abramson, A. S. A cross-language study of voicing in initial stops: Acoustical measurements. *Word*, 1964, 20(3): 384-442.

Makoon, G. , & Ratctiff, R. Priming in item recognition: The organization of propositions in memory for text. *Journal of Verbal Learning and Verbal Behavior*, 1980(19): 369-386.

Marslen-Wilson, W. D. , & Welsh, A. Processing interactions and lexical access during word recognition in continuous speech. *Cognitive Psychology*, 1978, 10: 29-63.

Marconi, D. *Lexical competence.* Massachusetts: The MIT Press, 1997.

Massaro, D. W. Testing between the TRACE Model and the Fuzzy Logical Model of speech perception. *Cognitive Psychology*, 1989, 21: 398-421.

Meyer, D. , & Schvaneveldt, R. Facilitation in recognizing pairs of words: Evidence of a dependence between retrieval operations. *Journal of Experimental Psychology*, 1971, 90(2): 227-234.

McArthur, T. *Longman lexicon of contemporary English.* London: Longman, 1981.

McCarthy, M. , & Carter, R. *Language as discourse: Perspectives for language teaching.* London: Longman, 1994.

McCarthy, M. *Vocabulary.* Oxford: OUP, 1990.

McClelland, J. L. , & Elman, J. L. The TRACE Model of speech perception. *Cognitive Psychology*, 1986, 18: 1-86.

MacWhinney, B. The Competition Model: the input, the context, and the brain. In P. Robinson (Ed.), *Cognition and second language instruction.* Cambridge: Cambridge University Press, 2001: 69-90.

McClelland, J. L. , & Rumelhart, D. E. An interactive activation model of context effects in letter perception: Part 1. An account of basic findings. *Psychological Review*, 1981, 88: 375-407.

McIntoch, A. Patterns and ranges. *Language*, 1961, 37(3): 325-337.

Melka, F. Receptive vs. productive aspects of vocabulary. In N. Schmitt, & M. McCarthy (Eds.), *Vocabulary: Description, acquisition and pedagogy.* Cambridge: CUP, 1997: 84-102.

Miller, G. A. , & Isard, S. Some perceptual consequences of linguistic rules. *Journal of Verbal Learning and Verbal Behavior*, 1963(2): 217-228.

Miller, G. A. , & Selfridge, J. A. Verbal context and the recall of meaningful material. *American Journal of Psychology*, 1950, 63: 176-85.

Miller, A. *The death of a salesman.* London: Penguin Books Ltd. , 1961.

Morton, J. Interaction of information in word recognition. *Psychological Review*, 1969, 76: 165-178.

Nation, P. *Teaching and learning vocabulary.* New York: Newbury House, 1990.

Nattinger, J. R. , & DeCarrico, J. *Lexical phrases and language teaching.* Oxford: OUP, 1992.

Nilsen, D. L. F. Contrastive semantics in vocabulary instruction. *TESOL Quarterly*, 1976, 10(1): 99-103.

Nunan, D. *Language teaching methodology.* Englewood Eliffs, NJ: Prentice Hall, 1991.

Ogden, C. K. *Basic English.* London: Psche Miniatures, 1930.

O'Gorman, E. An investigation of the mental lexicon of second learners. *Teanga: The Irish Yearbook of Applied Linguistics*, 1996, 16: 15-31.

Pawley, A. , & Syder, F. H. Two puzzles for linguistic theory: Nativelike selection and nativelike fluency. In J. C. Richards, & R. W. Schmidt (Eds.), *Language and communication*. London: Lonman, 1983: 191-225.

Perrig, W. , & Kintsch, W. Propositional and situational representations of text. *Journal of Memory and Language*, 1985, 24: 503-518.

Potter, M. C. , So, K. F. , Eckardt, B. V. , & Feldman, L. B. Lexical and conceptual representation in beginning and proficient bilinguals. *Journal of Verbal Learning and Verbal Behavior*, 1984(1): 23-38.

Pulvermuller, F. , Huss, M. , Kherif, F. , del Prado Martin, F. M. , Hauk, O. , & Shtyrov, Y. Motor cortex maps articulatory features of speech sounds. *Proceedings of the National Academy of Sciences*, 2006, 103: 7865-7870.

Rayner, K. , & Duffy, S. Lexical complexity and fixation times in reading: Effects of word frequency, verb complexity, and lexical ambiguity. *Memory and Cognition*, 1986(14): 191-201.

Richards, I. A. *Basic English and its uses*. London: Kegan Paul, 1943.

Richards, J. C. *The context of language teaching*. Cambridge: CUP, 1985.

Rubenstein, H. , Garfield, L. , & Millikan, J. Homographic Entries in the Internal Lexicon. *Journal of Verbal Learning and Verbal Behavior*, 1970(9): 487-494.

Rumelhart, D. E. Schemata: The building blocks of cognition. In R. J. Spiro, B. C. Bruce, & W. F. Brewer (Eds.), *Theoretical issues in reading comprehension*. Hillsdale, NJ: Lawrence Erlbaum Associates, 1980.

Sachs, J. S. Recognition memory for syntactic and semantic aspects of connected discourse. *Perception & Psychophysics*, 1967, 2: 437-442.

Schmitt, N. , & McCarthy, M. (Eds.). *Vocabulary: Description, acquisition and pedagogy*. Cambridge: CUP, 1997.

Sedivy, J. *Language in mind: An introduction to psycholinguistics* (2nd ed.). Oxford: Oxford University Press, 2020.

Singleton, D. Learning L2 lexis: A matter of form? In G. Bartlet (Ed.), *The dynamics of language processes: Essays in honor of Hans W. Dechert*. The Tübibgen: Narr, 1994.

Singleton, D. Learning and processing L2 vocabulary. *Language Teaching*, 1997, 30(4): 213-225.

Singleton, D. *Exploring the second language mental lexicon*. Cambridge: CUP, 1999.

Skehan, P. *A Cognitive approach to language learning*. Oxford: OUP, 1998.

Smith, E. E. , Shoben, E. J. , & Rips, L. J. Structure and process in semantic memory: A featural model for semantic decisions. *Psychological Review*, 1974, 81: 214-241.

Sperber, D. , & Wilson, D. *Relevance: Communication and cognition*. Oxford: Blackwell, 1986.

Studdert-Kennedy, M. The perception of speech. In N. J. Lass (Ed.), *Contemporary issue in experimental phonetics*. New York: Academic Press, 1976: 243-293.

Stubbs, M. A Matter of prolonged fieldwork: Notes towards a modal grammar of English. *Applied Linguistics*, 1986, 7(1): 1-25.

Swan, M. Non-systematic variability: A Self-inflicted conundrum? In R. Ellis(Ed.), *Second language acquisition in context*. London: Prentice Hall, 1987.

Swinney, D. A. Lexical access during sentence comprehension: (Re) consideration of context effects. *Journal of Verbal Learning and Verbal Behavior*, 1979(18): 645-659.

Taft, M. , & Forster, K. Lexical storage and retrieval for prefixed words. *Journal of Verbal Learning and Verbal Behavior*, 1975, 14: 638-647.

Taylor, L. *Vocabulary in action*. London: Prentice Hall, 1992.

Thaxler, M. J. *Introduction to psycholinguistics*: *Understanding language science*. Oxford: Wiley-Blackwell, 2012.

Tyrone, E. *Variation in interlanguage*. London: Edward Arnold, 1988.

van den Broek, P., Young, M., Tzeng, Y., & Linderholm, T. The landscape model of reading. In H. van Oostendorp, & S. R. Goldman (Eds.), *The construction of mental representations during reading*. Mahwah, NJ: Lawrence Erlbaum Associates, Inc., 1999: 71-98.

van Dijk, T., & Kintsch, G. *Strategies of discourse comprehension*. New York: Academic Press, 1983.

Waller, R. J. *The bridges of Madison County*. New York: Grand Central Publishing, 1992.

West, M. *A general service list of English words*. London: Longman, 1953.

Wilkins, D. A. *Linguistics and language teaching*. London: Edward Arnold, 1972.

Zwaan, R. A. The immersed experiencer: Toward an embodied theory of language comprehension. *The Psychology of Learning and Motivation*: *Advances in Research and Theory*, 2004, 44: 35-62.

陈飞, 张昊, 王士元, 彭刚. 内部因素与元音范畴化感知. 语言科学, 2019(4): 410-425.

陈红. 英汉韵律特征对比与英语语音教学. 高教学刊, 2019(26): 112-114.

陈黎静, 杨玉芳. 语篇理解理论研究概述. 心理科学, 2010, 33(4): 1010-1012.

陈士法, 苗兴伟, 方洁. 英汉双语心理词典中英语单词的存储单位——一项实验研究. 外语教学与研究, 2007, 39(1): 51-55.

董燕萍. 双语心理词典的共享(分布式)非对称模型. 现代外语, 1998, 81(3): 1-29.

桂诗春. 新编心理语言学. 上海: 上海外语教育出版社, 2000.

何兆熊．新编语用学概要．上海：上海外语教育出版社，2000．

何自然．语用学与英语学习．上海：上海外语教育出版社，1998．

黄国文．思政视角下的英语教材分析．中国外语，2020，17（5）：21-29．

黄国文．语篇分析的理论与实践——广告语篇研究．上海：上海外语教育出版社，2001．

胡壮麟，朱永生，张德禄，李战子．系统功能语言学概论．北京：北京大学出版社，2008．

黎明．双语心理词汇语义表征的语义元通达模型．中国外语，2019（4）：73-79．

李雅，卢颖超，许小颖，陶建华．连续语流中韵律层级和调型组合对重音感知的影响．清华大学学报（自然科学版），2011，51（9）：1239-1248．

李志雪．试论句子理解中几个主要的心理语言学模型．解放军外国语学院学报，2003（3）：16-20．

李莹，莫雷，冷英，王瑞明．篇章阅读的动态理解观和计算机模拟的应用．心理科学进展，2008，16（2）：200-206．

皮亚杰，英海尔德．儿童心理学．北京：商务印书馆，1980．

孙晓乐．英语语篇分析中的"衔接"与"连贯"．外语学刊，1996（1）：24-28．

汪福祥，蒋志森．模糊逻辑模型与交股模型的解析与重组．外语教学，2002，23（6）：15-18．

武宁宁，舒华．句子语境中汉语词类歧义词的意义激活．心理学报，2002，34（5）：454-461．

向明友．试论话语前提分析．外国语，1993（4）：34-38．

徐盛桓．"预设"新论．外语学刊，1993（1）：1-8．

杨玉芳．心理语言学．北京：科学出版社，2015．

张慢慢，胡惠兰，边菡，李芳，张志超，臧传丽．中文阅读中快速读者与慢速读者的词频效应．心理与行为研究，2022，20(3)：304-310.

周治金，陈永明．词语境中汉语歧义词多个意义的加工过程．湖北大学学报(哲学社会科学版)，2006(6)：801-805.

朱永生，郑立信，苗兴伟．英汉语篇衔接手段对比研究．上海：上海外语教育出版社，2001.

第六章 语言产出

　　语言产出可以是书面的也可以是口头的。英语口头语和书面语"都是表达思想、交流思想的工具，二者都能反映我们的思想内容和思维过程"（李世平，2003），但两者不能等同。口头语具有直接性、随时性、双向性、反馈性、情感性、主观性（李新博，2000），书面语则相反。从语言学的角度看，以句子为基础的传统语法注重语言体系，如语音、语法、词汇以及语义，旨在提高书面语语法的正确性和准确性；虽然书面语语法是日常交际的基础，但对书面语法的系统掌握不能保证交际的成功，因为口语涉及语用规则和社会规约，以及在现实的交际过程中产生的人际关系（Houghes & McCarthy，1998）。

　　言语交际过程中，我们可能说错话，造成不可挽回的损失。比如在《老友记》中 Ross 和 Emily 的结婚仪式上，Ross 将 Emily 叫成了 Rachel，Emily 伤心至极，最终导致二人婚姻破裂。2006 年，电台播音员 Dave Lenihan 在讨论 Condoleezza Rice 担任国家橄榄球联盟（National Football League）委员的前景时由于口误发表了种族诽谤言论而被解雇。Lenihan 说："She's got the patent résumé of somebody that has serious skill. She loves football. She's African-American, which would be kind of a big coon. A big coon. Oh my God—I totally, totally, totally, totally am sorry for that. I didn't mean that."（Sedivy，2020：724）据 Lenihan 个人解释，他原本要说"coup"（政变）但说成了"coon"（黑鬼）。但不管他是有意或无意为之，听众都不买账，广播台解雇了他，理由是：口误也是不可接受的、应受谴责的和不可原谅的（"unacceptable, reprehensible, and unforgivable"）（Sedivy，2020：

724-725）。

本章以口头语为主探讨语言产出的过程、模型、口误及其成因，以及日常会话的类型、结构和特征等方面的内容。

第一节 语言产出过程

我们说话需要经历怎样的过程呢？在开始说话之前，我们通常会进行语言计划吗？我们把想说的话全部编辑好之后再说出口吗？我们通常会在发出第一个语音之前在脑海中已经计划好了整个句子吗？我们讲故事或描述图片时，语言充满了停顿、犹豫、反复、奇怪的"嗯"，我们可能故意把一个词的语音拉长，拖延时间，思考下一步要说什么。在正常的谈话中，我们不可能说出完美的、标准的、清晰的、语法准确的句子（Sedivy，2020）。比如，一位大一新生讲述他的大学生活，即兴发言道："我的大学生活是丰富多彩的。除了通识课程和专业课程的学习，嗯，我也参加了，嗯，两个社团和两个志愿者活动。我每天的时间都安排得比较满，嗯，我首先会完成课程作业以及、嗯，预习复习的任务。但是，嗯，我也会准时参加社团的活动，嗯，学习新技能，结识新朋友。嗯，志愿者活动也会积极参加，嗯，这对培养我的社会责任感很重要。"这位同学的发言中，我们可以看出他有多处"嗯"这样的停顿。那他在做什么呢？是不是在做语言计划——思考下一步说什么？

Hawkins（1971）让儿童编一个故事，获取了他们自发叙述性演讲数据，发现句边界停顿的频率较高，这是言语情景以及说话时言语选择的功能性体现，说明儿童说话时进行着语言计划，而且是以模块（chunk）为单位来计划要产生的句子的。

Well once there was a sailor and two children and a dog... and one day... the two children said... to their... the sailor... can we play with our dog and the sailor said yes. ... and so they did but the dog ran away... and... one day... the two children were out in the woods. ... and they found their dog... and they were

so happy they run ran home and told the sailor... and the dog in the night...
there was a window open... the sailor had forgot and the children had forgot to
shut it... so... one day... the dog ran out... .of the window. ... and then he
never came back and was lost all his life.

（Hawkins，1971：280）

一、语言产生过程的四个阶段

根据 Levelt（1989），语言产生历经四个阶段：概念化阶段——对所要
表达的概念产生前言语信息；构成阶段——把前言语的信息映射到语言形
式表征中，把要表达的思想形成一个语言计划；发音阶段——把思想变成
语音，通过发音器官说出来；自我监控阶段：监控产生的话语，评估是否
传递了交际意图以及是如何表达的。该模型主要由五个成分组成，即概念
形成器（conceptualizer）、构成器（formulator）、发音器（articulator）、听觉语
音解码器（acoustic-phonetic processor）和句法分析器（parser）。以下介绍
Levelt（1989）研究的主要内容。

（一）概念形成阶段（Conceptualizing）

前言语信息（preverbal message）的构建是语言生成的第一步，由一些表
达交际意图的概念发展而来；说话人希望通过话语来达到某种目的，同时
希望听话人从话语中认识到这种意图。说话人会选择有助于实现交际意图
的信息来表达。这些信息有助于听话人推断出其交际意图。

信息是一种语义表征，是思维的命题化语言，但同时满足使其在自然
语言中可以表达的条件。可能的情况是，思维命题语言中的任何概念表征
都是直接表达的，可以说命题是前言语信息，即命题表征是一种可以用言
语表达的概念表征。要对信息进行编码，说话人需要具备两种知识。第一
种知识是程序性知识，其格式为：如果 X，则 Y。比如说话人的意图为表
达真命题（truth），那么就应该使用断言（assertion）。第二种知识是陈述性
知识。陈述性知识包括命题知识（propositional knowledge，关于世界的一般

性知识)、情景知识(situational knowledge，交际语境中的物体、声音等物理信息)、语篇类型(discourse model，语篇中互动过程的记录)。

比如说话人 Simon 想告诉 Hanna：Wubbo 是一名宇航员。更确切地说，Simon 的信息编码从提出一个情境的意图开始。在这个情境里，

KNOW(HANNA, INTEND(SIMON, BELIEVE(HANNA, ASTRONAUT(WUBBO))))

这个表达式的意思是：Hanna 知道 Simon 试图让她相信 Wubbo 是宇航员。Simon 可能有几种方法来实现这个目标状态(goal state)——他甚至不需要说话。例如，Simon 可以让 Hanna 看一张 Wubbo 穿着宇航员服装的照片，也可以实现他的交际意图。如果 Hanna 认识 Wubbo，但不知道他是一名宇航员，Simon 展示图片可以实现其交流意图。但如果 Simon 想通过行事行为实现其交际意图，那他必须对其交际意图进行编码：DECL(ASTRONAUT(WUBBO))。DECL(declarative)表示 Simon 打算用一个陈述句表达其意图，要表达的命题是：Wubbo is an astronaut. 如果 Hanna 合作的话，她不仅知道 Wubbo is an astronaut 这个命题，还要知道 Simon 有意让她相信这个命题。

从意图到信息是个比较复杂的过程。说话人必须进行宏观计划(macro-planning)和微观计划(micro-planning)。宏观计划指说话者先将意图拆分成一些子目标，计划如何实现这些子目标，以及计划用什么言语行为(如断言、命令、询问等)实现每一个子目标(董燕萍，2005)。通常情况下，从意图到信息的过程不止一个步骤，目标还可以分为一些子目标。如果意图是引路，说话人必须创建一个由子目标组成的整体计划(比如"首先引导她去市中心，然后告诉她关于博物馆的确切位置")和子目标(比如"去城市中心先走高速公路，然后在第二个红绿灯处右转")。说话人必须按照计划实现各个子目标。对于每一个子目标，他都必须决定使用什么言语行为，比如断言、命令、询问等。对于每一个言语行为，说话人必须决定信息如何表达以实现其目标。通常，说话人需要依赖合作的听话人通过言语信息推理出说话人的交际意图，虽然有时候说话人的话语只能表达交际意图的冰

山一角；有些言语行为还是间接的：说话人说的一回事，其交际意图又是另一回事。所有这些活动总称为宏观计划（macro-planning）。但说话人不仅必须计划和安排一连串言语行为，也要关注言语行为的内容，赋予每一个言语行为特定的信息结构，计划如何分配言语行为的话题、焦点信息和新信息，必须认定信息要满足哪些特定的言语要求。这些活动可称为微观计划（micro-planning）。总而言之，在宏观计划中，说话人产生交际意图并计划具体的言语行为内容；在微观计划中，说话人决定每个预期言语行为内容的信息视角，具有前言语信息的所有必要特征。

（二）语言构成阶段（Formulating）

前言语信息在构成器中进行语法和语音编码，这两个过程的编码都需要从心理词库中提取信息。由词汇的语法特征和语义特征组成的词目信息（lemma），由词汇的语音信息构成的词位信息（lexeme），这两部分信息的提取相互独立。构成阶段是由词汇驱动的，这意味着语法和语音编码受到词汇词条的中介作用。前言语信息触发词汇项进入活动状态。被激活的词项的句法、形态和语音属性反过来又触发了生成话语的语法、形态和语音编码程序。

首先是信息的语法编码。表层结构是语法功能的表达。语法功能比如主语、谓语、直接宾语、间接宾语等在不同语言表层结构中的实现形式是不一样的。一般来说，语法功能在英语中可以通过词序和短语顺序来实现。语法编码器包括获取词目（lemma）和句法构建的程序。说话人的词条信息是陈述性知识，储存在心理词典里。一个词项的词目信息包含了该词项的意义，即与该词相伴随的概念；一个词的词目信息也包括语法信息。当一个词目的意义与部分前言语信息相匹配时，它就会被激活，反过来又会调用或激活某些句法结构构建程序。心理词库里的词目信息生成合适的短语结构。例如，如果选择是一个名词，那么词目信息就可以生成合适的名词短语结构；如果选择的是一个动词，生成的就是一个动词短语结构；如果选择的是介词，生成的就是一个介词短语结构。语法编码器因此可以将这些信息组装成有序的词目串，也就是语法框架。语法框架在语音编码器中进行话语的语音计划，包括语音语调计划。当所有相关的词目都被获取并且所有的句法结构构建程序都完成了它们的工作时，语法编码器就产生了一个表层结构有序的词目串，这些词目被分组在各种短语和子短语中。

其次是信息的语音编码。表层结构是言语输入进入语音编码的结果。语音编码的功能是检索或为每个词目和整个话语建立一个语音或发音计划。语音编码器要获取的主要信息来源是词汇形式（lexical form），即关于词汇内部结构的信息。除了词目信息外，词库中的每一个词项还包含词形和语音信息。多个音系程序会修改或进一步指定检索到的词形信息。语音编码的结果是一种语音或发音计划，还不是外显的言语，而是计划的话语应该如何被表达的内在表征，是一个表达的程序，被称为内部言语（internal speech），是说话人的语音计划。

语言计划可以分为串行模型（serial model）和并行模型（parallel model）（Carroll，2008）。

串行模型

该模型的基本思想是，从说话人希望表达的意义开始，随后的处理水平致力于话语的某个特定层面；建立了句子的句法结构，指定哪些单词将拥有主要和次要重音，以及哪些地方需要实词，然后添加实词、虚词和词缀；最后，确定了话语的语音特征。串行模型就是计划一步一步将我们所要表达的意思编码成具体的句法结构、词汇和语音。

简言之，言语计划的过程可以看作一系列的阶段，每个阶段都致力于语言计划的一个层面。Fromkin（1971）提出六阶段模型：

（1）意义的识别：确定需要表达的意义是什么。

（2）选择句法结构：利用特定的词汇构建句子。

（3）产生句子的语调：将重音分配到不同单词上。

（4）插入内容词：从心理词典中提取名词、动词、形容词并插入对应位置。

(5)添加功能词：添加功能词(冠词、连接词和介词)、前缀和后缀。

(6)指定音段信息：根据音韵规则表达句子中的音段信息。

比如要产生 The girl's already baked two cakes(caked two bakes.)

第一个阶段是意义的识别——生成一个要传达的意义。说话者形成交际意图，想要通过话语表达的意义：(BAKE(GIRL, CAKE))。

第二个阶段选择句法结构——生成要表达这个意图的句子结构，并指定要填进去的词。意义需要通过一定的句法结构来实现，比如短语结构和句型，需要哪些名词、动词、形容词等实词。生成该句子的结构为：(NOUN)(VERB)(NOUN).

第三个阶段产生句子的语调——形成句子结构的语调特征，哪些词需要重读，哪些词不需要重读，调核在哪里，哪里用声调，哪里用降调等。这句话根据话语的语境，可以是第一个名词有重音，动词重音，最后一个名词重音并降调。

第四个阶段插入实词——从心理词库中提取适当的名词、动词和形容词，填入句法结构的空格中。句子变成：Girl bake cake.

第五个阶段添加功能词——在已形成的句法结构中添加虚词(冠词、连词、介词)、前缀和后缀。句子变成：The girl's already baked two cakes. 但是这一阶段可能添加出错，句子可能变成：The girl's already caked two bakes.

第六个阶段指定音段信息——句子按照音系规则，通过音段表达出来。句子同时具备语音、重音和语调。

并行模型

与串行模型不同，并行模型认为在语言产出过程中，多个层面的加工同时发生。这种模型在言语生成层面的划分上和串行模型基本相同，即分为语义层面、句法层面、形态层面和语音层面。Dell(1986)认为长时记忆有四个层次的节点：语义、句法、形态和语音。说话人想要表达的信息在每个层次上都会有独立的表征，这在串行模型中也是如此。然而，与串行模型不同，这些表征是同时工作的。该模型认为，在言语生成过程中，当一个层面上的节点被激活时，它随之可以激活在同一层面或其他层面上的节点。我们来看一个例子（Levelt，1989）。假设句法层面激活了词"reset"，这种句法层面上的激活进而触发了形态层面上的成分语素 re- 和 set 的激活。这些形态节点也进一步将激活扩散到语音层面，激活了 /r/ 音位的节点。

该模型的一个重要假设是：积极反馈发生在信息处理的早些阶段到稍后阶段。一旦一个形态节点被激活，它就可能将其激活扩散到一个句法节点。例如，一旦 re- 在形态层面被激活，它就会导致其他具有 re- 前缀的词的激活，例如"resell"。然后，"resell"将其部分激活传播到语素 sell，并最终传播到音素 /s/。所有这些激活都随时间呈指数衰减，以至于最终激活降为零（Carroll，2008）。

（三）发音阶段（Articulating）

流畅的语音发音需要大量肌肉的协调配合使用。这些肌肉分布于三个系统：呼吸道、喉部和喉上或声道。呼吸道主要由肺和气管构成，当肺部收缩或扩张时，能够通过支气管、气管呼出或吸入气流，呼吸的气流是人类发音的动力。我们在说话或唱歌时，一般是用呼气来发音。气流从气管经喉头和声带，最后经过咽腔、口腔和鼻腔。通过咽腔、口腔和鼻腔各部分器官的调节，我们就可以发出各种不同的声音。喉部是发声器官之一。我们通过调节声带的张力和振动频率来产生声音。不同的音调和音质通过声带的不同振动产生。喉上系统包括咽腔、口腔和鼻腔。口腔（包括唇、齿和舌头）后面是咽腔，咽头上通口腔、鼻腔，下接喉头。口腔和鼻腔靠软腭和小舌分开。软腭和小舌上升时鼻腔关闭，口腔畅通，这时发出的声在口腔中共鸣。软腭和小舌下垂，口腔成阻，气流只能从鼻腔中发出，这时发出的音主要在鼻腔中共鸣，称为鼻音。

言语的运动控制始于大脑发出的运动命令。当我们对自己的话语进行语言规划时，负责言语产生的大脑结构将信息发送到呼吸系统、喉系统和喉上系统的肌肉。一般认为，这些运动对言语肌肉的指令是以发音器官（舌、唇等）运动到特定位置的指令形式出现的。如果下一个音段是[m]，控制嘴唇的肌肉必须发挥作用，而如果是[u]，则需要控制舌根的肌肉（Carroll，2008）。

发音是一项非常复杂的运动技能。我们通过呼吸、喉和喉上系统的肌肉执行语音计划。内部言语的产生可能在一定程度上先于发音的执行。为了应对这样的异步，需要对语音计划进行临时存储。这种存储设备称为发音缓冲（Articulatory Buffer）。发音器从这个缓冲区中检索连续的内部语音语块并准备发音。运动执行涉及成套肌肉的协调使用。如果某些运动肌肉在执行发音中受到阻碍，其他器官就会进行补救，保证发音的完成。发音计划虽然相对独立于语境，但它的执行会在一定范围内适应不同的发音环境。发音的结果是显性语音。

言语运动控制包括以下四个阶段（Levelt，1989）：

第一阶段：组装程序

这是语音编码阶段，以语音计划作为输出。这是一个详细的运动程序，通过音位词一个一个输出。发音计划可以存储在发音缓冲器中。储存的优选单元是音位短语。

第二阶段：检索运动程序

当说话人决定启动一个准备好的话语时，从发音缓冲器中检索其动作单元（即音位短语的语音计划）。

第三阶段：解包子程序

一旦检索到，一个语音短语的语音计划必须解压缩，使之成为可用的运动命令的层次结构。运动单元越复杂，解包耗时越多。

第四阶段：执行运动命令

在此阶段，发音器向神经运动坏路发出运动指令，肌肉执行语音计划。

（四）自我监控阶段（Self-monitoring）

说话人亦是自己的听话人。说话人既可以接触到他的内部话语，也可以接触到他的外部话语。他可以听自己讲的话语，也可以听听话人讲的话语。他能够理解他所说的话，即把自己的语音理解为有意义的单词和句子。这种处理是通过语音理解系统来实现的，这个系统可以获取词形和词目信息，以便识别词汇、提取词汇意义。该系统的输出是被分析的语音，是输入言语（input speech）在语音、形态、句法和语义组成方面的一种表征。说话人也监控自己的内部言语，这种内部言语在工作记忆中得以表征。通过这种方式，说话人可以在发音之前检测出自己内部言语中的问题，进行自我修复。

从说话人自发的各种自我修复行为中可以明显看出，说话人能够关注自己正在进行的言语行为的各个方面（Levelt，1983）。比如：这是我现在想表达的信息/概念吗？这就是我想说的方式吗？我说的话符合社会标准吗？我是不是犯了一个词汇错误？我使用的句法和词法都正确吗？我是不是犯了一个音形错误？我发音的速度、响度、准确度、流利度合适吗？说话人不可能同时关注所有这些方面，因为说话时注意资源是有限的。事实证明：许多语言产生问题并没有被说话人注意到；自我监控是依赖语境的，语境因素决定了说话人会关注语音的哪些方面并进行自我修复；说话人对语言产生问题的注意程度在话语过程中会有波动。

自我修复由三部分组成（Levelt，1983）。首先，说话人在说话中发现错误后打断自己（interrupting the utterance）。其次，说话人通常说出某种以下的编辑表达式："嗯""对不起""我是说"等（use of editing terms）。最后，说话人对话语进行修复（making the repair）。

中断话语。中断话语的主要规则为：检测到修复的时机，立即停止语流。（Stop the flow of speech immediately upon detecting the occasion of repair.）第一阶段涉及说话人对自己语音的监测，以及当检测到错误时语音流的中断。说话人检测到话语中的错误就会立即停止，但是，检测在一定程度上取决于错误在生成的言语成分中的位置。通过对 959 次自发的自我修复的分析发现，中断伴随着及时的检测，正确的词汇倾向于被补全，Levelt 发现 18 % 的修复都在一个词之内，如句子（a）；51 % 的修复发生在错误词之后，如句子（b）；其余 31 % 的错误修复被延迟了一个或多个单词，如句子(c)。

a. We can go straight on to the **ye-**, to the **orange** node.

b. Straight on to **green**—to **red**.

c. And from **green** left to pink—er from **blue** left to pink.

编辑用语的使用。第二阶段的特点是犹豫、停顿，特别是所谓编辑用语的使用。使用哪个编辑用语(editing terms)取决于言语失误的性质，而且是比较规律的：言语失误引起的编辑用语比不恰当的词语更多，说话人很快察觉到的失误通过"嗯"的使用来发出信号。

James(1972，1973，转引自 Levelt，1983：70)分析了一些在隐性修复中经常出现的叹词，特别是"嗯"(uh)、"哦"(oh)和"啊"(ah)，并展示了这些叹词在语义上的差异。其中"uh"表达了某物被暂时遗忘，但现在正在被提取的过程中，如：I saw... **uh**... twelve people at the party.

Du Bois(1974，转引自 Levelt，1983：70)分析了发生在显性修复中的几个叹词，如"that is""rather"和"I mean"。他认为"that is"使用的目的是指定一个指称对象，特别是一个代词，比如：

He hit Mary... **that is**... Bill did.

I am trying to lease，**or rather**，sublease my apartment.

I beg to present to you my half-warmed fish，**I mean**，my half-formed wish...

修复话语。修复的语言完好性并不取决于说话人对成分完整性的尊重，而是取决于原话语与修复话语之间的结构关系。Levelt(1983)区分了三种类型的修复：即时替换、预期回溯和重新启动。错误修复集中在即时替换和预期回溯两类，只有 8 % 的错误修复导致了话语的重新启动。

第一种类型是即时替换(instant replacements)：说话人回溯到某个有问题的单词，然后用正确的单词替换，如下列句子：

Turn left at node，**to node blue**，

And over the grey sphere Ⅱ，or right of the grey sphere **a purple sphere**.

Straight an to no... oh no sorry，**right to node red**，

Over the gree... no I am wrong. **Left of the green disc**.

The same line，**horizontal line** on the other side.

Right thereof a，of that red **a yellow** and a green disc.

Again to left to the same blank node，**white node**.

第二种类型是预期回溯(anticipatory retracings)：说话人回溯到错误之前的某一点，如下列句子：

We start in the middle with... in the middle of the paper with a blue disc.

Go then to the wrong... **to the other side**.

We can straight on to the ye... **to the orange node**.

Right of purple is eh **of white** is purple.

Entrance to yellow eh to grey. Go on **to yellow**.

Right to a yellow，**to a blue**.

第三种类型是重新启动(fresh starts)：说话人既不立即替换一个有问题的词，也不回溯到话语中较早的一个词，而是使用新的话语表达重新开始，如句子：

Straight on come we first to a browny crossing point，no，**that's a nodal point**.

The road begins with a，or **it goes on and it begins with a green crossing**.

二、语言产生过程的五个阶段

言语产出还有五阶段说(Menn，2017)：信息层面(Message Level)、功能层面(Functional Level)、位置层面(Positional Level)、音位编码层面(Phonological Encoding Level)、言语手势层面(Speech Gesture Level)。

(一)信息层面

信息层面即概念层面，说话人选择想要表达的想法。信息层面需要做三件事情：挑选故事角度，激活需要提及的人和事的概念，把发生的事组织成事件结构("谁对谁做了什么"的基本组块)。在信息层面的最后处理阶段，说话人的大脑已经将这个信息编码为小句大小的结构组块，为信息处理做好准备。比如说话人要跟不同人讲述他的大学生活，比如父母、朋友和高中老师，由于讲述对象不同，以及讲述对象关注的侧重点不同，说话人在讲述同样一个事件的时候，细节取舍不同。激活的人和事物的概念将在很大程度上取决于说话人对场景的可视化程度。信息层面是前言语信息加工：关注的还不是词语，只是概念。说话人将事件的概念组织成事件结构（Event Structure）：一个小句中包含哪些信息？如何展示行动的细节？事件结构是激活合适动词的基础，告诉听话人这些动词所描述的动作是停止、开始还是继续的状态。

(二)功能层面

在功能层面，事件结构(概念层面)找到(唤起)传递意义的词汇及其扮演的相应语义角色。这里的词汇意义是没有语音的词汇意义，称为词目（lemma）。词目是词的意义及其用法的语法信息，以及它们扮演的语义角色或语义功能。比如名词有单复数、格等语法信息以及施动者等语义角色。在功能层面，每个事件结构中表示人、动物、事物的词目都与该事件动词词目的恰当语义功能相关联。这是一个关键的步骤，以确保说话人的故事将传达给听话人——谁是施事，谁是受事，什么位置是源，什么位置是目的，等等。词目唤起了词的音位形式，动词词目也为事件结构唤起了合适的句法框架。小句的句法框架主要由动词及其前后的标记槽（labeled slot）以及小句所需的语法语素信息构成。

(三)位置层面

在位置层面，词形按照合适的语法顺序排列起来。名词和代词词目上的语义标记与槽位上的语义标记相匹配，每个名词或代词进入正确的位置。如果一个词目在其槽位准备好之前已经唤起了它的音位形式，那么该形式将不得不在词形知识缓冲区中等待，直到槽位形成。当这个组装过程完成后，位置层面阶段性任务完成，句法(包括语序)就形成了，比如：

［my sister］Theme，subject［go+past］verb［［to］preposition［the Grand Canyon］］Goal，prepositional phrase

(Menn，2017：150)

(四)音位编码层面

处于位置层面的句法、形态和音系信息激活了其余仍然需要的语音信息，主要包括正确的名词/代词的格、动词(包括不规则动词)的时态、名词的数等信息。所有音位都确定了，只待说话人产生语音、发出话语了。

(五)言语手势层面

句法框架中的一系列音位引起了一系列神经指令，这些指令作用于产生语音所需的肌肉。当一个小句的开头得到语音编码后，音位向发声器官发出激活信号，说话人可以开始说这个小句，也许这时小句末尾的音位尚未确定。协同发音是指发一个音所需的手势与发另一个音所需的手势同时发生；协同发音的数量也有助于确定每个音位的音位变体的产生。

第二节 双语者语言产出

单语者只有一个概念系统和语言系统，双语者有两个概念系统和语言系统，二者的语言产生过程会存在差异性。我们需要假设一个双语者有两套特定语言的语法，以及一个包含特定语言条目的心理词典，需要弄清楚语言知识库是如何激活(或停用)的。当双语者以单语言模式(只有一种语言)说话时，只会参考其中一种语法来构建句法表征，并且激活该语言的词汇条目；当处于双语模式时(当双语者的两种语言在同一会话中使用时)，就需要同时通达两种语言的语法和词汇(Fernández & Cairns，2011)。

双语者在交际中激活哪种语言会受到交际意图、听话人、语境、话题等因素的影响。重要的是，单语者和双语者的语言产生过程是相同的：根据所要表达的概念产生前言语信息——形成交际意图；把前言语信息映射到语言形式表征中，把要表达的思想形成一个语言计划——选择句法结构和词汇项目；把思想变成语音通过发音器官说出来——形成语音表征；监控产生的话语。双语者因为有两套认知系统和语言系统，在交际过程中可能有意从一种语言切换到另一种语言，激活原本没有活跃的语言系统（Fernández & Cairns，2011），形成语码转换（code-switching）。

语码转换是指在同一语篇中的两种语码（两种语言，或同一语言的两种不同变体）之间的转换。我们通常会听到有人说："明天又要 pre 了。""语言学课程论文的 DDL 是什么时候？""我们下周 group meeting，就这个项目我们今天晚上 brainstorm 一下。"语码转换产生在两种语言之间，交替的话语需要持续激活每种语言的语法和词典，以及控制语法转换的规则，所以进行语码转换的说话人是双语水平很高的使用者（Poplack，1980）。为什么说话人要使用语码转换呢？概括起来，语码转换可以表示所指功能（referential function）、表达功能（expressive function）、感叹功能（interjectional function）、修饰功能（qualifying function）、指定功能（specifying function）等（Romaine，1989：147-164）。

从语言结构角度看，语码转换有轮换式（alternational）和插入式（insertional）之分（黄国文，2001）。插入式转换属于分句内（intra-clausal）转换，而轮换式转换则是分句间（inter-clausal）转换。语码转换还有三分法：句间语码转换（intersentential code-switching）、句内语码转换（intrasentential code-switching）、附加语语码转换（tag code-switching）。（Poplack，1980）附加语语码转换指的是在说话过程中插入常用的话语标记，比如"so""you know""I mean"。以下对话中，"Friends"属于句内语码转换，"It's great fun. I am thinking about seeing it again"属于句间语码转换，"you know"属于附加语语码转换。

（A、B、C 是三位大学生，他们在谈论上周末的活动）

A：我跟朋友去汉街逛了下，好多人。

B：那肯定呀。我去健身房 work out 了。出汗后很舒服。

C：我哪儿都没去，在寝室待着，追一个美剧——*Friends*。

A：It's great fun. I am thinking about seeing it again.

B：Yeah.

C：我也是想着看美剧学英语呢。我的口语实在是，you know，有待提高。

从顺应论的角度来看，语码转换者主要是为了顺应语言现实（Linguistic Reality）、社会规约（Social Conventions）和心理动机（Mental Motivation）（于国栋，2000：25-26）。对语言现实的顺应指的是如果某个思想或概念只存在于一种语言之中而不存在于另外一种语言当中，那么当这两种语言互相接触时就会出现语码转换或语言借用的现象，或哪种语言更加准确地表达交际意图；对社会规约的顺应主要是指对社会文化如风俗习惯和行为方式等的顺应；对心理动机的顺应指的是在交际的过程中交际者的心理动机会在许多情况下影响交际者的语言行为。双语者阅读和理解含有被转换语码的句子时所花时间要长于他们阅读和理解单语的句子，这种心理转换机制决定了在语言理解过程中打开或关上了哪一本心理词典，也决定了开启哪一本词典才更为合适（李经纬、陈立平，2004）。

近期的一项研究（Declerck et al.，2020）通过 Rapid Parallel Visual Presentation（RPVP）范式向英法双语者呈现英法单词混合的句子，让其写出标记单词，探究句子优势效应（sentence superiority effect）是否受制于特定的语言。该研究表明，与不合法的句子条件相比，双语者在合法句子（grammatical sentence）中回忆出标记单词的正确率更高，证明了"句子优势效应"（sentence superiority effect）不受制于特定的语言，双语者具有同时处理两种语言中单词句法信息的卓越能力。这些结果不仅为并行语言处理提供了强有力的支持，而且重要的是，证明了在双语者的语言之间可以共享句法表征。

第三节　言语失误

我们在说话过程中有意无意地会说错话，成为口误（slip of the

tongue)。大多数人都会时不时地犯一些言语错误。当我们感到紧张或有压力时，比如第一次在很多陌生人面前演讲或表演；当我们感到疲惫和焦虑时，比如完成一天的工作或学习之后；当我们感到非常激动或兴奋时，比如见到多年未见的好友或收到大学录取通知书时；当我们心不在焉的时候，比如有烦心事困扰的时候；言语错误似乎更容易发生。

我们来看一个言语失误现象：首音互换（Spoonerism，也可称其为"首音误置"），这是一种非常有趣的修辞现象：将两个或两个以上单词的首字母位置互换，这种置换可能是有意的，但也可能是无意的，其结果都将颠覆原句的意思，并造成谐趣现象。这种言语失误现象源于 William Archibald Spooner（1844—1930），他曾任牛津新学院（New College，Oxford）院长和学监，他经常把若干单词的辅音部分交错发音，说出十分有趣的句子，后来就有人把这种现象称为 Spoonerism。直到现在，牛津新学院还有一个房间被命名为"斯普纳房"（The Spooner Room）来纪念这位有趣的老人。

比如下面这个例子，Spooner 想对某位学生说：

You have missed all my history lectures，and were caught lighting a fire in the quad. Having wasted two terms，you will leave by the next down train.（我的历史课你总是缺席，你在院子里放火被抓。你已经浪费了两个学期，你赶紧乘下一趟下行火车离开牛津吧。）

但是由于口误，Spooner 把这句话说成了这样：

You have hissed all my mystery lectures，and were caught fighting a liar in the quad. Having tasted two worms，you will leave by the next town drain.（你在我每节神话课上都发出嘘声，你在院子里和说谎者打架被抓。你已经吃了两条虫子，你赶紧从城市下水道里离开牛津吧。）

在日常英语会话中，这样的例子很普遍，比如将 a crushing blow（沉重一击）说成 a blushing crow（一只脸红的乌鸦），将 tons of soil（大量的泥土）说成 sons of toil（劳动者），took a shower（沐浴）变成 shook a tower（使塔楼震动），brush my hat（刷我的帽子）变成 hush my brat（使我调皮的孩子安静下来）等。

除了口误之外，还有笔误(slip of the pen)，指的是一个人写作中无意犯的错误，如拼写错误、选词错误或意思错误(https：//idioms. thefreedictionary. com/)。比如，本来写信告诉妈妈希望她下周一(next Monday)打电话，写成了下个月(next Month)。笔误也可能带来灾难性的后果，如果是一封商业信函，或者是期末考试答卷，笔误将造成不可挽回的损失。

一、言语失误的分类

除了首音互换的言语失误，还有其他类型。Clark 和 Clark(1977)归纳出以下"言语失误"的类型：

无声的停顿：停顿时，沉默无语，比如"Turn on the //heater switch"。

有声的停顿：停顿时，词与词之间有"ah""eh""uh"，比如"Turn on, uh，heater switch"。

重复：重复句中一个或更多的词，比如"Turn on the heater switch，the heater switch"。

开始失误(重复性)：改正失误时，重复被改正的词前面的一两个词，比如"Turn on the stove，the heater switch"。

开始失误(不重复性)：改正失误时，不重复被改正词前面的词，比如"Turn on the stove/ heater switch"。

改正：改正失误时，还加上一些插入语，如"I mean""rather"等，比如"Turn on the stove switch——I mean，the heater switch"。

感叹词：改正失误时，还加上一些感叹词，如"oh""well"，比如"Turn on，oh，the heater switch"。

口吃：断断续续的言语，比如"Turn on the h-h-h-heater switch"。

失言：说错了话，比如"Turn on the sweeter hitch"。

Carroll(2008)总结了言语失误的八大类型：

转移(shift)：一个音段从它合适的地方消失，而在别的地方出现，比如"That's so she'll be ready in case she decide to hits it(decides to hit it)"。

倒置（exchange）：两个语言单位互换位置，比如"Fancy getting your model renosed（getting your nose remodeled）"。

提前（anticipation）：将后面的音段提到前面，比如"Bake my bike（take my bike）"。

延缓（perseveration）：将前面的音段延续到后面，比如"He pulled a pantrum（tantrum）"。

增加（addition）：添加一些语言信息，比如"I didn't explain this clarefully enough（carefully enough）"。

减少（deletion）：略去一些语言信息，比如"I'll just get up and mutter intelligibly（unintelligibly）"。

代替（substitution）：用一个成分代替另一成分，比如"At low speeds it's too light（heavy）"。

混合（blend）：将两个词混合成为一个词，比如"That child is looking to be spaddled（spanked/paddled）"。

Garrett（1975）归纳出了口误的四个特征：

（1）相互作用的成分来自相同的语言环境，比如"Children interfere with your nife lite（night life）"（Carroll，2008）。在这句话中，前一个词开头的音段和后一个词开始的音段相互倒置，中间的和末尾的则和相对应的音段相互倒置。

（2）相互作用的语言成分都具有一定程度的语音相似性，特别是辅音总是和别的辅音，而不会和元音倒置或转移。比如"Sesame Street crackers（sesame seed crackers）"（Fromkin，1973）中的"street"和"seed"具有语音相似成分。

（3）口误中产生出新的语言成分通常是符合音位规则的，比如，当"slick"和"slippery"混合产生新词"slickery"时，这样就造出了或形成了一个非词，但是它符合英语的音位规则。

（4）言语失误中互相作用的语言成分的重音形式是一致的，音段虽然互相倒置，但是原来词语的重音形式仍然保留不变。

Sedivy(2020)则总结了言语失误的五个特征：

（1）想要发出的声音更有可能被非常相似的声音取代，而不是被非常不同的声音代替，比如说话人更有可能把"sad sheep"说成"shad seep"，而不是把"bad sheep"说成"shad beep"。

（2）嵌入类似语音环境中的声音相比在非常不同环境中的声音更有可能被替代，比如，说话人更有可能把"beer deal"说成"deer beal"，而不是把"beer date"说成"deer bate"。

（3）当语音错误导致非词时，它很可能形成"可能"单词，也就是说，符合语言发音规则的语音序列，比如说话人更有可能把"play bait"说成"blay bait"，而不是把"play mate"说成"mlay mate"。

（4）语音错误更有可能用常见的声音代替罕见的声音，而不是相反，比如说话人更有可能把"dim thistle"说成"dim distle"，而不是把"dim thistle"说成"thim thistle"。

（5）语音互换几乎总是涉及出现在一个音节内同一位置的语音，比如说话人更有可能把"beer deal"说成"deer beal"，而不是把"beer deal"说成"leer deab"。

同时，语言产生的过程始于交际意图，交际意图有语义表征，这就需要词汇提取。心理词典是说话人所知的所有词语的集合，每个词条包括词语含义、语法类别、句法结构以及词语语音。一个单词可以使用两种不同的信息来提取：意义或声音。词频可以影响词汇提取，在言语产生过程中，常见的词语提取速度更快，比如，单词"knife"比"dagger"更容易、更快地被提取出来（Fernández & Cairns，2011）。研究表明，语言产生过程中的停顿和犹豫经常发生在低频词之前（Levelt，1983）。心理词典中的词语也是根据其含义来组织的，因此彼此相似的词语通常被储存在一起。言语失误表明我们通常选择了一个与目标词在意义和结构上非常相似的词，比如：

a. I just feel like whipped cream and mushrooms.

　{I just feel like whipped cream and strawberries.}

b. All I want is something for my elbows.

{All I want is something for my shoulders.}

c. Put the oven on at a very low speed.

{Put the oven on at a very low temperature.}

d. I hate… I mean, I love dancing with you!

（Fernández & Cairns，2011：142）

以上例子中，说话人把"strawberries"说成了"mushrooms"，把"shoulders"说成了"elbows"，把"temperature"说成了"speed"，把"love"说成了"hate"（但是做了自我纠正）。

还有一种目标词汇提取失败的后果就是舌尖现象（tip of the tongue phenomenon）。当说话人有一种"明明快想出来了""几乎就有了"的感觉，想用的字眼或语词已经到了舌尖，就是讲不出来，这时就会出现舌尖现象。我们都有这样的经历，见到熟悉的人，叫不出她/他的名字来；唱歌时，忘记了熟记的歌词；考试时，忘记了背得滚瓜烂熟的定义。舌尖现象是因为大脑对记忆内容暂时性抑制所造成的。这种抑制来自多方面，比如对有关事物的其他部分特征的回忆掩盖了所要回忆的那部分特征，还有回忆时的情境因素以及自身情绪因素的干扰等。但是如果消除了抑制，如经他人提示、离开回忆困难时的情境、消除紧张情绪等，舌尖现象往往就会消失。

二、言语失误的成因

言语失误的发生并不是毫无根据的，究其原因，主要有四类：语言因素、认知因素、情感因素、社会文化因素。

（一）语言因素

语言因素指的是说话人对目的语语音、词汇、语法等不同层面的掌握程度。对于第二语言或外语学习来说，这个因素尤为突出。语言水平较低的说话人在说话的过程中，一时难以找到合适的词，或拿不准所发的语音和使用的句法结构，难免会出现停顿、重复、口吃和起头口误等现象。外语学习者没有相应的语言环境，口语缺乏足够的训练，说起话来不流畅，也会出现停顿、重复、改正、口吃等言语失误类型。

我们来看以下两个例子，这两段话都是要求学生在没有时间准备的情况下说的。外语学习者 A 的英语语言水平高于外语学习者 B，同时 A 坚持每天练习口语。我们可以发现，A 的话语中除了一处地方"well"感叹词的言语失误外，其他地方几乎没有出现问题。但是 B 虽然总体还好，但是有较多重复（I-I, all my class, all my classes, when I, when I）、改正（from the for the, his sayings, her saying, in to think in）和停顿（and）。

A：The traditional product I'd like to talk about is tea is got thousands of years in history. I was born in a tea lover family, so I tried it at a very young age about five or six. I suppose I only had a very fond memory of the first time I drank it, but I didn't like it because it was too bitter. I guess I began to like drinking tea when I went to high school. As a high school student, I had to do lots of assignments. Sometimes I even walked through night. I needed some stimulus to keep me awake. Coffee was too strong for me. **Well**, tea was an idle choice. The more I drank it, the more I learned about it, actually, there are various types of tea that are planted across China. The most amazing fact is that they all taste different. Green tea might be bitter at the first sip, but later you will feel it refreshing after taste. So people usually drink it in summer. Black tea is not bitter but rich in flavor. It can warm your stomach. There are also many kinds of sanity made of flowers. Famous ones are chamomile, Jasmine and rosebud team making can be a very complex process. Different types of tea require different water temperatures. First, you put tea leaves into a pot and wash them with hot boiled water. Then water is added again and distributed into small tea cups for guests to drink. I enjoyed process of tea making as is slow and peaceful.

B. I'm so sorry to delay my oral English practice for so many days. I think **I-I** should insist on practicing my oral English all the time in this week is already **and** 12th week I remember. So **I I'**m planning to review **all my class**，**all my classes** to prepare for the final exam，for example，as for the general English，I begin to remember the words and phrases for the grammar part of the TEM-4 I look up to the grammar book we learned last term to review the knowledge I forget. I believe the next month will be relatively relaxing month because **I-I** have most of my presentations power points to do in this month. So I believe **I if I** survived this month，my life will be better. And in terms of last week，our group is teaching. I would like to say and this is a challenging task for us group，but we deal with our best. And for my part，I learned a little **from the for the** student in grade three. And I think some of her of words and expressions or **his sayings**，**her saying** is coherent and concise during the class teaching. When I prepare for my part，**I-I** don't take a draft is that **I-I** take great pains to think in English and speak and say **when I**，**when I** assume this were a real a scenario that I'm teaching in the class. So I think this is a real reaction when we're teaching or giving a presentation. So I think I'll attach great importance **in to think in** English and speak in English and respond in English.

(二)认知因素

认知因素指的是说话人的认知结构以及知觉、记忆、理解、解决问题等一系列思维过程。在言语交际过程中，当说话人意识到自己没有相关的背景知识和概念认知时，言语输出就会出现犹豫、重复、纠正、口吃等言语失误。从信息加工的视角来看，由于工作记忆的容量是有限的，在这种情况下，说话人把大部分注意资源花费在恰当语言形式的选择上面，说话人的言语输出也是非常不流畅的，有诸多的犹豫、停顿、自我纠正等。对于外语学习者来说使用外语交流更是如此，当学习者的外语尚处于比较低的水平时，母语的语言知识和认知结构通常会影响学习者的外语表达，比如学习者往往由母语翻译成外语，再用外语的语音表达出来。

Freud 指出，心理动力因素可以使某些内容比别的内容更容易出现，这些言语失误来自两种不同意愿的同时行动，或者说，互相对立的行动：其中一个是说话人有意识的意愿，而另一个是属于干扰前者的更为困扰的想法(Carroll，2008)。这种困扰的想法有时可以被抑制；但是在别的场合，这种内心想法的冲突就会变成失言。例如：Last night my grandmother lied. 这可能是一个语音的失误，把"died"说成了"lied"。

(三)情感因素

情感因素主要涉及说话人的情绪、心情和心态。当说话人特别激动的时候，比如见到思念的亲人、朋友和爱人，说话时往往语无伦次，甚至失言。当说话人紧张焦虑的时候，比如第一次用外语演讲或自我介绍，说话时往往怯场，脑袋里一片空白，面红耳赤，说话时出现犹豫、重复、口吃，甚至较长时间的停顿。当说话人很沮丧或悲伤的时候，比如失去家人或挚爱的人，可能说不出话来，有较多的犹豫和停顿。当说话人愤怒烦躁的时候，比如得知被好友背叛，说话时言不由衷，也可能造成失言。

(四)社会文化因素

我们的言语交际是在一定的社会文化语境下进行的，因而言语交际受文化因素的制约。不同的文化有不同的习俗和交际方式，来自不同语言和文化背景的人进行交流时，在话题选择、语法结构、语言得体性、表达可理解性、语义、语用规则等方面都存在差异性。如果说话人不了解目的语国家的交际方式和语义内涵，就可能产生言语失误，导致交际受阻甚至交际失败。我们外语学习者跟英语母语使用者交流时，如果得到对方言语或非言语的消极反馈，学习者可能不知所措，频频出现言语失误。

同时，我们在不同的社会场合，言语失误的程度和表现不同。比如，我们在家人、亲朋挚友之间亲密随和的交流中，我们在做演讲时，我们在电视台做直播访谈时，我们采访国家领导人时，我们在国际会议上做报告时，诸如此类，在不同场合，由于心理状态不同，言语失误的程度和表现不尽相同。

第四节　言 语 会 话

我们一直在谈论语言的不同层次：语音、音素、语素、单词、词组、小句、句子和语义，其中任何一个都离不开现实生活中的交流，无论是口语还是书面交流。我们每天都与家人、朋友、同学、老师、同事、熟人，甚至陌生人进行着会话交流。语言是用以交流的，我们关注的是使用语言来传达意义、表达态度以及建立特定的人际关系。当然，会话至少需要两个参与者——两个人来选择意义、形成句法结构等言语计划（Carroll，2008）。会话不是独白，也不是几个独白的叠加，是至少两个人的协作互动。会话是一种联合活动（joint activity）。"联合活动由两名或两名以上参与者进行。联合活动的参与者承担决定其分工的公共角色。联合活动的参与者试图建立并实现共同的公共目标。联合活动的参与者可以单独尝试实现个人目标。联合活动通常表现为联合行动或联合活动的层次结构。联合活动的参与者可以利用传统程序和非传统程序。成功的联合活动有一个由参与者共同设计的入口和出口。联合活动可能是同时进行的，也可能是间歇性的，可能会扩大、收缩或分散人员。"（Clark，1996）本节我们将讨论会话类型、会话结构以及遵循的会话原则。

一、会话类型

一次会话可能有很多参与者。比如 Joan 和 Jane 在走廊聊天，Jane 的妹妹 Mary 也在场，但不直接参与会话。这个会话中，Joan 和 Jane 是会话的主要参与者（participants），Mary 是旁听者（side participant）；还有偷听者

(eavesdroper)，在说话人没有意识到的情况下听到了谈话的内容；以及旁观者(bystander)，公开在场但不参与对话(Carroll，2008)。

依据会话生产者对所传递的信息所负责任的大小的程度将该大类话语角色类型细分为五种具体的话语角色：说话者（speaker）、作者（author）、传递者（reporter）、代言者（spokes person）和传声筒（mouthpiece）（俞东明，1996：19-20）。说话者是在特定言语交际过程中正在说话的那个人，通常说话者代表自己的意志说话；作者指的是那位隐藏在话语信息后面不直接说话的话语信息生产者；传递者指的是没有得到作者的授权，自己决定来传递某一话语信息的某一个人；代言者是某一个人，或某一团体中的一员或代表，传递的言语意图代言者本人也是认可的；传声筒则是按原话传达作者话语信息的某个人。会话接受者划分成下列四种：听话人、旁听者或观众、旁观者或无意中听到者和窃听者（俞东明，1996：21）。听话人是指某一话语的直接对象；而旁听者虽然也是某一言语事件的参与者，但并不是话语的直接对象，但有时旁听者也可能主动地发话；观众对说话者的反应一般限于鼓掌、喝彩和发笑或喝倒彩之类，一般不能与说话者对话；旁观者是在场不直接参与会话的人；窃听者是有意偷听别人谈话的人。

会话与其他形式的言语互动的不同之处在于参与者、话题（话题转换）、语轮转换、话语序列等。根据不同的标准，会话可以分为不同类型。根据语体风格的不同，可以分为非正式会话和正式会话。根据媒介的不同，可以分为面对面会话、电话会话、QQ 会话、微信会话等。根据是否在线的特点，可以分为在线会话（online conversation）和非在线会话（offline conversation）。根据情境的不同，可以分为日常会话（everyday conversation）和机构会话（institutional conversation）。日常会话中，两个或多个参与者自由地进行语轮转换，讨论一个或多个不同的话题，可能是闲聊，也可能是谈工作。虽然参与者会遵循会话规则，但交谈相对比较自由。

比如以下这个例子，《老友记（Friends）》中三个男生一起看橄榄球比赛，Joey 提议不如一起玩橄榄球，众人响应。经过一轮比赛后，几个人变得越来越认真，比赛也进入了"混战"阶段。虽然 Monica 被碰到了眼睛，但她还是要坚持比赛。这里有多个参与者，大家很默契地进行语轮转换。

Joey：Thirty seconds left on the timer!

Chandler：Okay, Okay, so we get to take that stupid troll thing home!

Monica：Come on! Come on! Hurry! We're running out of time! Huddle up!

Phoebe：Okay. Oooh! Oh, this is our last huddle, yeah.

Monica：All right, Phoebe, get open. Rachel, go long.

Rachel：Okay.

Monica：Break!

Rachel：I got a touchdown! We did it!!

Chandler：Hey, hey, hey, Rachel, funny thing. Actually, the ah, end zone starts at that pole, so you're five feet short, so we win! Wow! Yes, yes, yes.

Phoebe：Wait, wait, wait, wait! So, explain something to me though, if, if nobody tagged Rachel, then isn't the play still going?

Ross：No way! Let go! Let go!

Monica：Let go? I'm a tiny little woman!!

Chandler：Guys! Guys! Come on! It's Thanksgiving, it's not important who wins or loses. The important thing is, the Dutch girl picked me! Me! Not you! Holland loves Chandler! Thank you, Amsterdam! Good night!

Monica：Ow!!

机构性话语是在机构情景中发生的，为实现机构的特定功能而使用的具有鲜明职业特征的话语（葛云锋，2011）。机构性会话跟日常会话也有很多相似之处，但是参与者需要遵循机构规则，一般来说，机构性会话的其中一位参与者具有权威地位，比如面试者、法官、教师、医生等（Carroll，2008）。

我们来看下面的例子，这是一次师生对话(S 指的是学生，T 指的是教师)：

S："His novels don't sell well."和"His novels are not sold."这两句话意思是一样的，因为他的小说不畅销，当然就是没卖出去了。

T：你说的好像有道理，还是有区别的。我们看第一句话：他的小说不畅销，主要是想表达什么呢？

S：可能是他写的小说晦涩难懂，或者故事不够引人入胜等。

T：那这句话说明的是他小说的哪个方面？

S：特点。

T：对的。那我们再看第二句：他的小说没卖出去。原因可能是什么？

S：原因有很多，比如他的知名度不高，他的书刚上架，也有可能他的书不受欢迎。

T：对的。那不管怎样，这句话说的是他的小说的特点还是？

S：事实：他的小说没卖出去。

T：好的。那这两句话表达的意思明白了吗？前者是内在特征，后者是事实。

S：明白了。

在以上对话中，教师先是让学生弄清楚两句话表达的意思，及其造成不同现象的原因，然后概括出两句话不同的侧重点。这样师生一步一步地达成对两个句式的一致理解。教师在对话中起着主导作用。

我们再来看一个例子，是治疗师和病人之间的对话(Leahy，2004：77)：

(1)

P   alright so I want you to pick a word and I want you to do

C   same as last week

P   yeah an

easy onset at the beginning of the word and make it make that the first word

of the sentence so you might do something like em：that one"tongue is an organ in my mouth"

C　OK

P　yep alright

C　fire is very hot

（2）

C　I：… I like horse riding

P　OK… what do you think of that one.

C　yeah it was all right

P　mm still I thought you started it quite hard.

　　we need to make it a little softer and slide into it more

C　I-I like horse riding.

P　can you see the difference when you do it like that…

C　ah：a man walked down the road

在会话(1)中治疗师显然起着主导作用，但是他用"I want you to… 这样的结构表达自己的意愿，使指令的语气不是那么强硬了，降低了指令的强度，也降低了对方拒绝的可能性。在会话(2)中，治疗师以权威的角色对患者的行为做出评价，但是他使用了"I thought"和代词"we"，语气显得温和了很多。

二、会话结构

Heritage 认为，人类社会行为和社会交际的方方面面都体现着某种具有组织性的模式，而且这些模式具有稳定的、可重复出现的结构特征。……会话分析所研究的言语交际被证明也同样拥有稳定的、可重复出现的、具有社会属性的组织模式，而且这些模式影响着会话参与者的言语行为(于国栋，2008)。

会话序列结构关注的是"交谈中行为的结构，即行为或语步如何连贯、有序、有意义地承续或连接"(Schegloff，2007：2)，也就是相邻对子以及相邻对子的扩展和应用。两个话轮的序列是最基本的序列，多话轮的序列是基本结构的扩展。Schegloff(2007)指出，对基本结构的扩展可以出现在三个位置：相邻对子第一部分(first pair-part)的前面，称为前扩展(pre-expansion)；相邻对子第一部分和第二部分之间，称为插入扩展；相邻对子第二部分(second pair-part)的后面，称为后扩展(刘运同，2012；Kendrick et al.，2020)。前扩展包括特定类别的前扩展与一般的前扩展。特定类别的前扩展(序列)预示相应的基础序列的出现，包括邀请前序列、提供前序列、宣告前序列及讲述前序列，还包括一种前序列的前序列(pre-pre-sequence)。一般的前序列指"召唤—应答"(summons-answer)相邻对子，它的作用是确保会话参与者的注意，以便进行有效的交流。Schegloff注意到，有一些基础序列前面可能出现复杂的多个前序列。插入序列分为第一部分"后插入序列"和第二部分"前插入序列"。第一种插入序列是后向的，用于解决相邻对子第一部分的问题；第二种插入序列是前向的，用来确立即将出现的第二部分的一些先决条件。英语中常见的三种后扩展方式如下：表示收到信息的oh；表示对前面序列及所体现的立场进行接受的Okay；表示评价的话轮。

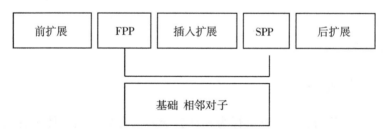

图 6.1 会话序列结构(Schegloff, 2007)

(FPP：相邻对子第一部分，SPP：相邻对子第二部分)

会话序列的研究对象异彩纷呈，有面对面会话，有电话会话，有医患会话，还有聊天室会话。社会交往是社会生活的重要组成部分，也是个人自我实现(Neviarouskaya et al.，2007)的坚实基础。

在日常会话中，我们使用文字、肢体语言等符号来交流信息、表达情感以及建立一定的人际关系、娱乐自己甚至用语言来做事情。研究表明（Sun，2004），跟面对面的交流相比，寒暄或闲聊（small talk）语义范畴的中性范畴在汉语电话交流中不存在。汉语电话交流中语义范畴包括他人导向的询问，比如，"你好吗？""（你）饭吃过了吗？""你回来啦？""你在干什么？""你在看电视啊？""你起来了啊？""你在睡觉吗？"还有以关系为导向的评论，比如，"好久不见了。""好久没通电话了。""好久没给你打电话了。""终于找到你了。"电话交流中的寒暄语具有安抚、启动和探索功能。安抚功能是为了化解沉默的潜在敌意，启动功能保证会话可以舒适地进行，探索功能是协商参与者之间的关系。

我们的生活离不开手机，手机短信会话是日常生活不可或缺的一部分。根据交际起始的诱因，手机短信会话（SMS）分为"问题关照型"和"情感关照型"两大类型，以及"邀约型""请求型""传达型"和"关心型""沟通型""排遣型"6个亚类（温仁百，2013）。"问题关照型"SMS会话在结构复杂性方面主要取决于所要解决问题的复杂性和双方的利益追求，命题内容与会话意图相辅相成，话题结构比较单一，话轮较少；而"情感关照型"SMS会话的结构则主要取决于双方闲暇时间的多少，命题内容相对于其关照人际关系的社会语用功能而言无关紧要，只是服务于会话意图的形式，话题结构比较松散，话轮转换比较随意，会话比较冗长。

在这个数字化的时代，我们的生活也离不开互联网。互联网似乎创造了一种新的做事方式（Tyler，2002），影响着用户的心理幸福感、个人关系的形成和维持、群体成员和社会身份、工作场所和社区参与等方方面面（Bargh & McKenna，2004）。网上聊天也被称为以计算机为媒介的交流（CMC），它取代了面对面的交流和传统的电话交谈，成为一种新的生活方式。在公交车上、在大街上、在邮局甚至在教室里，网上聊天无所不在，无时无刻不在进行着。

网络聊天室被定义为网络世界中的虚拟"空间"，人们聚集在那里进行社会交往（Greenfield & Subrahmanyam，2003），已经成为所有社会交往方式的场所，从咖啡馆式的对话到社区成员的政治讨论，再到危机发生国家网民的现场报告（Werry，1996：48，转引自 Parrish，2002）。这种类型的谈话可以发生在陌生人、朋友甚至家庭成员之间。在现代社会中，移动性是非常典型的，因此在线交流带来了便利，缩短了人与人之间的距离。实时在线互动发生在现实生活中可能认识或可能不认识的人之间（Campbell & Wickman，2000）。Crystal（2006）区分了两种类型的在线聊天：非共时的和共时的。前者是指个人对一个群体的贡献随着他们进入群体得到保存和分配，可以在任何时候阅读；非共时性聊天缓解了受话人的时间压力，但即时反应通常会被延迟。

网上聊天已经吸引了全球成千上万的人前来见面和结识，除了陌生人之外，家人等熟悉的人也参与其中。陌生人借此结交朋友、表达自己（N. A. Johnson et al.，2009）。学生利用它可以更有效地学习（Freiermuth & Huang，2012）。诚然，越来越多的家庭使用它来维持亲情纽带和增强他们的联系，特别是当他们相隔数千英里时。"家庭话语之所以重要，不仅因为每个人都经历着与家庭成员之间的言语互动……家庭是整个社会、所有社会群体内部和所有社会群体之间许多关系和互动的缩影。"（R. Johnson，2007：1）尽管网络家庭话语表现出与其他交流方式类似的语言和结构属性，但其自身也具有独特性。从语言学的角度来看，网上聊天话语一直是人们感兴趣的领域。从结构上看，它不同于日常会话。话轮转换和话题管理，以及开头和结尾语步一直受到研究者的关注。如何开始会话是研究互动如何建立和发展人际关系的起点（Rintel，Mulholland & Pittam，2001）。每一次会话都必须有一个结尾。会话结尾也是深化或结束关系的场所。作为会话或话语的独特变体，共时性聊天室话语可能表现出独特的结尾语步结构组织。

网络聊天开端包含了基本的序列，如传唤—回答、身份识别、问候序列，但显示了其特殊性，如身份识别是"一个自我介绍，目的是使一个人的存在得到其他参与者的承认"（Negretti，1999：83）。Rintel 和 Pittam（1997）分析了互联网中继聊天（Internet Relay Chat，IRC）四个开场语步：服务器宣布用户在场、"交换探索性/起始性语言标记"、"文本化交换"的

"问候"（根据关系的不同可选）、"过渡信号移动到中间阶段"（Rintel，Mulholland & Pittam，2001），考察了 IRC 的三个阶段：存在识别、启动和反应。

Shegloff 和 Sacks（1973）提出了"原型会话结尾"：四个话轮的会话结尾——两个前结尾语步和两个结尾语步。第一轮和第二轮通常使用像"Okay"和"Alright"这样的表达，第三轮和第四轮则使用如"bye"和"goodbye"这样的表达。Levinson（1983：317）总结了会话的结束部分：（1）"结束隐含的话题"，如做安排、问候等。（2）使用前结尾语步，如"Okay"或"All right"等。（3）感谢对方，比如说声"Thank you"或"咨询对方的身体健康(可选)。（4）会话结束，如"Bye""Cheers"等。

三、会话原则

会话交流的双方非常默契，遵循会话原则。本节主要介绍三个原则：合作原则、关联理论、礼貌原则。

（一）合作原则

在日常互动中，我们总是相互合作，提供适量的信息，说真话，说与话题相关的话语，并试图尽可能清晰地表达。这就是合作原则（Cooperative Principle）（Grice，1967），合作原则包括四个准则（maxim）：（1）数量准则——提供目前交流所需的信息；不要提供更多的信息。（2）质量准则——不要说你认为是假的话语；不要说你缺乏足够证据的话语。（3）关联准则——说的话跟当前的交流是相关的。（4）方式准则——避免晦涩难懂；避免模棱两可；要简洁；有条不紊。

为了遵守数量准则，我们需要提供足够量的信息，而不是提供更多的或更少的信息；为了遵守质量准则，我们不说假话，不说没有根据的话；为了遵守关系准则，我们不说与主题毫不相干的话；为了遵守方式准则，我们不使用晦涩难懂的话，不使用模棱两可的话；我们说话要简洁，要有序。

试想，如果我们总是这样说话，那将是一个多么无趣的世界！幸运的是，我们人类在语言的使用上具有创造性和幽默性，并不总是遵循这些准则。尽管有时似乎偏离了基本的准则，但我们在更深层次上进行对话和合作(Levinson，2001)。事实上，我们经常会违背这些准则。因此，我们的会话产生了一种不包含在话语中的额外意义。这种额外意义被称为会话含义(conversational implicature)。

第一，违背数量准则。我们来看一些例子。

(1)

A：你女儿在哪里读书？

B：在第一中学。她总是考第一名。

(2)

A：你叫什么名字？

B：我姓李。

(3)

A：How do you do?

B：How do you do? I'm Jack，21，single，a postgraduate in Wuhan University.

在第一个例子中，B 提供了比交际需要更多的信息，从而产生了会话含义：B 正在炫耀自己的女儿成绩好。在第二个例子中，B 提供了比交际需要更少的信息，产生了会话含义：B 不想透露自己的名字。在第三个例子中，B 提供的信息远远多于第一次与陌生人相遇所需要的信息，产生了会话含义：B 对 A 感兴趣。

第二，违反质量准则。我们来看一些例子。

(1)

A：你怎么样？

B：我死了。

(2)

A：约翰哭了没？

B：他是石头心肠。

（3）

A：你觉得你爸爸怎么样？

B：他是一只老虎。

在第一个例子中，由于 B 正在说话，他或她不可能已经死了，这就产生了会话含义：B 现在的日子很难熬。在第二个例子中，很明显，B 并没有说出真相——人的心不可能是石头做的，从而产生了会话含义：他无动于衷。在第三个例子中，B 的父亲不可能是老虎，产生了会话含义：他具有老虎的性格。

第三，违反关联准则。我们来看一些例子。

（1）

A：你觉得电影中的男主角怎么样？

B：电影主题曲很好听。

（2）

A：李教授的课实在太无趣了。

B：午餐时间到了。我们去吃饭吧。

（3）

A：你喜欢吃热干面吗？

B：我是武汉人。

第一个例子中，A 询问 B 他对电影中男主角的看法，但 B 说的是电影主题曲，这个看似毫不相干的答案暗示着男主角的表演是不值一提的。第二个例子中，A 向 B 抱怨老师讲课单调乏味，而 B 则通过谈论午餐来回应，这暗示了 B 不想说流言蜚语。第三个例子中，A 问 B 是否喜欢吃热干面，B 并没有正面回答，只是说他是武汉人，看似不相关，其实 B 回答了 A 的问题：武汉人爱吃热干面，他是武汉人，当然喜欢吃了。

第四，违反方式准则。我们来看一些例子。

（1）

A：你是有什么事情想跟我说吗？

B：没什么事儿。不过我 L-O-V-E 你。

（2）

顾客：今天有活动吗？

店员：买一送一哦。欢迎大家进店选购。

（3）

A：Did you get my assignment?

B：I received two pages clipped together and covered with rows of black squiggles.

（4）

a.

A：How is Jane?

B：She's got married and has a daughter.

b.

A：How is Jane?

B：She had a daughter and got married.

在第一个例子中，B 故意通过逐字逐句地拼读"love"这个词，而不是把它作为一个整体来发音，使他的话语变得难以理解，这表明 B 非常羞于承认他对 A 的爱。在第二个例子中，"一"这个词是模糊的，这两个"一"可能表示相同或不同的东西。在第三个例子中，说话人 B 故意使自己的话语变得冗长，这意味着 A 的作业并不令人满意。在第四个例子的（a）中，Jane 的行为是符合社会合理期待的，而在（b）中，Jane 的行为在一些文化中可能被认为是伤风败俗的事情。

（二）关联理论

话语理解有两种模式：代码模式（the code model）和推理模式（the inferential model）（Sperber & Wilson，1986：2）。根据代码模式，交际是通过对信息的编码和解码来实现的，即通过将我们的思想表述为符号、手势和语言，以这些不同的形式来传递信息，然后感知和理解符号、手势和语言。根据推理模式，交流是通过产生和解释证据来实现的。证据是说话人发出的话语。听话人利用说话人所说的话，加上他们共同的知识（或共享的认知环境），来理解说话人的意思。

关联理论是建立在推理模式之上的，认为人类的语言活动在本质上是一种认知活动。认知是吸收信息，获得知识。因此，语言的基本功能是检索和处理信息。听话人理解会话含义的方法是：a）假设说话人所说的话与会话相关；b）选择语境中相关特征来解释话语（胡壮麟、姜望琪，2003）。换句话说，说话人试图通过他的话语提供相关假设来表达他的想法。听话人利用语境来推理说话人的意思。

交际过程包括明示和推理两个方面："交际者产生一种刺激，这种刺激使说话人和说话人相互明示，交际者试图通过这种刺激向听话人明示或更多地明示一组假设。"（Sperber & Wilson，1986：63）首先，交际涉及刺激的使用，其目的是吸引听话人的注意力，并将注意力集中在交际者表达的意义上。刺激可以是言语的，也可以是非言语的，例如手势。其次，交际涉及两个意图：信息意图——告知听话人某事的意图；交际意图——告知听话人信息意图的意图。我们来看一个例子。

（门铃响了）

妈妈：我在做饭。

女儿：好的。（她去应答门铃开门）

在这段对话中，母亲表达了这样的信息意图：她正在厨房做饭，没有能力应答门铃。她还传达了自己的交际意图：她想让女儿做这件事。

再次，明示和推理是同一个交际过程的两个方面：对说话人来说，这是一种明示交际，向听话人明示他的意图；对于听话人来说：交际是在字面意义的基础上进行推理的过程。我们来看一个例子。

A：她会扭秧歌吗？

B：她是山西人。

在第一个例子中，B 充分表明了他的想法：她来自山西，那里的人擅长扭秧歌。A 必须通过一个推理过程来推断 B 的意思：（1）她来自山西。（2）我知道山西人扭秧歌扭得好。（3）她能扭秧歌。

话语理解需要一个原则：关联原则。根据 Sperber 和 Wilson（1986：122），一个假设在一个特定语境中是相关的，当且仅当它在该语境中具有某种语境效果。假设是说话人或听话人所持有的有关经验世界的观念。它可能是真实的，也可能是不确定的，还可能是虚假的，但却被说话人或听话人视为真理。假设是通过说话人的话语来传达的。语境不是简单地指上下文，也不是指话语发生的环境，而是指为了达到预期的话语理解而产生的一组假设。这些信息可能来自上下文，也可能来自对说话人的观察和当下环境中正在发生的事情，但也可能来自文化或科学知识、常识假设，以及更一般地说，来自听话人当时可以获得的任何共享或特殊信息。我们可以看到，听话人为了理解说话人的意思持有的假设是语境的一部分。因此，关联理论中的语境不仅仅是物理的，更重要的是，它与听话人的背景知识和信息有关。因此，话语理解是假设和通过话语传递的新信息之间的相互作用，从而产生语境效果和会话含义。

我们来看一些例子（Sperber & Wilson，1986：133-135）

（1）

Peter：I'm tired.

Mary：If you are tired, I'll make the meal.

在第一个例子中，彼得说：I'm tired. 这种新的信息与玛丽的语境假设相互作用：（1）Peter is tired.（2）If Peter's tired, he is not able to prepare supper. 因此玛丽的回答是相关联的。

（2）

Peter：I'm tired.

Mary：I'll make the meal.

在第二个例子中，彼得说：I'm tired. 这种新的信息与玛丽的语境假设相互作用：（1）Peter is tired.（2）He wants me to make the meal. 因此玛丽的回答是相关联的。

（3）

Peter：I'm tired.

Mary：The dessert is ready. I'll make the main course.

在第三个例子中，彼得说：I'm tired. 这种新的信息与玛丽的语境假设相互作用：（1）Peter is tired.（2）He wants me to make the meal.（3）The Western dinner consists of dessert and the main course like steak, pork, chicken, etc. 因此玛丽的回答是相关联的。

（4）

Peter：I'm tired.

Mary：The dessert is ready. I'll make an osso bucco.

在第四个例子中，彼得说：I'm tired. 这种新的信息与玛丽的语境假设相互作用：（1）Peter is tired.（2）He wants me to make the meal.（3）The Western dinner consists of dessert and the main course like steak, pork, chicken, etc.（4）Osso bucco is a main course. 因此玛丽的回答是相关联的。

总之，交际的明示和推理过程是这样的：要理解说话人的话语，听话人必须弄清楚它的关联性。说话人对听话人的认知能力和情景做出假设，选择明示什么和暗含什么。听话人要理解说话人的会话含义，可以通过显性话语（显义）、百科知识、情境来进行推理。最容易理解的解释是最相关的（我们越努力去理解一些不太相关的东西就越困难）。

（三）礼貌原则

在社会交往中，我们不仅仅是为了确保交流的成功而合作，还需要考虑一些外部因素，如社会地位和社会距离，以及内部因素，比如差强人意或友好的程度（Yule，2000）。事实上，互动与面子和礼貌有关。面子是指一个人公开的自我形象，是每个人都具有的并期待别人承认的自我的情感和社会意义，而礼貌是指在交际中用来表现对另一个人面子意识的手段（Yule，2000：60）。

我们不能对任何人说任何我们想说的话，每一种文化中都是如此。否则，我们就会冒犯交谈对象，因为话语威胁到了对方的面子。例如，在中国文化中，当我们与老年人交谈时，不应该大声和愤怒地交谈，也不应该使用"你"这样的不礼貌用语，否则我们就会被视为粗鲁或无礼。在语言互动中，说话人使用语言向听话人表示礼貌，也向互动所指的第三方表示礼貌（Leech，1983）。"礼貌的目的在于，即使要传递贬损信息，也要维持和谐、顺畅的社会关系。"（Cruse，2014：426）鉴于此，Leech（1983）在合作原则的基础上提出了礼貌原则，由六条准则组成。

1. 得体准则（Tact Maxim）

（1）使他人受损最小。

（2）使他人受惠最大。

得体准则有两方面。其一是交际中的消极礼貌策略，"一种倾向于表示尊重的面子保全行为，强调对方时间的重要性或对对方表示关切，甚至包括因打扰对方而道歉。"（Yule，2000：62）。其二是积极礼貌策略，"一种倾向于显示团结的面子保全行为，强调双方都想要同样的东西，并且有共同的目标"（Yule，2000：62）。这一准则可以在指令式和承诺式表达中体现出来（Leech，1983：132）。下面的话语是按照带给听话人的受损程度来排列的，从受损最大到受损最小。

Lend me your wife.

Wash the dishes.

Pass the salt.

Say Ah!

Have another sandwich.

Have a nice weekend.

（Cruse，2014：427）

该准则并不表明语言形式不会影响听话人的实际利益，而是意味着为了使听话人做使其受损的事情时，说话人会通过某种方式表达自己的想法，以削弱差强人意的效果；另一方面，为了让听话人做一些对自己有利的事情，说话人会通过某种方式表达自己，以强化强加的效果（Cruse，2014）。增强礼貌有两种方法：其一是使听话人的利益最大化，其二是提升间接性（Leech，1983）。

Peel these potatoes.

Hand me the newspaper.

Sit down.

Look at that.

Enjoy your holiday.

Have another sandwich.

（Leech，1983：107）

以上所有的话语都是祈使句，但是如果我们把所有的话语放在一个连续体上，听话者的利益是逐渐增加的，其中第一句话中听话人的利益最小，最后一句话中听话人的利益最大。因此，第一句话是最不礼貌的，最后一句话是最礼貌的。

Answer the phone.

I want you to answer the phone.

Will you answer the phone?

Can you answer the phone?

Would you mind answering the phone?

Could you possibly answer the phone?

（Leech，1983：108）

以上所有的话语都表达了相同的核心思想——接电话，但它们的间接性不同，第一句话是最直接的，最后一句话是最间接的。因此，第一句话是最不礼貌的，最后一句话是最礼貌的。

2. 慷慨准则（Generosity Maxim）

（1）使自身受惠最小。

（2）使自身受损最大。

慷慨准则的作用方式与得体准则相反，前者是以自我为中心的，后者是以他者为导向的。下面四句话中，B 和 C 比 A 和 D 更有礼貌，因为它们暗示对听话人有利，但对说话人不利。

A. You can lend me your car. (impolite)

B. I can lend you my car. (polite)

C. You must come and have dinner with us. (polite)

D. We must come and have dinner with you. (impolite)

(Leech, 1983：133)

3. 赞扬准则(Approbation Maxim)

(1)尽量少贬低别人。

(2)尽量多赞扬别人。

赞扬准则要求说话人避免对别人说不愉快的事情，尤其是对听话人说不愉快的事情，并减少对别人的批评。以下会话中，B1 的回应更受欢迎，是对 A 的赞美；B2 的反应也是可以接受的，虽然 B2 不喜欢这种颜色，但因为有前一句话，这个"贬低"的意思弱化了；B3 在社会交往中不受欢迎，尽管 B3 说的可能是实话。

A：How do I look?

B1：You look gorgeous, dear!

B2：You look neat in this dress. But the color is not my favorite.

B3：Disgusting.

4. 谦虚准则(Modesty Maxim)

(1)尽量缩小对自身的赞扬。

(2)尽量夸大对他人的赞扬。

谦虚准则要求说话人降低自我祝贺的语气，而不是赞美自己。以下的会话中，根据谦虚准则，B1 的回应是优先的，而 B2 的回应是自我赞扬，被认为是不礼貌的。

A：Your assignment is brilliantly done!

B1：Well, I thought I didn't do it badly.

B2：Yes, isn't it?

5. 同情准则(Sympathy Maxim)

(1)尽力缩小自身对他人的厌恶。

(2)尽力夸大自身对他人的同情。

同情准则是指祝贺或表示遗憾，都是礼貌行为，分别如 A 和 B 所示。

A：I'm delighted that you made it!

B：I'm terribly sorry to hear that!

6. 一致准则(Agreement Maxim)

(1)尽力缩小自身同他人之间的分歧。

(2)尽力夸大自身和他人之间的一致。

一致准则指出，说话人倾向于与听话人达成一致，而不是与听话人对抗。一致准则可以淋漓尽致地体现在关于天气的英语会话中，说话人是令人愉悦的：

(滂沱大雨)

A：It is a beautiful day!

B：Isn't it lovely!

值得注意的是，下面的例子中，说话人倾向于表达甚至夸大一致性，但应该避免分歧，至少应该通过表达后悔或部分异议来减轻异议。因此，(1)中 B 的反应不受欢迎，未遵循一致准则；(2)中 B 表示同意，(3)和(4)中 B 表示部分不同意，(5)中 A 表示遗憾，这些话语在会话中都是可取的，遵循了一致准则。

(1)

A：It was an interesting exhibition, was it?

B：No, it was very uninteresting.

(2)

A：A referendum will satisfy everybody.

B：Yes, definitely.

(3)

A：English is a difficult language to learn.

B：True, but the grammar is quite easy.

(4)

A：The book is tremendously well written.

B：Yes, well written as a whole, but there are some rather boring patches, don't you think?

(5)

A：I'm terribly sorry to hear that your cat died.

(Leech, 1983：138)

参 考 文 献

Bargh, J. A. , & McKenna, K. Y. A. The internet and social life. *Annual Review of Psychology*, 2004, 55：573-590.

Cambell, C. , & Wickman, S. A. Familiars in a strange land：A case study of friends chatting online. *Journal of Media and Culture*, 2000, 3(4)：1-8.

Carroll, D. W. *Psychology of language*(5th ed.). Belmont, CA：Thomson Wadsworth, 2008.

Clark, H. , & Clark, F. *Psychology and language：An introduction to psycholinguistics.* New York：Harcourt Brace Jonvanvich, 1977.

Clark, H. H. *Using language.* Cambridge, U. K：Cambridge University Press, 1996.

Crystal, D. *Language and the Internet.* Cambridge：Cambridge University Press, 2006.

Cruse, A. *Meaning in language：An introduction to semantics and pragmatics* (3rd ed.). Beijing：Foreign Language Teaching and Research Press, 2014.

Dell, G. S. A spreading-activation theory of retrieval in sentence production. *Psychological Review*, 1986, 93：283-321.

Declerck, M. , Wen, Y. , Snell, J. , Meade, G. , & Grainger, J. Unified syntax in the bilingual mind. *Psychonomic Bulletin & Review*, 2020, 27：

149-154.

Fernández, E. M. , & Cairns, H. S. *Fundamentals of psycholinguistics*. Oxford: Wiley-Blackwell, 2011.

Fromkin, V. A. The non-anomalous nature of anomalous utterances. *Language*, 1971, 47: 27-52.

Fromkin, V. A. (Ed.). *Speech errors as linguistic evidence*. The Hague: Mouton, 1973.

Garrett, M. F. The analysis of sentence production. In G. H. Bower(Ed.), *The psychology of learning and memory: Advances in research and theory*. New York: Academic Press, 1975: 133-177.

Greenfield, P. M. , & Subrahmanyam, K. Online discourse in a teen chat room: New codes and new modes of coherence in a visual medium. *Journal of Applied Developmental Psychology*, 2003, 24: 713-738.

Grice, H. P. *Logic and conversation*, 1967. Retrieved from http: //vdisk. weibo. com/s/CcBfceGstYjmy on 10/2/2017.

Have, P. ten. *Doing conversation analysis*. London: SAGE Publications, 2007.

Hawkins, P. R. The syntactic location of hesitation pauses. *Language and Speech*, 1971, 14: 277-288.

Houghes, R. , & M. McCarthy. From Sentence to Discourse: Discourse Grammar and English Language Teaching. *TESOL QUARTERLY*, 1998, 32(2): 263-287.

Johnson, R. The Co-construction of roles and patterns of interaction in family discourse. *Working Papers in TESOL & Applied Linguistics*, 2007, 7(2): 1-26.

Johnson, N. A. Cooper, R. B. , & Chin, W. W. Anger and flaming in computer-mediated negotiation among strangers. *Decision Support Systems*, 2009, 46(3): 660-672.

Kendrick, K. H. , Brown, P. , Dingemanse, M. , Floyd, S. , Sonja, G. , Hayano, K. , Hoey, E. , Hoymann, G. , Manrique, E. , Rossi, G. , & Levinson, S. C. Sequence organization: A universal infrastructure for social action. *Journal of Pragmatics*, 2020, 168: 119-138.

Leahy, M. M. Therapy talk: Analyzing therapeutic discourse. *Language, Speech, and Hearing Services in Schools*, 2004, 35: 70-81.

Leech, G. N. *Principles of pragmatics*. London: Longman, 1983.

Levelt, W. J. Monitoring and self-repair in speech. *Cognition*, 1983, 14: 41-104.

Levelt, W. J. M. *Speaking: From intention to articulation*. Cambridge, MA: MIT Press, 1989.

Levelt, W. J. M. Monitoring and self-repair in speech. *Cognition*, 1983, 14: 41-104.

Levinson, S. C. *Pragmatics*. Cambridge: Cambridge University Press, 1983.

Levinson, S. C. *Pragmatics*. Beijing: Foreign Language Teaching and Research Press, 2001.

Negretti, R. Web-based Activities and SLA: A conversational analysis research approach. *Language Learning & Technology*, 1999, 3(1): 75-87.

Neviarouskaya, A. , Prendinger, H. , & Ishizuka, M. Analysis of affect expressed through the evolving language of online communication. *Proceedings of IUI*, 2007: 278-281.

Menn, L. *Psycholinguistics: Introduction and applications*. San Diego, CA: Plural Publishing, 2017.

Parrish, R. *Conversational analysis of Internet chatrooms*, 2002. Retrieved http://www. polisci. wisc. edu/~rdparrish/Chat% 20Rooms% 20for% 20Web% 20Site. htm.

Poplack, S. Sometimes I'll start a sentence in Spanish Y TERMINO EN

ESPAOL: Toward a typology of code-switching. *Linguistics*, 1980, 18: 581-618.

Rintel, E. S. , Mulholland, J. , & Pittam, J. First things first: Internet relay chat openings. *JCMC*, 2001, 6(3).

Romaine, S. *Bilingualism*. Oxford: Blackwell, 1989.

Schegloff, E. A. *Sequence organization in interaction: A primer in conversation analysis*(Vol. 1). Cambridge: Cambridge University Press, 2007.

Schegloff, E. A. , & Sacks, H. Opening up closings. *Semiotica*, 1973, 8: 289-327.

Sedivy, J. *Language in mind: An introduction to psycholinguistics* (2nd ed.). Oxford: Oxford University Press, 2020.

Sperber, D. , & Wilson, D. *Relevance: Communication and cognition*. Blackwell, Oxford, 1986.

Sun, H. Opening moves in informal Chinese telephone conversations. *Journal of Pragmatics*, 2004, 36: 1429-1465.

Thomas, J. *Meaning in interaction: An introduction to pragmatics*. London: Longman, 1995.

Tyler, T. R. Is the Internet changing social life? It seems the more things change, the more they stay the same. *Journal of Social Issues*, 2002, 58(1): 195-205.

Wilson, D. Relevance and Understanding. In G. Brown, K. Malmkjaer, A. Pollitt, & J. Williams(Eds.), *Language and understanding*. Oxford: Oxford University Press, 1994: 35-58.

Yule, G. *Pragmatics*. Shanghai: Shanghai Foreign Language Education Press, 2000.

董燕萍. 心理语言学与外语教学. 北京: 外语教学与研究出版社, 2005.

胡壮麟, 姜望琪. 高级语言学教程. 北京: 北京大学出版社, 2003.

黄国文. 语篇分析的理论与实践. 上海：上海外语教育出版社，2001.

葛云锋. 庭审会话的机构性特征研究. 广东外语外贸大学学报，2011（5）：70-75.

李经纬，陈立平. 多维视角中的语码转换研究. 外语教学与研究，2004（9）：337-344.

李世平. 谈英语口语与书面语教学. 佳木斯大学社会科学学报，2003（4）：118-119.

李新博. 大学本科英语专业口语教学法探析. 西安外国语学院学报，2000（4）：86-89.

刘运同.《交际中的序列结构》（Emanuel A. Schegloff 著）评介. 当代语言学，2012（1）：88-91.

温仁百. 汉语手机短信会话的类型分析. 外语教学，2013（3）：32-35.

俞东明. 话语角色类型及其在言语交际中的转换. 外国语，1996（1）：19-22.

于国栋. 语码转换的语用学研究. 外国语，2000（6）：22-27.

于国栋. 会话分析. 上海：上海外语教育出版社，2008.